Benita Cantieni

Lauf los!
... aber richtig

Benita Cantieni

Lauf los! … aber richtig

Schritt für Schritt
zur idealen Lauftechnik

1. Auflage Oktober 2001
2. Auflage Dezember 2001

© Südwest Verlag, ein Unternehmen der Econ Ullstein List Verlag GmbH & Co. KG, Berlin und München

Layout, Satz und Lithos: tiff.any GmbH, Berlin

Umschlaggestaltung: Visuelle Kommunikation Fischer & Berndt, Berlin

Umschlagfoto: Mauritius / Eugen Gebhardt

Illustrationen: Heidemarie Vignati, München

Druck und Verarbeitung: Westermann Druck, Zwickau

Printed in Germany 2001

ISBN: 3-517-06520-X

**Inhalts-
verzeichnis**

Vorwort

„Also dann bis morgen früh. Sieben Uhr wird gelaufen. Ich hol dich ab", rief sie mir zu und weg war sie. Huch, was hatte ich mir da übermütig eingebrockt? Ich und LAUFEN. So ernst hatte ich das doch gar nicht gemeint, als ich sagte, ich käme vielleicht irgendwann einmal mit. Hilfe!

Sofort stießen mir Erinnerungen sauer auf, Erinnerungen an die ungeliebten Schulsportstunden vor 20 Jahren. Schweißüberströmt. Nach Luft japsend. Knieweh. Seitenstechen. Mein Po wie eine stattliche Götterspeise desorientiert irgendwo zwischen Kniekehlen und Schulterblättern. Labiles Gleichgewicht. Und mittendrin die Frau mit der Trillerpfeife: „Stell dich nicht so an!" – „Was bist du für ein Tollpatsch, Birgitt!" – „Das kann doch nicht so schwer sein."

Es war schwer.

Ich war schwer.

Unendlich schwer.

Laufen – ein Jugendtrauma.

Und jetzt FREIWILLIG laufen?

Pünktlich um sieben – sie ist Schweizerin – steht sie

vor meiner Tür. Es regnet in Strömen. Sie hat die Kapuze tief ins Gesicht gezogen und lächelt mich fröhlich an. Tapfer lächele ich zurück.

Und los geht's.

Ich laufe.

Ein paar Tage zurück. Sie telefoniert. Ich höre das Wort „Internetbuch" und spitze die Ohren. Ich darf das, wir machen das beide, es ist Teil unserer Kommunikation, dass wir alles hören und sehen, was der andere macht. Internetratgeber? Ja, klar, was denn sonst.

Sie, Benita Cantieni, mit der ich nun schon seit einigen Jahren zusammenarbeiten darf, und ich meine darf, denn je länger ich sie kenne, desto mehr bewundere und schätze ich sie für ihre Kreativität und ihren Mut: Sie hatte gerade beschlossen, ihr neustes Buch im Internet zu schreiben.

Und zwar nicht einfach: Autor schreibt, Leser konsumiert. Nein, das ist Benita Cantieni zu wenig und zu langweilig. Sie, die all ihre Inspiration und ihr Wissen aus der Arbeit mit Menschen holt, will genau diese Menschen und ihre Erfahrungen einbeziehen. Ein interaktives Buch muss es also werden. Die Besucher können praktisch beim Schreiben zusehen, so live, wie das derzeit e-technologisch eben machbar ist. Und die Menschen können fragen. Das Prinzip mit dem eines Chatrooms vergleichbar.

Das Thema? Ach, das Thema: L-A-U-F-E-N.

Laufen aus Freude an der Bewegung.

Laufen, weil es der Körper will, nicht der Kopf.

Laufen nach einem neuen, revolutionären Bewegungsprinzip.

Über 100 000 Visitors nahmen Anteil. Über 450 stellten Fragen und bekamen sofort Antwort.

Das Ergebnis ist ein realistischer, lebendiger Ratgeber. Motivierend, überzeugend, leicht umsetzbar.

Die Zeit, in der das Buch im Internet entstand, war für mich aufregend. In zweierlei Hinsicht.

Da war auf der einen Seite jeder Tag, an dem ich mich ungeduldig auf *www.laufensiemit.de* klickte, um das nächste Kapitel und die vielen, vielen Fragen und Feedbacks zu verschlingen. Zu wissen, dass dieser Text grad neu entstanden war, frisch, frech, unredigiert, erzeugte bei mir Krimispannung.

Und dann war da auf der anderen Seite jeder Tag, an dem ich mich ungeduldig in meine Laufschuhe stürzte und 7.00 Uhr lächelnd loslief.

Das Buch ist fertig, Sie halten es in Ihren Händen.

Ich laufe immer noch.

Immer lieber.

Immer öfter.

Wann immer es geht, mit Benita Cantieni.

Sonst allein.

Zum Lächeln muss ich mich nicht mehr zwingen.

Denn jetzt weiß ich, was mir die Trillerpfeifentante verschwieg: Wie es sich leicht läuft, so leicht, dass ich gern laufe.

Ja, Sie lesen richtig. Es hat mich gepackt.

Es läuft von selbst.

Es geht so leicht, ich sehe das Reh im Unterholz und den Frühnebel über dem See.

So macht Laufen Spaß.

Versuchen Sie's doch auch. Die perfekte Anleitung halten Sie in Händen. Sie brauchen's nur so zu machen, wie es hier beschrieben steht. Und ich verspreche Ihnen – Laufen macht Spaß!

Birgitt Watts

Birgitt Watts, 38, ist Master Teacher der CANTIENI-CA®-Methode für Körperform & Haltung. Sie besitzt zwei CANTIENICA®-Studios und ist für die internationale Koordination der Ausbildungen verantwortlich.

Achtung:
Hier wird das Laufen neu erfunden!

Liebe Benita, und wieder bin ich gelaufen (das zweite Mal in meinem Leben) – und da nach 5 und sogar nach 10 Minuten noch immer keine Alarmglocken geläutet haben, gleich eine halbe Stunde! Wahnsinnig – für meine persönliche Physik wenigstens. Ich ging sogar bergauf ... und noch verrückter: bergab. Und da erinnerte ich mich, dass mich vor allem Erinnerungen an einschnappende, schmerzhafte Knie vom Laufen abgehalten haben. Also dachte ich fest an die Fliehkraftrotationen Ihres Kniekapitels ... und oh Wunder: Kein Schmerz! Wo darf ich den Heiligenschein hinschicken? Geht das auch per E-Mail? Mir gefiel auch sehr, dass die Dehnübungen nach dem Turnen sich so intensiv und köstlich anfühlten. Mit diesem Ganzkörperschweißwickel! Eine Wohltat! Ich gehe jetzt intensivst an die körperklugen Details, denn schlussendlich machen sie doch die Kochkunst – oder Laufkunst – aus.

Ich habe den Eindruck, hier wird das Laufen neu erfunden! Und lauf sehr gern mit.

Gardi

1 Warum ich dieses Buch schreibe

Laufen – aber richtig!

Ich sage Ihnen nicht, dass Sie laufen sollen.
Ich sage Ihnen auch nicht, wie oft Sie laufen sollen. Ich sage Ihnen nicht, warum Sie laufen sollen.

Ich sage Ihnen nicht, welche Strecke Sie zurücklegen sollen. Ich sage Ihnen schon gar nicht, wie lange Sie laufen sollen.

Das haben Ihnen andere schon längst gesagt. Dafür gibt es schon 1001 Bücher. Darunter ein paar sehr gute.

Ich sage Ihnen etwas anderes. Ich sage Ihnen, wie Sie laufen können.

Wenn Sie es können.

Ich führe Sie zur Bewegungsnatur Ihres Körpers. Zurück. Oder vorwärts. Das ist mir eigentlich egal.

Ich führe Sie zu Ihrer Bewegungsintelligenz. Damit Sie keinen Guru mehr brauchen, der Sie auf den Ballen laufen lässt.

Oder auf den Fersen. Oder in Spezialschuhen.

Oder gar mit Einlagen.

Entdecken Sie die Intelligenz Ihres Körpers.

*Der aufrechte Gang hat
Gesetze.
Wer sie kennt, läuft leicht.*

Wenn Sie die Gesetze des aufrechten Ganges des Menschen verstehen und umsetzen, dann wird Laufen leicht.

Schön.

Vergnüglich.

Der Gesundheit und der Schönheit zuträglich.

München, Englischer Garten. Frühsommerabend. Laue Temperatur. Zwitschernde Vögel. Der Duft blühender Lindenbäume. Laufende Menschen. Lauter gute Gründe für lachende Gesichter, lebensfrohe Körper, bewegte Sinnlichkeit.

Doch davon keine Spur. Anstrengung und Krampf allenthalben. Verbissenes Tun.

Da, der junge Mann. Schultern hochgezogen, Kopf in den Nacken geworfen. Ferrarirot das Gesicht, Schweiß tropft von der Stirn. Der Ausdruck so, als sei ihm gerade der letzte Zahn gezogen worden. Die Füße schlurfen knapp über den Kiesweg.

Der Mann da, etwa 60, der gibt sich mächtig Mühe. Wirft den Oberkörper vor, rennt ihm mit großen Schritten nach. Streckt bei jedem Schritt die Knie voll durch. Die Schultern mimen Beschwingtheit. Hat wohl was von sanftem Laufen gelesen.

Oh, da, ein Profi. Frau, jung, attraktives Outfit. Kopfhörer, Stirnband. Verdreht das Becken und gegengleich die Schultern. Doch, das ist schon ganz ordentlich, auf einem guten Weg. Die Schultern ein bisschen steif. Die Oberschenkel leicht nach innen gedreht.

Sie, liebe Frau, ja, Sie meine ich, macht Ihnen das Spaß? Oder tun Sie's, weil es alle tun? Was ich auszusetzen habe? An Ihnen gar nichts, Respekt und Bewunderung für Ihre Ausdauer. An Ihrem Laufen habe ich auszusetzen. Sie machen X-Beine und müssen sich bei jedem Schritt überlegen, wie Sie den einen Fuß am anderen Bein vorbei bringen. Die Hüften stehen steif und schief. Ich möchte Ihnen gerne sagen, wie Sie's

ökonomisch und schön machen können.

Hach, da, das vorgeschobene Becken. Steißbein eingezogen, Pobacken zusammengekniffen. Auch eine beliebte Variante.

Hallo, Mann, O-Beine wie John Wayne, auch schon die entsprechenden Narben an den Knien. Menisken operiert? Oder die Kreuzbänder? Oder beides. Menschen, seid ihr tapfer! Was krampft ihr euch ab. Dabei ist es so einfach. So leicht.

Neinnein, ich bin kein Besserwisser.
Ich bin ein Besserlerner.

*Lernen Sie Ihren Körper
kennen ...*

Mein Modell war Wackelpo mit Hüftschwung. Auf der Waage war mein Gewicht normal. Beim Laufen fühlte ich es als zentnerschweres Übergewicht.

Ich versuchte es immer wieder. Und hasste es immer wieder. Laufen. Schrecklich.

Das Gewebe an den Oberschenkeln und am Po klopfte bei jedem Schritt ab und auf und auf und ab. Bis es mir wehtat. (Dagegen hilft der Einsatz der Beckenbodenmuskulatur.)

Die Hüften wussten nicht so recht, was sie eigentlich machen sollten, und entschieden sich für eine Arthrose. (Dagegen gibt es den anatomisch guten Gebrauch der Beckenhälften, basierend auf dem Einsatz des Beckenbodens.)

Die Füße. Ach, die Füße. Irgendwie hatte ich da unten am Ende der Beine etwas anderes als alle anderen Menschen. Denn meine Dinger taten meistens weh. Es half kein Schuh. Der Arzt sagte Hallux Valgus mit Senk-Spreiz-Fuß. (Dagegen hilft der gute Gebrauch des Fußes am gut gebrauchten und anatomisch ausgerichteten Bein.)

Dann gab es regelmäßig Seitenstechen. (Dagegen gibt es die vertikale Aufrichtung.) Kreuzschmerzen. (Dagegen gibt es die vertikale Aufspannung des

*... dann lehrt er Sie
das Laufen.*

Rückens.) Kurzatmigkeit. (Dagegen hilft das angepass-
te Tempo.)

Von Runner's High keine Spur. Weniger als eine
Spur.

Jetzt laufe ich nicht mehr mit dem Kopf. Sondern
mit dem Körper. Der weiß viel mehr über Bewegung
als mein Gehirn. Schließlich ist es der Körper, der die
Beine hat, die Wirbelsäule und die Arme.

Richtig laufen ist die logische Fortsetzung meiner
Arbeit: die Erforschung der funktionellen Anatomie.
Die Tiefenmuskulatur ist geweckt und trainiert, das
Skelett optimal ausgerichtet, die Bewegungsabläufe
verstanden und trainiert, so kann es losgehen.

So läuft der Körper von selbst.

Weil er es gerne macht.

Weil es ihm gut tut.

So wird das auch in diesem Buch.

Sie beschäftigen sich zuerst mit den Füßen. Dann
mit den Beinen und der Beinachse. Dann mit dem
Becken, dem Rücken, den Rippen, den Schultern, den
Armen, dem Hals, dem Kopf.

Dann noch einmal mit dem Becken. Und dann geht
es los …

2 Selbstheilung im Baukastensystem

Die Summe aller Teile

Zehn Minuten vor sieben Uhr in der Früh. Ein strahlend schöner Junimorgen. Die pfingstverschneiten Berge glitzern in der Ferne. Tau liegt auf den Wiesen. Ein Feld voll Klatschmohn funkelt unter den Tautropfen. Die Vögel geben ihr furioses Konzert zum Sonnenaufgang.

Ich laufe.

Ich laufe seit 50 Minuten. Langsam. Mit kleinen Schritten. – Achtung, dieser Satz ist wichtig: *Ich laufe langsam*. Es ist mir völlig egal, wie viel Weg in Kilometern oder in Minuten gemessen ich zurücklege. Die Bewegung ist mir wichtig, Ferse weich aufsetzen, über den Außenfuß abrollen, das Sprunggelenk bewusst hochziehen, mit dem Vorfuß abstoßen für den nächsten Schritt. Jeder Muskel am Bein und am Fuß ist an jedem Schritt beteiligt. Kopf hochgezogen, Hals lang und leicht, Rücken, Taille, Bauch gedehnt, Rippen entspannt, Schultern schwerelos, Ganzkörperlaufen.

Sie können mit den Beinen laufen. Oder mit dem ganzen Körper.

Meine Bewegungen sind nicht langsam, im Gegenteil. Die Schritte sind indes so klein, dass ich in einer gleichen Zeit viel weniger weit komme als der Mann, der mich gerade überholt. Er keucht, wirft das Bein weit voraus, folgt mit krummem Oberkörper. Mit ihm verglichen bin ich langsam. So langsam, ich kann dabei lächeln. Und die Frau grüßen, die mit ihrem Husky geht. Ich laufe mit Freude. Ohne Schmerzen. Und das ist für mich ein Wunder. Auch Sie können dieses Wunder machen.

*Möchten Sie ein Wunder
erleben? Hier ist das Rezept.*

Ein Anfang: Ich war 45 Jahre meines Lebens unfähig, länger als zehn Minuten hintereinander zu laufen. Es schmerzten der Rücken (Wirbelsäulenverkrümmung) und die Hüfte (Schiefstand, Arthrose), als Folge davon das Knie und schließlich reihten sich auch noch die Füße ins Wehklagen ein. Aus lauter Anstrengung fiel ich dann auch noch in die Kurzatmigkeit des geborenen Asthmatikers.

Weg. Alles weg. Mit 50 Jahren entdeckte ich die pure Lust an Bewegung. Wie ich dieses Wunder zustande brachte, das erzähle ich Ihnen hier. Weil dieses Wunder eigentlich ein Geburtsrecht des Menschen ist. Und weil dieses Wunder ziemlich einfach zu machen ist. Wenn Sie eine unverdorbene Bewegungsnatur sind, verirren Sie sich gar nicht in dieses Buch.

Wenn Ihnen beim Laufen, oder Walken, beim Rad fahren oder Ski laufen
- die Füße oder
- die Knie oder
- die Kreuzbeingelenke („ISG-Syndrom", sagt der Arzt) oder
- die Hüftgelenke oder
- der Rücken oder
- die Schultern oder
- der Nacken

schmerzen,

wenn Sie vom Laufen

- kurzatmig werden,
- Migräne kriegen,
- wegen Seitenstechen aufgeben müssen,
- schwere Beine, Muskelkrämpfe spüren,

so sind Sie hier richtig. Sie lernen, Ihren Körper neu und gut zu gebrauchen, damit eben nichts mehr schmerzt. Und zwar im Baukastensystem, von unten nach oben.

Noch ein Anfang: Eine 35jährige Frau, zwei Kinder, geht wegen Unterleibsschmerzen zum Gynäkologen. Er untersucht sie und erschrickt: „Ihre Gebärmutter und die Blase haben sich in kurzer Zeit enorm gesenkt", stellt er fest. „Laufen Sie neuerdings?" Die Frau bejaht. „Sofort aufhören, ich verbiete es Ihnen, Sie laufen sich die Organe raus", bescheidet der Arzt.

Die Frau ist entsetzt – trotzdem, sie kombiniert richtig: Es kann nicht am Laufen liegen, ihre Muskeln sind zu schwach. Sie beginnt sofort, die Tiefenmuskulatur zu trainieren.

*In der Körper-
mitte ist die
Statik am wichtigsten.
Da brauchen
Sie ein Powerkorsett.*

Nach drei Monaten Intensivtraining fängt sie erneut an zu laufen. Die Gebärmutter und die Blase sind wieder am Ort. Der Gynäkologe ist ebenso beeindruckt wie irritiert.

Noch ein Anfang: Mann, 43 Jahre alt, geht mit Kniebeschwerden zum Orthopäden. Auf beiden Seiten ist der innen liegende Meniskus, der scheibenförmige Knorpelpuffer, dünn geworden. „Laufen Sie?", fragt der Arzt. Der Patient bejaht. „Sofort aufhören", warnt der Doc, „und um eine Operation kommen Sie nicht herum."

Der Mann wollte aber nicht aufhören mit dem Laufen und landete in einem CANTIENICA®-Studio. Die Analyse des Problems war kinderleicht: Der Mann machte O-Beine. Der Druck auf die Innenmenisken wurde beim Laufen immer größer. Der Mann hat mit großem Engagement die Beinachse korrigiert und ein neues Muskelnetz aufgebaut. Er läuft wieder. Schmerzfrei.

Fragen, Antworten, Feedback

Wer schwer ist, soll nicht laufen? Wieso denn?

Nadine:

Ich bin 25 Jahre alt und seit ca. 20 Jahren treibe ich regelmäßig Sport. Angefangen habe ich mit Turnen und bin dann zur Leichtathletik gewechselt (insbesondere Sprinten). Aufgrund meiner schwachen Sprunggelenke habe ich sehr viel Zeit im Kraftraum verbracht und Muskeln aufgebaut. Als ich dann keine Lauferfolge mehr hatte, habe ich damit aufgehört. Seit ungefähr sechs Jahren gehe ich nur noch ins Fitness-Studio (Stepp und BBP), fahre Rad, Rollerblades oder gehe joggen. Trotz chronischer Verletzung kann ich einfach nicht mit dem Sport aufhören, weil ich mich danach körperlich einfach viel besser und schlanker fühle! Jetzt zu meiner eigentlichen Frage: Ich bin 1,65 m groß und wiege 58 kg. Durch mein jahrelanges Muskeltraining habe ich sehr durchtrainierte Waden und für meine Verhältnisse schon viel zu dicke Oberschenkel. Seit einigen Monaten jogge ich 2-mal pro Woche und meine Jeans wird an den Oberschenkeln ziemlich eng. Stimmt es, dass beim Joggen die Oberschenkel und der Po noch dicker/fester werden? Habe ich vielleicht die falsche Lauftechnik?

Benita Cantieni:

Wenn Sie die Übungen durcharbeiten, die ich hier beschreibe, laufen Sie aus und mit der Tiefenmuskulatur. Die äußeren Plustermuckis werden sich ganz schnell zurückbilden.

Tabita:

Ich habe leider ein Gewicht von 93 Kilo bei 1,68 m.
Da ich davon gerne runter möchte, habe ich überlegt, wieder zu laufen, denn es macht mir eigentlich großen Spaß. Doch da sind gleich zwei Probleme:
1. Bei jedem Schritt soll das dreifache Körpergewicht auf die Gelenke belastend wirken und 2. fangen meine Waden trotz Dehnen an zu brennen und hören auch nach ca. 4 Wochen nicht damit auf.
Also dachte ich daran zu walken. Ist das genauso gut wie Joggen?

Benita Cantieni:

Ehm – eben kein dreifaches Gewicht auf den Gelenken, wenn Sie nach meiner methodischen Anatomie laufen oder walken. Erst wird das Skelett optimal ausgerichtet, dann werden die Knochen in der Tiefenmuskulatur befestigt. So trägt sich der Oberkörper selber, der Beckenboden verhindert, dass die Kilo auf die Waden donnern! Ich schreibe dieses Buch, um mit der fixen Vorstellung aufzuräumen, es könnten nur schlanke Menschen laufen.
Indes: Laufen Sie erst wieder los, wenn Sie den Beckenboden und die Beckenrotation

18

richtig einsetzen können, sonst wird es wieder nur ein Strohfeuer. Wenn die Muskeln auch beim Wiedereinsteigen brennen, was ich nicht glaube, so können Sie das mit Magnesium lindern oder verhindern. Gibt's in der Apotheke.

Gerlinde:

In letzter Zeit habe ich während und nach dem Joggen oder bereits nach langem Autofahren einen stechenden Schmerz im rechten Knie. Außerdem bekomme ich nach lägerem Laufen immer eine schlechte Haltung, meine Schultern kippen nach vorn und ich mache einen krummen Rücken. Ich bin 175 cm groß und wiege ca. 90 kg.

Benita Cantieni:

Sie bekommen die schlechte Haltung nicht, Sie MACHEN sie. Trainieren Sie die skeletthaltende Tiefenmuskulatur, so dass sie nach dem Laufen oder beim Autofahren nicht mehr durchhängt. Die Knieschmerzen hängen mit der Körperhaltung zusammen, sobald die Beinachse stabil ist, kommen die Schmerzen nicht wieder.

Feedback von Karl:

Sicher war ich das im Englischen Garten in München. Ich bin knapp 60 und laufe wahnsinnig gern. Gerade bin ich in Griechenland und probiere einige Ihrer Anregungen aus. Also barfuß am Strand aufrecht laufen ist schon mal ein besonderer Genuss. Mein Problem: Eine Gewichtsreduzierung (1,76 m und 85 kg) bekomme ich trotz leichter Kost und täglich 40 Minuten Lauf nicht hin.

Benita Cantieni:

Ah, Sie waren das! Wie lange sind Sie denn in Griechenland? Wenn Sie drei Wochen lang die Mousaka und den Wein links liegen lassen und sich an Fisch, Salat, Gemüse, Olivenöl halten, so könnte das Ihrem Stoffwechsel einen Kick geben, die Kreta-Diät ist dafür berühmt.

Sind 85 muskulöse Kilogramm bei Ihrer Größe denn viel? Aha, nicht so ganz muskulös …Ich empfehle Ihnen zum Laufen zweimal pro Woche Krafttraining. Männermuskeln reagieren darauf, als hätten sie ein spezielles Brennöfchen. 30 Minuten Training reichen, Sie können an einem Tag die Muskeln von Oberkörper, Armen, Bauch trainieren, am anderen Tag die von Po, Oberschenkeln und Waden. Krafttraining ist die schnellste Methode, Fett ab- und Muskeln aufzubauen. Muskeln verbrauchen an sich schon mehr Energie (Kalorien) als Fett, und über 50 ist das halt schon wichtig, bei Mann und Frau. Ich denke, das könnte der entscheidende Anstoß für Ihren Stoffwechsel sein. Alles,

Die Kunst, die eigene Haltung zu machen.

19

Fragen, Antworten, Feedback

Motivation:
Es ist die Lust am Laufen.

was ich an guter, anatomischer Haltung hier beschreibe, können Sie im Kraftraum an den Geräten anwenden: die Aufspannung der Wirbelsäule, das richtige Setzen der Schultern, die Beckenbewegungen. Erstens sind Sie so vor Verletzungen sicher, zweitens kriegen Sie lange Muskeln, keine Horizontalpakete, drittens liebt Sie Ihre Anatomie dafür.

Barfuß und aufrecht durch den Sand laufen – fast beneide ich Sie ein wenig. Aber die dampfenden kleinen Nebelschwaden auf den grünen, satten, gewittergetränkten Zürcher Wiesen waren heute morgen auch seeeeehr schön.

hören. 10 Minuten die Beckenrotation perfektionieren. 10 Minuten die Schulterblätter am Rücken festzurren. 10 Minuten die Füße perfekt abrollen. Wie Kurz-Mantras. Oder versuchen Sie sich mit Meditation, autogenem Training. Wenn Sie es können, können Sie es beim Laufen einsetzen. Wenn alles nichts nützt, suchen Sie sich eine Sportart, die Ihnen Freude macht, bei der Sie die Zeit vergessen. Wie Sie leicht laufen, also so laufen, dass Sie den Körper vergessen und die Gedanken fliegen können, das ist der Gegenstand dieses Buches. Halt einfach nicht beim ersten Unterkapitel Halt machen ...

Ilka:

Ich habe schon oft versucht, einen Einstieg ins Laufen zu bekommen. Doch je öfter ich trainiere, desto weniger schaffe ich. Es macht mir außerdem Schwierigkeiten, im Freien zu laufen, wo ich kein bestimmtes Ziel vor Augen habe. Was kann ich dagegen tun?

Benita Cantieni:
Tja, die Selbstmotivation. Setzen Sie sich Kurzziele: Bis zu dem Baum dort vorn. Bis zum Weiher. Bis zur Wiese. Bis zur Kurve. Und am Ziel verlängern Sie wieder. Oder setzen Sie sich Zeitziele. 30 Minuten. 45 Minuten. Oder spielen Sie mit der Bewegungsperfektion. 10 Minuten dem Atem zu

Maya:

Mir fehlt es oft an Motivation. Ich nehme mir vor zu laufen und lasse es dann doch sein. Wie kann ich mich mehr motivieren?

Benita Cantieni:
Es geht jedem so, und jeder muss seine eigene Strategie finden. (Vielleicht gibt es deshalb so viele Teamspiele. Da muss man mitmachen und sich an die Regeln halten, sonst macht man sich selbst keine Freunde, geschweige denn der Mannschaft.) Ein paar Inspirationen: Führen Sie ein Lauftagebuch, schreiben Sie nach dem Laufen hinein, wie gut Sie sich fühlen. Das können Sie dann lesen, wenn es

Ihnen stinkt. Formulieren Sie die Ziele, warum Sie laufen. Was wollen Sie durch das Laufen erreichen. Notieren Sie Ihre Erfolge und auch die Verbesserungen. Suchen Sie sich einen Laufpartner. Gehen Sie immer zur gleichen Zeit laufen, am besten gleich morgens nach dem Aufstehen. Da ist der Widerstand noch nicht so groß. Geben Sie dem Laufen einen fixen Platz in Ihrem Leben. Meistens reicht es, wenn Sie sich einfach einen Ruck geben oder sich meinetwegen anfangs zwingen. Die Freude kommt dann mit den ersten Schritten. Wenn Sie sich allerdings ständig zwingen müssen, ist Laufen halt nichts für Sie. Suchen Sie sich einen Sport, der Ihnen Spaß macht.

Martina:

Ich laufe schon einige Jahre, meistens drei mal pro Woche zehn Kilometer. In den Sommerferien bin ich täglich gelaufen und jetzt (wo ich wieder arbeite) laufe ich circa viermal pro Woche zehn bis sechzehn Kilometer. Da ich viel am Laptop arbeite und auch sonst fast nicht entspannen kann (Familie und Beruf) ist meine Nackenmuskulatur extrem ver-

spannt und auch schon verkürzt. Ich habe den Eindruck, dass es durch das intensive Laufen schlimmer geworden ist, obwohl ich mich bemühe, die Schultern nicht hoch zu ziehen. Was soll ich besser machen?

Benita Cantieni:

Wenn Sie die ganze Wirbelsäule aufspannen, in ein kräftiges, geschmeidiges Muskelnetz einpacken, so kann sich auch der Nacken dehnen. Punktuelle Übungen nur an Hals und Halswirbelsäule bringen nach meiner Erfahrung wenig bis nichts. Der Nacken verkrampft sich ja nicht grundlos. Er kompensiert etwas – vielleicht verkürzte Muskeln im Kreuz, vielleicht einen runden Rücken mit verkürzten Muskeln über dem Brustkorb (vermutlich) … also Beckenboden rein, Steissbein nach unten, Kronenpunkt nach oben, Brustbein in beide Richtungen, Rippen entspannen, Schulterdach von Oberarmkugel befreien, dann die Schultern nach außen-unten erlösen, die Schulterblätter am Rücken nach unten ziehen … Ihr Nacken ist frei. Das war die Schnellanleitung für die Entspannung des Nackens. Sie können es ab sofort ausprobieren.

*Geben Sie sich
einen Ruck,
die Freude am Laufen
kommt mit den
ersten Schritten.*

VOM LAUFEN

Ich erwache zeitig und zufrieden, steh auf, geh in die Küche, fülle den Wasserkocher, schlurfe zum Briefkasten und erinnere mich daran, weshalb ich den Wecker so früh stellte: Ich will laufen gehen.

Will ich laufen gehen?
Kühlschrank auf.
Kühlschrank zu.
Wasser in die Megatasse gießen.
Hinsetzen.
Zeitung aufschlagen.
Laufen.
Wer will denn laufen?
Wieso nehme ich mir immer so'n Zeug vor!
Aber eigentlich fühle ich mich schon sehr wohl ...
... wenn ich laufe ...
... während ich laufe ...
... wenn ich gelaufen bin ...

Ruck. Hoch vom Stuhl. Ganz schnell in die Hose, das Top, die Laufschuhe, Tür auf und los. Ich habe ja auch noch das Glück, fast am Waldrand zu wohnen.

Wieso immer diese Würgerei mit der Motivation?
Ich weiß doch, wie gut ich mich fühle, wenn ich laufe.
Ich weiß doch, wie viel Energie es mir gibt, Leistungs-fähigkeit.
Und ich weiß, was es für meinen Stoffwechsel tut.

Ich versuch's mal wie die Anonymen Alkoholiker: nehme mir nicht mehr vor, ab jetzt täglich zu laufen. Sondern motiviere mich immer für den einen Tag.
Heute laufe ich.
Morgen?
Morgen werden wir sehen.

3 Jede Bewegung beginnt im Kopf

Was glauben Sie?

Irgendwann nistete sich ein Glaubenssatz in unseren Köpfen ein. Und der heißt: Bewegung muss anstrengend sein, Bewegung muss hergestellt werden. Seither werfen die Menschen – jedenfalls die so genannten zivilisierten – den Körper vorwärts.

Mit viel Anstrengung. Mit viel mehr Aufwand, als eigentlich nötig wäre.

Denn Bewegung ist systemimmanent.
Körperimmanent.
Bewegung ist naturgegeben.
Bewegung steckt im Körper.
Menschsein IST Bewegung.

Bewegung steckt im Menschen.

Wir Menschen können noch dazu auf das Erbe der ganzen kreatürlichen Evolution zurückgreifen. Wir haben die Bewegung der Qualle und der Kröte, des Regenwurms und der Königskobra, des Bären und des Tigers im Zellgedächtnis. Überlagert von der ver-

gleichsweise jungen menschlichen Errungenschaft des aufrechten Ganges. Und leider auch überlagert von künstlichen Glaubenssätzen, Urteilen, intellektuellen Konstruktionen.

Die Schmerzen im Kreuz haben ihren Ursprung im Kopf. Die im Knie auch.

Praktisch erklärt:

- Wer die Idee im Kopf hat, er oder sie müsse die Beine nach vorne werfen, um vorwärts zu kommen, der kriegt tolle Muskeln am vorderen Oberschenkel – und früher oder später Knieprobleme, weil er bei jedem Schritt das ganze Gewicht in die Knie wirft. Jeder Schritt verstärkt die Schwerkraft.

- Wer die Idee im Kopf hat, es sei der Oberkörper vorwärts zu werfen, um vom Fleck zu kommen, betreibt sehr viel Aufwand für einen sehr geringen Erfolg. Und kriegt früher oder später Probleme im Kreuz und in den Schultern. Jeder Schritt verstärkt die Schwerkraft.

- Wer die Idee im Kopf hat, die Füße würden ihn vorwärts tragen, der streckt das Bein bei jedem Schritt und landet hart auf der Ferse. Hier winken als Lohn der Fersensporn, Probleme mit der Achillessehne. Unökonomisch, das ist auch dieses Laufprogramm. Jeder Schritt verstärkt … Sie wissen schon …

- Wer die Idee im Kopf hat, es sei das Becken vorzuschieben oder gar zu kippen, um in Bewegung zu kommen, der ruiniert sich die Hüftgelenke und klagt über Schmerzen „im Kreuz".

- Wer die Idee hat, er müsse das ganze Gewicht vom Boden heben, nach vorwärts hieven und dann wieder landen, ist nach zehn Minuten k. o. Er hält sich für zu schwer, unfit oder laufdumm. Dabei ist's nur die Schwerkraft.

Laufen Sie fünf Minuten, und nehmen Sie wahr, wie sich Ihr Körper bewegt, besser: wie Ihr Kopf Ihren Körper bewegt.

Lehnen Sie beim Laufen den Oberkörper vor?

Laufen Ihre Beine dem Körper weit voraus?

Kippt Ihr Kopf nach vorne? Oder nach hinten?

Hebt und senkt sich bei jedem Schritt Ihr ganzer Körper?

Wippt Ihr Becken?

Verdrehen Sie Ihre Hüften?

Landen Sie mit ausgestrecktem Bein, durchgedrücktem Knie hart auf der Ferse?

Haben Sie sich den derzeit so geläufigen Ballengang angewöhnt?

Laufen Sie leicht?

Fühlen Sie sich beim Laufen schwer?

Seitenstechen?

Muskelspannungen?

Schmerz, irgendwo?

Einfach nur wahrnehmen, was ist.

Entmachten Sie doch einfach die Schwerkraft! Die Fliehkraft wartet auf Sie.

Es gibt eine Alternative. Die hat der Mensch millionenfach umgesetzt: Die Fliehkraft ausnutzen, wie beim Förderband, bei der Dampflok, beim Wasserrad, bei allem, was sich auf Rädern vorwärts bewegt. Die systemimmanente Kettenreaktion bewirkt das Bewegungsmoment. Die Schwerkraft ist entmachtet.

Die Bewegung des menschlichen Körpers entsteht in einem Gelenk, wird von den Muskeln aufgenommen und in Windeseile zu den anderen Gelenken geleitet. Diese übernehmen den Impuls, es entsteht Schwung, Schwung trägt vorwärts. Als Auslöser dieser Kettenreaktion geeignet sind das Becken und das Knie.

Die Richtung: gegen die Schwerkraft. Also immer weg vom Boden. Das ist die Fliehkraft.

Nochmal: Die Bewegung des menschlichen Körpers entsteht in einem Gelenk, wird von den Muskeln aufgenommen und in Windeseile zu den anderen Gelenken geleitet. Die übernehmen den Impuls, es entsteht Schwung, Schwung trägt vorwärts. Als Auslöser dieser Kettenreaktion geeignet sind das Becken und das Knie. Die Richtung: gegen die Schwerkraft. Also immer weg vom Boden. Das ist die Fliehkraft.

Die Fliehkraft spüren

Gleich mal ein Pröbchen, versprechen Sie mir, dass Sie nicht ungeduldig aufgeben, wenn es beim ersten Versuch nicht klappt.

Die erste Begegnung mit dem neuen Laufen. Hier ist sie.

Wahrscheinlich sitzen sie jetzt gerade vor dem Computer.

▶ Schieben Sie den Stuhl ein bisschen zurück und rutschen Sie an den vorderen Rand.

▶ Füße hüftweit auseinander stellen, Fersen sind bis zu den Zehen ganz entspannt.

▶ Die Knie – Achtung, es geht um die Beinachse! – stehen genau über dem Fuß und vor den Hüften.

▶ Richten Sie sich so aus, dass Sie auf den Sitzhöckern balancieren, nicht dahinter, nicht davor.

▶ Kopf hoch, Schultern entspannen (nach hinten, unten), Hände auf die Oberschenkel – na ja, zum Scrollen darf die eine Hand natürlich zur Maus.

▶ Jetzt stellen Sie sich vor, Sie ziehen mit der rechten Kniescheibe einen kleinen Kreis rückwärts also in die Gegenrichtung zur Schwerkraft.

▶ Machen Sie den Kreis, ohne an Ihrer Position etwas zu verändern.

▶ Die Füße bleiben, wie Sie sind. Sie bleiben auf den Sitzhöckern sitzen.

▶ Dann macht die linke Kniescheibe einen kleinen Kreis rückwärts. Zum Körper hin. Es gibt nur eine

*Sie können „das neue
Laufen" im Sitzen üben,
so haben Sie keinerlei
Belastung auf den Gelenken,
können sich ganz auf
die Rotation konzentrieren.*

Kniescheibendrehung, die ganz leicht und fast von selbst geschieht, und die ist es.

▶ Die Rechte, die Linke.

▶ Immer wieder. Bis sie genau spüren, was geschieht: Die Muskeln setzen den Oberschenkel in Bewegung – zugegeben, es ist eine kleine Bewegung, und das ist gut so, denn nur diese kleine Bewegung kann im Alltag wirtschaftlich sein. Der Oberschenkel setzt die eine Beckenhälfte in Bewegung, die Hüftpfanne macht dem Oberschenkelkopf Platz.

Förderbandprinzip. Ganz einfach. Mit der Fliehkraft.

Nichts an dieser Bewegung geht auf Kosten von etwas anderem, im Gegenteil, bei jeder dieser „Raddampfer-bewegungen" arbeiten die einzelnen Teile der Gelenke zusammen, es bleibt ein Gelenkspalt.

- Bedeutet für das Knie: Oberschenkel knallt nicht auf Unterschenkel (Schwerkraft) und auch nicht an die Kniescheibe. Die Knorpel werden nicht gequetscht.
- Bedeutet für die Hüftgelenke: Oberschenkelkopf reibt sich nicht an der Pfanne, sondern Kopf und Pfanne geben sich automatisch den Raum, den sie brauchen.
- Bedeutet für das Becken: Es rotiert in zwei Hälften um die eigene Achse, die Kreuzbeingelenke und ihre straffen Bänder werden (bleiben) geschmeidig, die untersten Lendenwirbel werden nicht zusammengestaucht, im Gegenteil, sie kriegen bei jedem Schritt mehr Raum. Schwerkraft ist aufgehoben.

*Gute Bewegung
erzeugt Resonanz
von der Sohle
bis zum Scheitel.*

Dieses Bewegungsmuster erzeugt Resonanz auf der Körpervertikalen bis in die Zehen und bis zum Scheitel, setzt sich fort vom Becken zum Knie, zum Fuß. Vom Becken zum Rücken, zu den Schultern, den Armen, zum Kopf.

Evolutionäres Rätselraten

Ich habe vier Jahre an diesen „neuen" Bewegungsprinzipien herumgeforscht. Seit einem Jahr sind sie fester Bestandteil der CANTIENICA®-Methode.

Da steh ich jeweils in meinem kleinen Studio, vor mir sitzt oder liegt oder steht die Frau, der Mann, lässt die Beckenhälften geschmeidig und weich wie eine Bauchtänzerin kreisen und fragt: „Wieso kam ich da nicht alleine drauf? Wieso kann ich das nicht einfach von Natur aus? Habe ich das verlernt oder konnte ich es nie?"

Ich kenne die Antwort nicht. Ich kann nur ein paar Vermutungen anstellen.

Wir stecken schon zu lange in steifen Schuhen.

Gehen auf harten Pflastern.

Haben mit dem newtonschen Denken den Glauben an die Schwerkraft verinnerlicht.

Irgendwann, als der Intellekt mit allerlei Moden und den entsprechenden Verkrüppelungen wie Schnabel- Stöckel- und anderen Schuhen den Körper unter Kontrolle nahm, kam dem Körper die natürliche Bewegungsintelligenz abhanden.

Ab da war es einfach: Kinder lernen vor allem durch Imitation. Noch mal: Kinder lernen vor allem durch Imitation. Dann sagt der Sohn, der Rundrücken liege eben in der Familie, sei folglich in den Genen angelegt, der ältere Bruder habe ihn und der Vater und der Großvater. Niemand kommt mit Hohlkreuz oder Rundrücken oder verspannten Schultern oder deformierten Füssen oder X-Beinen oder O-Beinen zur Welt. All das eignen wir uns an, ahmen nach, imitieren, erst die Eltern, später die Vorbilder. „Ich kann doch nicht so aufrecht sitzen", sagt meine 18-jährige Nichte, „wenn alle anderen im Stuhl fläzen! Da werde ich doch dumm angeschaut."

Kinder übernehmen, was sie sehen. Machen das junge Känguru und das Fohlen und der Hase auch, nur stecken da die Muttertiere nicht in Riemchensandaletten …

Jedenfalls orientieren sich die Mädchen in der Regel – Ausnahmen gibt es natürlich – an den Müttern, die Jungs an den Vätern. Macht Mama X-Beine, ahmt Töchterchen diese mit fast hundertprozentiger Sicherheit nach, und beide glauben, es liege eben in den Genen, sei „angeboren", wenn sie eines Tages die gleichen deformierten Füße haben.

Beim allerersten Gehversuch greift das Kleinkind auf die älteren Bewegungsmuster auf der Festplatte

*Der aufrechte Gang ist eine
großartige Errungenschaft,
aaaaber ...*

zurück, erinnert sich an die kreatürliche Fortbewegung, es tappst auf den Ballen (ich sag jetzt halt: wie
ein Tigerjunges). Erst mit dem Gehen aktivieren sich
die neuen Eingaben zum aufrechten Gang, die im jungen Teil des Gehirns gespeichert sind. Das Kind
beginnt den ganzen Fuß zu nutzen, es gewinnt Gleichgewicht. Diese Unabhängigkeit behält es vielleicht ein
paar Monate, maximal zwei Jahre, dann gewinnt die
Imitation Oberhand. Wer meine Beckenbodenbücher
kennt, kennt auch die Theorie: Der aufrechte Gang ist
eine junge Errungenschaft. Die Beckenbodenmuskulatur gehört zum aufrechten Gang, denn durch die Aufrichtung musste aus der Bauchwand, ein tragfähiges
muskuläres Zwischenstockwerk im Hochhaus Mensch
entstehen, ein Bauchboden.

Auf zwei Beinen gehen und den Beckenboden einsetzen gehören zusammen. Wenn ein Kind die ersten
Gehversuche macht, findet es Zugang zur Beckenbodenmuskulatur. Deshalb kann ein Kleinkind mit
einem Topf nichts anfangen, bevor es die ersten Gehversuche gemacht hat.

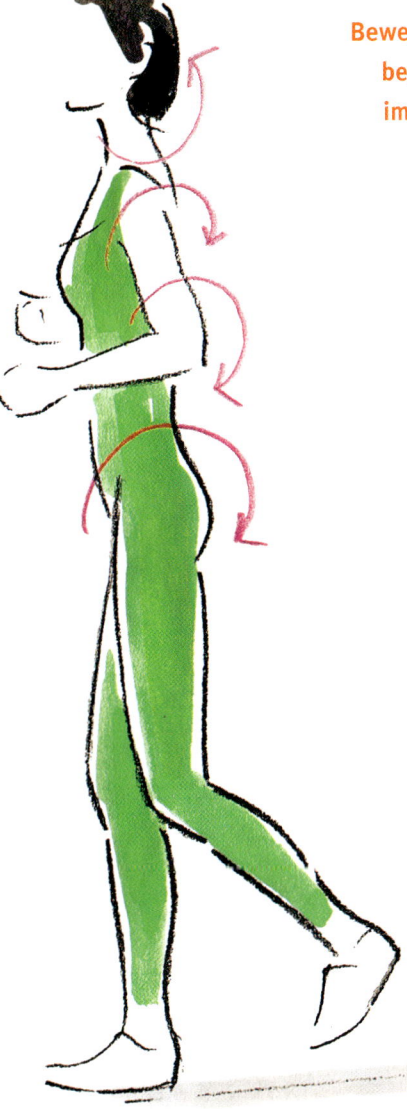

Laufen ohne Schwerkraft in der Fliehkraft, alle Gelenke arbeiten in einer Kettenrotation zusammen. Torso aufgerichtet, Kopf hoch, Becken stabil, kleine Schritte mit der Tiefenmuskulatur – so läuft es sich leicht und körperfreundlich.

Fragen, Antworten, Feedback

Warum der Beckenboden in den Alltag gehört?
Weil er ein 24-Stunden-Muskel ist.
Wie alle anderen Muskeln auch.

Feedback von Konrad:

Es ist mir aus eigenem Erleben bekannt, wie wichtig es ist, seinen eigenen Körper zu beherrschen. Mit 35 Jahren sagte mir mein behandelnder Arzt: „Junger Mann, mit diesen Schmerzen müssen Sie leben", als ich mit wiederholten Ischialgien zu ihm kam. Die Prognosen waren düster. Aufgrund falscher Belastung der Wirbelsäule, Büroarbeit und leichtem Übergewicht wurde die Ursache bei abgenutzten Bandscheiben gesehen. Mit 50 Jahren habe ich durch Gymnastik, u. a. auch angeregt durch Ihr Rückenprogramm, und aktiv betriebenem Reitsport die Wirbelsäule so weit trainiert, dass ich schmerzfrei lebe. Das Joggen möchte ich durch Ihr neues Buch so weit qualifizieren, dass ich auch da den Beckenboden einsetzen und noch lange meine Strecke von acht Kilometern laufen kann, ohne die Kniegelenke zu ruinieren.

Marion:

1. Frage: Ich laufe seit ca. einem Jahr, obwohl ich nach zwei Geburten eine starke Gebärmuttersenkung habe und mein Beckenboden dadurch sehr schwach ist. Welche Übungen können Sie mir empfehlen, die wirklich effektiv sind?
2. Frage: Ist Trampolin-Springen gut für den Beckenboden und speziell auch für mich?

Benita Cantieni:

Ohne Beckenboden ist Trampolinspringen für Ihre Gebärmutter hoch gefährlich! Sie schütteln sie direkt unten raus! Alle meine Beckenbodenübungen sind ultra-effektiv, und wenn Sie Ihre Gebärmutter wieder an den angestammten Platz bringen wollen, müssen Sie den Beckenboden fest in Ihren Alltag einbauen. Wenn Sie alle Übungen in diesem Buch umsetzen und in Ihr Lauftraining einbauen, wird jeder einzelne Schritt zum effizienten Beckenbodentraining. Jeder Schritt ohne Beckenboden schadet demnach Ihrer Gebärmutter (und allen anderen Organen, der Uterus erschlafft ja nicht allein). Laufen Sie am Anfang immer nur so weit, wie Ihr Beckenboden mitmacht. Wenn das beim ersten Mal 10 Schritte sind, sind's beim zweiten Mal 20, dann 40 – in drei Wochen laufen Sie 45 Minuten mit voll eingesetzter Beckenbodenmuskulatur. Kleine Häppchen mehrmals täglich summieren sich ja auch zum Workout.

Uta:

Ich habe ca. 30 kg Übergewicht. Kann ich trotzdem anfangen zu laufen oder ist die Belastung für die Gelenke zu groß?

Benita Cantieni:

Wenn Ihr Arzt nichts dagegen hat und Sie die Gelenke so trai-

nieren, wie ich es hier beschreibe, und beim Laufen auch so einsetzen, können Sie bedenkenlos Ihrem Gewicht davonlaufen. Bewegung mit der Fliehkraft nimmt das Gewicht von den Gelenken. Ich entspreche selber in keiner Weise dem magersüchtigen Schönheitsideal und spüre beim Laufen nichts von meinen Kilos. Laufen Sie halt immer nur so lange, wie der „neue" Beckenboden und die Tiefenmuskulatur Sie tragen. Gönnen Sie Ihrem Busen einen richtig guten Stütz-BH, Beinen und Po eine fest sitzende Stretchhose.

Iris:

Meine Kniescheiben haben durch ihre Form die Veranlagung herauszuspringen. Wenn ich nicht schnellstmöglich den Muskel innen am Knie effektiv trainiere, dann droht mir eine Knie-OP. Ich habe es schon öfter mit dem Laufen probiert. Hat aber nie geklappt. Ich habe es sogar schon mit lauferfahrenen Bekannten probiert. Diese meinten jedoch, dass bei mir „Hopfen und Malz verloren" sei. Ich würde den Fuß völlig verkehrt aufsetzen. Außer meinen Knieproblemen leide ich noch an einem Rundrücken und Übergewicht. Ich wiege 95 kg bei 1,70 m. Mein Beckenboden ist jedoch ganz in Ordnung. (Ich bin in der Kindheit viel geritten und habe während der Geburtsvorbereitung meines letzten Kindes Bauchtanz gemacht.) Mit der Einsteigerformel zwei Minuten Laufen, dann eine Minute Gehen klappt es auch nicht. Die zwei Minuten Laufen am Stück sind schon zu viel für meine miserable Kondition. Bitte schreiben Sie mir, ob ich überhaupt Laufen lernen kann und ob das sinnvoll für mich ist. Kann man durch Laufen die Knie stärken? Ich bin übrigens erst 25 Jahre alt. Bitte geben Sie mir einen Rat. Ich fühle mich in meinem Körper nicht mehr wohl.

Benita Cantieni:

Reiten und Bauchtanz haben noch nichts mit einem guten Beckenboden zu tun! Wenn der wirklich entwickelt wäre, und Sie ihn beim Laufen wirklich einsetzen, hätten Sie weder einen Rundrücken noch Knieprobleme. Also: Den echten Beckenboden kennen lernen, die Beinachse trainieren, die gesamte Skelettmuskulatur rund ums Knie kräftigen und dann wird das was. Sie müssen einfach den Mut haben, völlig unbefangen an die Sache heran zu gehen. Alles, was Sie wissen müssen, steht im Buch. Für den Rundrücken kann Ihnen CANTIENICA® – Das Rückenprogramm wertvolle Übungen für den Alltag zeigen. Zum Einsteigen: Immer nur so lange laufen, wie Sie den Beckenboden aktiviert und den Mund geschlossen halten können. Sie schaffen das!

Fragen, Antworten, Feedback

Vom echten und unechten Beckenboden und wie Sie den einen vom anderen unterscheiden.

33

VOM LAUFEN

„Salzburger Schnürlregen", sagte Kollegin Birgitt, als wir heute morgen durch den Wald liefen. Der Regen lief uns durch die Nähte der ansonsten wasserfesten Jacken.

„L-a-n-g-s-a-m", dozierte ich, „kleine Schritte, bergauf nur nicht schnell werden, sonst jagst du deinen Puls hoch, und wenn du auf dem Hügel bist, bist außer Puste, im anaeroben Bereich, dann findest du nicht mehr in den schönen, gemütlichen aeroben Ausdauerrhythmus. Jedenfalls heute nicht." Wir widerstanden dem Impuls, die Oberkörper vorzulehnen, blieben aufrecht, Kronenpunkt hochgezogen, Steißbein nach unten, Oberkörper immer über den Hüften. Wir machten kleine Schritte, atmeten durch die Nasen, holten den Schwung aus den rotierenden Gelenken (das Thema dieses Buches, nicht ungeduldig werden) und waren sehr zufrieden mit uns.

Da fiel mir ein: Hätte mir die hellsehende Fee vor 20 Jahren prophezeit, ich laufe eines Tages GERN und FREIWILLIG und ich schriebe auch noch ein Buch über ökonomische Bewegung, ICH HÄTTE DIE FEE ZUM BERUFSBERATER GESCHICKT.

Vor 20 Jahren war ich so 30, versuchte mit meinem Zwei-Meter-Freund mitzuhalten, warf das Gewicht von Schritt zu Schritt, kurzatmig, angespannt, verzweifelt ehrgeizig, das doch zu schaffen. Und war nach zwei Runden Finnenbahn fertig, nudelfertig, für mindestens drei Tage.

Das fällt mir ein im Salzburger Schnürlregen auf der Forch bei Zürich, morgens um sieben, und es stellte sich eine kleine Glückseligkeit ein.

4 Installation der neuen Software

Alles nur Gewohnheit ...

... aber Gewohnheit ist nicht alles. Programmieren Sie Ihre Haltungs- und Bewegungsmuster doch einfach um.

Es gibt Erlebnisse, die prägen sich ganz tief ein. So ein Erlebnis fand im Frühjahr 1993 statt. Ich traf Christian Larsen zum ersten Mal, den Mitbegründer der Spiraldynamik International. Wir unterhielten uns über anatomische Konzepte, und er sprach den folgenschweren Satz: „Was, wenn du deine Skoliose" – so heißt es im Fachjargon, wenn die Wirbelsäule krumm wächst, als wollte sie sich um die eigene Achse drehen – „was, wenn du deine Skoliose nicht hast, sondern machst?" Eine krumme Wirbelsäule zieht immer auch Becken, Brustkasten und Kiefer krumm, und so hatte ich seit meinem 25. Lebensjahr eine Hüftgelenkarthrose, sozusagen als Folgeschaden der Skoliose.

Warum halten Sie sich krumm, wenn es doch so einfach auch gerade ginge?

Ich bekam Bauchweh vor Aufregung. Wenn ich meine Skoliose nicht als gottgegebene Strafe für weiß der Kuckuck was betrachten musste, auch nicht als

ungeliebtes Familienerbe, wenn ich diese Skoliose selber machte, aus was für Gründen auch immer, dann …
dann …
dann …
ja
dann …
… konnte ich diese Skoliose doch un-machen.

Ich beschloss, mich mit meiner Skoliose anzufreun-
den. Mit ihr zu reden. Auf sie zu hören. Sie erzählte mir
spannende Sachen von Leistungsdruck und körperlichen Übergriffen in der Kindheit, sie erzählte mir, es
sei damals ein verdammt guter Einfall gewesen, mich
zu krümmen, physisch dem Druck nachzugeben,
dafür den Geist und die Seele nicht zusammenzustau-
chen. Sie sagte mir aber auch, dass sie, die Skoliose,
mittlerweile nur noch eine Gewohnheit sei, längst
keine Notwendigkeit mehr. Als wir uns ausgesprochen
hatten, beschlossen wir beide, dass ich die Skoliose
nicht mehr brauche. Wir gaben eine Abschiedsparty,
und von der Stunde an arbeitete ich an der Begradigung meiner Wirbelsäule.

*Zugegeben, es ist sehr
anspruchsvoll, eine schlechte Gewohnheit gegen
eine gute einzutauschen.
Indes: Es funktioniert.*

Das erzähle ich deshalb: Wenn ich Ihnen vorschlage, dass Sie Ihre krummen Beine, den runden Rücken,
die verformten Füße, die schief stehenden Hüften
nicht haben, sondern machen, so ist das in nichts eine
Schuldzuweisung, sondern der Hinweis auf eine Freiheit, von der Ihnen einfach noch kein Christian Larsen
erzählt hat. Dafür können Sie schließlich nichts. Konnten bis jetzt nichts dafür. Jetzt wissen Sie's. Jetzt ist es
Ihre Entscheidung.

Gewohnheiten sind wie kuschelige Pantoffeln.
Vertraut.
Eingebeult und ausgewuchtet.
Gewohnheiten sind gemütlich.
Gewohnheiten laufen so herrlich automatisch ab.

Gewohnheiten sind bequem.
Gewohnheiten sind aber auch verflixt anhänglich.
Gewohnheiten können sich zu engsten Feinden ent-
wickeln.

Gewohnheiten sind sehr schwer zu verändern.

Das ist so. Das müssen Sie wissen. Und Sie müssen
sich im Voraus Absolution erteilen. Sie dürfen so oft
ins alte Muster zurückfallen, wie Sie wollen, wenn Sie
nur dranbleiben am neuen Muster. Eines Tages wird es
greifen, wie die Zähne des Rades, und dann wird das
neue Haltungsmuster zur Gewohnheit. Sie werden sich
gar nicht mehr vorstellen können, wie Sie früher mit
krummem Rücken, rundem Rücken, hohlem Rücken,
ausgedrehtem Knie, eingedrehtem Knie, eingezoge-
nen Schultern, hochgezogenen Schultern, abgeknick-
tem Fuß, Hohlfuß, Senkfuß, Spreizfuß, Plattfuß leben
konnten. Mit durchhängendem Beckenboden und
schmerzendem Kreuz.

*Am Anfang steht der Wille.
Dann kommt die Praxis.
Zuletzt die Fähigkeit.*

Bis dahin ist das, was ich Ihnen hier vorschlage,
HARTE ARBEIT.

Ich meine: harte Arbeit. Aber zu bewältigen. 21 ist eine
magische Zahl. Wer 21 Tage am neuen Muster arbeitet,
hat es drin. Drei Wochen, was ist das schon. Es gibt
Glückliche, die erfahren bei den ersten Versuchen so
viel Schmerzlinderung, dass es ihnen ganz leicht fällt,
die neue Software auf ihrer Festplatte abzuspeichern.
   Aber auch für diese Glücklichen ist es harte Arbeit.
Werden Gewohnheiten aufgegeben, entsteht erst mal
eine Leere, und die kann Angst machen. Veränderungen können Schmerzen verursachen, ich wünschte
mir manches Mal die guten, alten, vertrauten Wehwehs zurück, wenn ich bei Neuweh nicht so recht

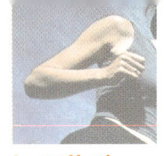

wusste, ob es ein Hilfeschrei des Körpers sei oder ein Wegweiserweh. Mit der Zeit lernte ich den Neuschmerz kennen, er kommt schnell und geht schnell, und er ist immer vertikal, Pfuischmerzen verlaufen dagegen fast immer horizontal.

Wehwehs können Wegweiser sein, Reiseleiter auf dem Weg von Schmerz oder Krampf zu Bewegungsfreude und Leichtigkeit. Entwicklungsschmerz ist Muskelschmerz, der in die Länge zieht, der sich verändert, der höchstens zwei Tage bleibt, der besser bis gut wird, sobald Sie die Übungen wiederholen, die den Schmerz ausgelöst haben. Wohlschmerz ist Schmerz, der in der neuen, guten Haltung erträglich ist und unerträglich wird, sobald Sie ins alte Muster zurückfallen.

*Freunden Sie sich mit neuen
Schmerzen an.
Sie sind Ihre besten Lehrer.*

Die Grundsätze – natürlich, schön, leicht

Die wichtigste Regel der neuen Software klingt nach dem gerade Geschriebenen leicht paradox, stimmt aber dennoch:

*Bewegen Sie sich wie eine
Katze – leicht, elegant …*

Nehmen Sie sich fest vor, nicht mehr zu leiden. Akzeptieren Sie Schmerz nur als kurze Durchgangsstation, als Beweis, dass in Ihrem Körper, in Ihrer Haltung Veränderungen geschehen.

Und lassen Sie zu, dass es LEICHT geht. Menschsein ist LEICHT. Körpersein ist LEICHT. Bewegung ist LEICHT. Von Anfang an.

Da muss ich noch eine Initialzündung von Christian Larsen zitieren: „Gute Bewegung ist immer ökonomisch und schön." Alles, was ich Ihnen in diesem Buch vorschlage, ist leicht einzunehmen, alle Bewegungen sind ökonomisch, also wenig Aufwand für das beste Resultat, und alle Bewegungen sind schön, von innen heraus und von außen beim Hinschauen.

So selbstverständlich schön wie die Haltung der Rose. Und die des Rotkehlchens, das grad auf meiner Balkonbrüstung zwitschert. So schön wie der Gang der Katze und die Bewegung der Forelle.

Schönheit und Leichtigkeit sind die Natur des Menschen. Wer sie in die Wiege bekommt und ihr Sorge trägt und sie behält, hat's gut. Wer sie verliert, muss sie zurückerobern.

Jede neue Übung muss durch diesen TÜV: Ist die Bewegung natürlich, also leicht herzustellen, angenehm aus der inneren Empfindung und schön anzusehen.

Wenn Sie zur Fraktion der Krampfer gehören, überzeugt sind von all dem kulturellen Schmonzes, der besagt, es gebe ohne Fleiß keinen Preis, dann werden Sie es am Anfang sehr schwer haben mit meinen Vorschlägen. Denn Sie können nur eines falsch machen: zu viel.

Eine gute Bewegung ist immer eine schöne und ökonomische Bewegung.

Zu viel Druck in die leisen Bewegungen legen.
Zu viel Anstrengung.
Zu viel Bewegung.

Ich rate Ihnen: Geben Sie sich einen inneren Schubs. Machen Sie sich träge und faul an die Sache, träge und faul wie ein satter Löwe. Nehmen Sie sich vor, nur das zu machen, was da steht. Kein bisschen mehr. Geben Sie sich mit wenig zufrieden, das Richtige reicht …

Die Glocken des Big Ben läuten erst, wenn sich alles zusammenfügt zum lustvollsten Laufen Ihres Lebens. (Oder Radeln, oder Skaten, oder Surfen, oder Golfen, oder Tanzen, oder …)

Und denken Sie immer an die Grundsätze: natürlich, schön, leicht, ökonomisch.

*Kopf hoch, Steißbein nach
unten, Becken aufrichten
und kleine Schritte machen.*

Evi:

Stimmt es, dass ich mit meinem Gewicht lieber nicht laufen soll, wie alle sagen, obwohl ich es doch so gerne tue und es mir psychisch so gut tut?

Benita Cantieni:

Versteh ich sehr gut, dass Sie weiterlaufen möchten, um so mehr, da Laufen eine prima Gewichtskontrolle ist und den Stoffwechsel ankurbelt! Wenn Sie die Tiefenmuskulatur trainieren, die Ihr Skelett hält und schützt, so können Sie es bedenkenlos tun. Die gute, vertikale Ausrichtung von Sohle bis Scheitel verhindert, dass Ihr Bindegewebe und Ihre Gelenke Schaden nehmen. Also: weiter lesen, weiter üben, perfekt laufen.

Christiane:

Ich laufe seit ca. einem Jahr. Seit kurzem im Olympiapark in München und da befinden sich einige Steigungen. Nun habe ich bemerkt, dass sich meine Unterschenkel zusehends mit Muskelkraft füllen und somit meine Beine weniger feminin aussehen. Wissen Sie einen Rat? Was mache ich falsch?

Benita Cantieni:

Wenn die Waden rundum kräftig sind, nicht etwa einseitig innen oder außen (das rührt von Fehlbelastung der Füße her), so legen Sie zu viel Kraft

rein. Vergessen Sie die Distanz, definieren Sie Laufen nicht über die zurückgelegte Strecke. Laufen Sie bergauf fast am Ort, es kommt nur auf die Bewegung an, Kopf hoch, Steißbein runter, kleinste Schritte, Oberkörper über dem Becken und über den Beinen halten, und schon laufen Sie schlank.

„Alle" meinen, es sei eine Steigung möglichst schnell zu überwinden. Ist dem Berg wurscht, Ihren Waden aber nicht.

Also: Weiterlesen, Technik lernen und langsam, langsam, langsam bergauf, wobei sich das Langsam nur auf die Zeit bezieht, in der Sie die Strecke zurücklegen – Sie machen viel mehr Schritte, mit allem, was dazugehört …

Gut dehnen ist für schöne Waden wichtig. Falls Sie nicht in die modischen kniehohen Stiefel passen, so liegt das nicht an Ihren Waden, sondern an den bescheuert engen Stiefeln: Wer Sport macht, kriegt Muskeln, auch an den Waden.

Feedback von Gardi:

Liebe Benita, dank Ihnen bin ich die ersten 15 Minuten in meinem Leben gelaufen!!! Und sitze jetzt schwitzend vor dem Computer und staune. Bis vor 15 Min. hatte ich eine regelrechte Abwehr gegen Läufer und das Laufen an und für sich. Das konnte nicht mal der neuerschriebene Läufer Joschka

Fischer ändern! Ich bewege mich viel, turne öfters und gehe und wandere gern, aber laufen, brrrr, war mir immer zuwider. Laufen schüttelte mich in unangenehmer Weise innen durcheinander. Alle Versuche scheiterten nach drei Minuten. Die, die mir jeweils davonliefen, verachtete ich. Gestern habe ich die ersten neun Kapitel von „Laufen Sie mit" gelesen, und was mich beeindruckte, waren nicht so sehr die Details, sondern der frische Geist, der darin schwebt. Aus Pflicht wird Lust, wunderbar! Und so dachte ich heute, das muss ich probieren. Auch wenn ich erst wenige Kapitel kenne. Ich bin also los und nach fünf Minuten schrie mein Körper: Anhalten! Aufhören! Bist du wahnsinnig!! Und da dachte ich, dass Sie, Benita, mit 51 pfiffige 90 Minuten laufen, und ich bin ja noch so viel jünger, erst 48. Das hat mich dann schon gewürgt und mich die erste Krise überstehen lassen. (Jeder kann doch die Motive nehmen, die ihm grad passen, oder? Auch wenn sie nicht sehr nobel sind!)
Ich muss auch noch sagen, ich bin erst seit drei Tagen schmerzfrei aus einer einwöchigen Ischiasklemme entkommen, und umso mehr erstaunt mich, dass mein Körper mitgemacht hat. Und zwar schwerelos.
Ich sah mich ohne Krampf, ruhig, gelassen und meine Beine führten mich ein bisschen spazieren. Ich atmete und lächelte. Ja, ich bin baff! Ich werde morgen wieder gehen und bin sehr neugierig, wie meine Physik reagieren wird. Danke erstmals für den guten Schubs!

Benita Cantieni:
Liebe Gardi: Wenn Sie jetzt auch noch die anatomischen Details berücksichtigen, wird Sie Ihr Ischiasnerv NIE MEHR in die Klemme nehmen!

Christine

Ich weiß zwar, dass das nicht das vorrangige Thema ist. Aber könnten Sie mir verraten, wie und welche Fortschritte Sie bei der Begradigung Ihrer Wirbelsäule erzielt haben? Ich leide auch an Skoliose und bin auch seit geraumer Zeit der Überzeugung, dass man diese „macht" und nicht „hat". Welches Ihrer Programme ist bei Skoliose besonders empfehlenswert?

Benita Cantieni:
Liebe Christine: Skoliose? Welche Skoliose? … Sie ist weg. Schultern gerade, Becken gerade, Wirbelsäule gerade. Das dauerte vier Jahre, ich musste ja vornweg immer forschen, also nach dem Prinzip Versuch-und-Irrtum arbeiten. Sie können es schneller haben. Wahrscheinlich sind ein paar unmessbare Grade zurückgeblieben, die spüre ich manch-

Ohne Krampf, ruhig und gelassen, als führten Sie die Beine spazieren.

*Duftende Wiesen,
zwitschernde Vögel und
ein Vater mit Hohlfuß.*

mal an meiner rechten Schulter. Auf dem Röntgenbild ist nichts sichtbar. Das geht natürlich nicht, wenn die Wirbelsäule in sich auch noch stark verdreht und der Rücken dadurch bucklig ist. In diesem Fall kann nur eine teilweise Begradigung mit starker Linderung der Beschwerden erreicht werden, und vor allem: Dass sich die Wirbelsäule nicht weiter krümmt.

Kristin:

Ich bin jetzt 21 und mache Ihre Übungen seit Jahren. Ich kam also aus dem Spielalter raus, wo man sich ja großteils auch noch instinktiv bewegt, weil man nur tut, worauf der Körper Lust hat, und keinem Bewegungstrend hinterherhechelt, und begann mit Ihren Übungen.

Ernste körperliche Probleme hatte ich noch nie. Ab und zu Verspannungen vom vielen Sitzen während des Studiums. Aber durch Bewegung lässt sich das ja lösen bzw. verhindern.

Ich habe einen Hohlfuß, aber ich denke, da bin ich nun wirklich nicht schuld, der ist einfach da, oder? Mein Papa hat schon Hohlfüße.

Jetzt habe ich mich fürs Joggen begeistert. Das tut so unheimlich gut. Der Ausgleich zum stressigen Studium ist mir sehr wichtig. Habe einige Artikel übers Joggen gelesen, aber nie versucht, mir irgendeine sture Technik anzugewöhnen. Dafür

war ich viel zu faul. Ich habe mir einfach die Schuhe angezogen und bin losgelaufen. Ganz ohne darüber nachzudenken, was ich eigentlich tue. Und es ist einfach nur unheimlich schön und befreiend. Über duftende Wiesen und Felder zu laufen und den Vögeln zuzusehen, wie sie frech die Saat stibitzen, während die Bauern mit den Traktoren an ihnen vorbei fahren.

Ich jogge ohne Pulsuhr oder ähnlichem technischen Equipment. Ich verlasse mich ganz auf mich selber und schwebe über die Erde. Alles ist so einfach.

Benita Cantieni:

Wie war das mit dem Hohlfuß und dem Vater? Vielleicht möchten Sie der Sache ja doch noch auf die Schliche kommen. Es gibt Mädchen, die den Vater imitieren – ist er für Sie ein Vorbild?

Cornelia:

Ich habe hier schon sehr interessante Dinge für mich verwerten können, doch zu meiner „Problematik" konnte ich noch nichts finden: Im 1. Quartal dieses Jahres wurde bei mir ein (für mich sehr schmerzhafter) Bandscheibenvorfall in der HWS (5./6. Wirbel) diagnostiziert und dann therapiert, so dass ich seit Mai schmerzfrei bin. Anfang August habe ich den Entschluss gefasst, mit dem Laufen anzufangen. Ich

bin 37 Jahre alt und wiege bei 1,70 m 89 kg. Außerdem habe ich noch einen recht großen und schweren Busen. Auch wenn ich mir schon gute Sport-BH's zugelegt habe, so ist der Effekt, den ich mir vorgestellt habe, nicht so richtig eingetreten. Beim Laufen ist doch noch eine ziemliche Wucht zu spüren, die über Hals/Schulter auf und ab wirkt. Meine Frage: Kann ich unter diesen ganzen (körperlichen) Gegebenheiten trotzdem laufen oder ist das für meine Bandscheiben nicht so günstig?

Benita Cantieni:

Wenn Sie das Skelett so in die geschmeidige, aktive Tiefenmuskulatur einbauen, wie ich das im Buch beschreibe, so haben Sie zwei Powergürtel, einen am Becken und einen um die Schultern, den Brust-kasten. Für Sie wichtig: Das Schulterkapitel. Denn erst, wenn Sie die Schultern richtig setzen, auch beim Laufen, können die „büstenhaltenden" Muskeln Ihnen etwas Last abnehmen. So nebenbei lernen Sie, wie Sie den Bandscheibenvorfall gemacht haben und wie es garantiert nie mehr passiert. (HWS 5/6 deutet auf einen Rundrücken hin, den haben Sie durch die OP ja nicht behoben. Rundrücken zieht immer die Schultern nach vorn hoch, es verkürzen sich und verkümmern die Muskeln der Brust, der Rippen, der Busen kriegt wenig bis keinen Halt.) Versuchen Sie einmal, zwei Sport-BH's übereinander zu ziehen. Ich hatte durch eine Hormonbehandlung kurzfristig viiiel Busen. Mir hat der Doppeltrick recht gut geholfen!

Trainieren Sie die Muskulatur am Bauch, Rücken, Becken vernetzt zu einem Powergürtel.

VOM LAUFEN

Heute nacht träumte ich vom Laufen. Ich lief mit der olympischen Fackel durch den Wald und die Flamme war tiefblau ... Jemand sagte mal, eine Sprache beherrsche man erst, wenn man in dieser Sprache träume ... Also bin ich jetzt ein Läufer.

Birgitt war weg, unterwegs, und das Herz hatte Lust auf bumbum. Also machte ich 25 Minuten Intervalltraining, das ist ideal für mich. Ich kann zur Haustür raus, ein paar Schritte runter, dann einen Hang hoch, ein bisschen geradeaus, dann kommt eine Treppe; also drei Minuten warm laufen, dann 30 Sekunden Highspeed, ein bisschen auslaufen, 60 Sekunden volle Pulle, wieder runterkommen mit dem Puls, 90 Sekunden sprinten, runterkommen, zwei Minuten voll powern. Am Anfang fand ich es schwierig, zum Tempo auch noch die Bewegungen konzentriert zu machen, inzwischen ist das Rückwärtskreisen des Beckens in Fleisch und Blut.

Bachnass und sehr zufrieden mit mir. Je fitter ich werde, umso leichter komm ich ins Schwitzen. Pulsrate runter, Schweißrate hoch, mir gefällt 's.

5 Aller Anfang heißt Fuß

Ein Rolls-Royce hat 10 Zehen

Das Beste, was Sie für Ihre Füße machen können? Ziehen Sie den Boden unter ihnen weg. Dann erinnern sich die Prachtkerle endlich wieder an alles, was sie eigentlich von Natur aus können.

Bitte besorgen Sie sich drei Luftballons, ja, die ganz gewöhnlichen für den Kindergeburtstag, und ein paar kleine Glasmurmeln. Die Ballons blasen Sie auf Grapefruitgröße auf.

Ein bisschen Kraft und Training hat Ihr Fuß verdient.

Bis Sie die Zutaten beisammen haben, gibt's eine kleine Lektion Fußanatomie. Er ist nämlich nicht nur dazu da, die Schuhe auszufüllen. Er besteht auch nicht nur aus Knochen, Überbeinen und Hühneraugen. Nein, da sind handfeste Muskeln dran. Es lohnt sich, die zu entdecken und zu entwickeln.

Sehen Sie sich die Illustration der Fußunterseite auf der nächsten Seite mal genau an. Es gibt zwei wichtige Muskelstränge, einer kommt von der Ferse zur Groß-

Aller Anfang heißt Fuß

So sieht Ihr Fuß von unten aus: voll wunderbarer Muskeln. Trainieren Sie diese Muskeln sinnvoll, wird Sie Ihr Fuß schmerzfrei 100 Jahre durch 1000 Wälder tragen.

Das Becken und die Füße sind verbunden durch die Beine.

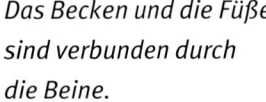

zehe und schlingt sich wie ein Schal um die große Zehe. Der andere Kraftprotz verläuft quer von der kleinen zur großen Zehe. Das ist so ein wichtiges Bürschchen und wird so vernachlässigt! Ich sehe in meiner therapeutischen Arbeit kaum je eine schöne Fußsohle mit entwickelter, genutzter Muskulatur. Wenn dieser Muskel nicht für Ihren Fuß arbeitet, senkt sich das Sprunggelenk ab, spreizen sich die Zehen zum gleichnamigen Spreizfuß. Ballenprobleme, Zehengelenkentzündungen, Hallux Valgus nehmen hier ihren Anfang.

Ob der kleine rote Querfeger im Bild bei Ihnen entwickelt oder lahm ist, können Sie ganz leicht testen: Wenn die Stelle hinter dem Ballen der mittleren Zehe ganz flach ist, oft sogar ein bretthartes pfenniggroßes Inselchen bildet, eventuell mit Hornhaut – erwischt, Ihr Fuß braucht Krafttraining. Bevor ich Ihnen die Fußübungen bieten kann, muss ich ein bisschen ausholen. Sie müssen fürs Fußworkout nämlich anatomisch richtig sitzen: auf den Sitzhöckern. Das sind die Herren der Beckenbodenmuskulatur, und ohne die großflächigen zwei der drei Beckenbodenschichten kriegen Sie keine Kraft in die Füße.

（画像右上）

Die Sitzhöcker – wo sie sitzen, wie Sie sitzen

Diese Fledermaus mit Flunderkopf ist ein (männliches) Becken. Die unteren Spitzen sind die Sitzbeinhöcker.

Die heißen so, weil wir darauf – sitzen. Na ja, sitzen sollten. Denn meistens sitzen die meisten dahinter oder davor – und verschenken ganz viel Kraft.

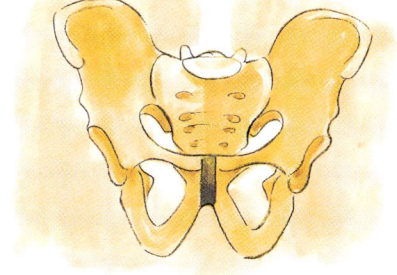

Modell Hohlkreuz

Wir nennen es den Marilyn-Monroe-Sitz, Hohlkreuz, Brust raus, Köpfchen kokett. Schadet der Wirbelsäule, und schneidet Sie von der Muskelzentrale Beckenboden ab.

Modell Rundrücken

Der da hat den Übernamen Buchhalter (Entschuldigung, liebe Buchhalter, ist nicht bös gemeint, ich bin so

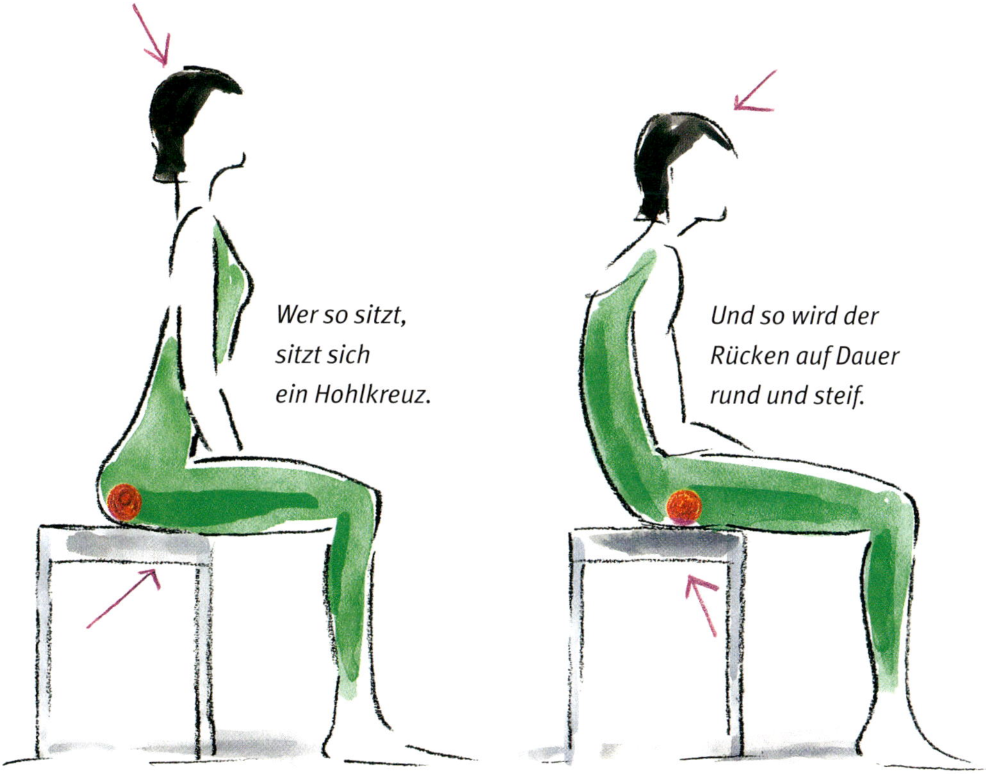

*Wer so sitzt,
sitzt sich
ein Hohlkreuz.*

*Und so wird der
Rücken auf Dauer
rund und steif.*

47

froh, dass es Sie gibt). Wer chronisch hinter die Sitz-höcker rutscht, kippt das Becken, der Rücken wird rund. Auch dieser Aussitzer schneidet sich selber von der Kraft aus der Mitte ab. Und von der Kraft aus dem Rückenmark.

Supermodell

Wer AUF den Sitzhöckern sitzt, hat ganz leichten Zugang zu der Beckenbodenmuskulatur, diese Musku-latur macht nämlich den Puffer zwischen Knochen und Stuhl. Der Rücken kann sich aufrichten, der Bauch gleich auch. Ist in sich ein tolles Ganzkörper-training – beim Sitzen.

*So ist Sitzen eine Wohltat,
die auch noch
gute Haltung macht.*

Zwei Standpunkte

Fußübung 1

Jetzt geht's zur Sache.

▶ Setzen Sie sich auf einen Hocker oder Stuhl an den vorderen Rand. Füße hüftweit auseinander.

▶ Richten Sie sich auf den Sitzbeinhöckern aus.

▶ Füße hüftweit auseinander, Murmeln und Ballons in Griffnähe.
Die idealen Belastungspunkte für den Fuß:
Mitte bis Außenseite der Ferse und Großzehengrundgelenk. Das ergibt eine dreidimensionale Spannung im Fuß.

▶ Selbstverständlich hat der Fuß auch an der Kleinzehe Bodenkontakt, Sie konzentrieren sich nur nicht darauf, weil dann der Fuß sofort leicht auf die Außenkante kippt.

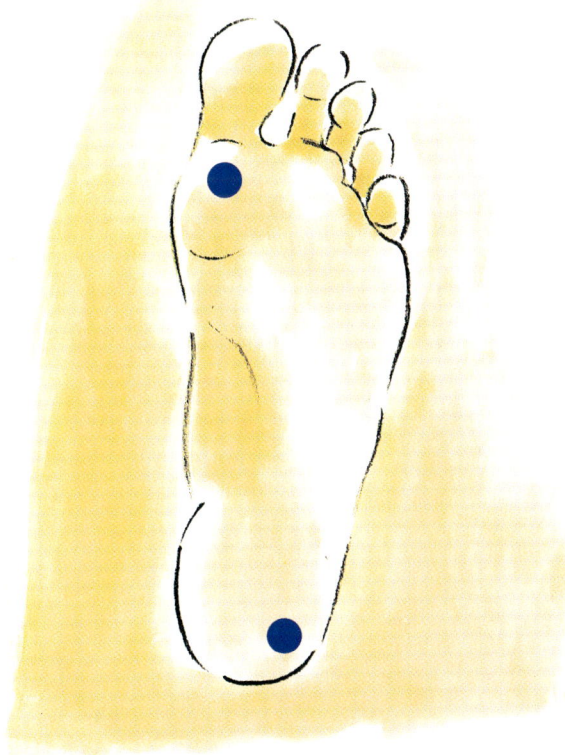

Belasten Sie den Fuß immer an den beiden eingezeichneten Punkten.

*Hier machen Sie
neue Bekanntschaft
mit Ihren Füßen.*

▸ Wenn Sie das Großzehengrundgelenk in Richtung Ferse ausrichten – nur ausrichten, nicht bewegen! –, hebt sich das Sprunggelenk.

▸ Setzen Sie die Beckenbodenmuskulatur ein, indem Sie Ihre neuen Bekannten, die Sitzhöcker, zusammen ziehen, hebt sich auch automatisch das Sprunggelenk. Sie können diese Spannung auch direkt, ohne Umweg aus dem Beckenboden holen. Dafür gibt es eine schöne Kontaktübung, die Sie machen, bis Sie die Verbindung Fuß-Beckenboden freigelegt haben: Legen Sie je zwei Murmeln genau unter die Punkte, die auf der Illustration eingezeichnet sind.

▸ Unterschenkel zu Oberschenkel bilden einen exakten rechten Winkel, der Oberkörper zum Oberschenkel ebenfalls. Und daran ändern Sie nichts, wenn Sie jetzt die Ferse in die Murmel drücken. Kneifen Sie sich in den vorderen Oberschenkel, der MUSS MUSS MUSS entspannt sein, die Kraft kommt aus dem Hosenboden, genau an der Basis des Gesäßes. Was Sie da spüren, ist ein Vorgeschmack auf das Gehen mit Beckenboden.
Genau so wird er in naher Zukunft bei jedem Schritt einseitig mitarbeiten.

▸ Also, linke Ferse in die Murmel schieben, nein, es muss nicht schmerzen, es soll nur einen Impuls durch das ganze Bein schicken. Rechts, links, rechts, links, zwischendurch mal beide zusammen, spüren Sie, wie sich die Sitzhöcker einander nähern, wieder links, wieder rechts.

▸ Sie spüren nichts? Wo stehen die Knie? Auseinander gefallen?
Aneinander gelehnt? Okay, nehmen Sie einen Ballon zwischen die Knie. Nicht zusammendrücken, einfach nur zwischen die Knie setzen.
Wenn Sie reflexartig mit den Knien O-beinig werden, fällt der Ballon runter. Werden Sie X-beinig, kneift er.

▶ Jetzt kommt die Steigerung der Übung aus Kapitel „Jede Bewegung beginnt im Kopf" mit Murmeln: Versuchen Sie auf den Murmeln mit den Kniescheiben kleine Kreise rückwärts zu zeichnen, wie eine Dampflok, links, rechts, links, rechts.

Geht schon viel besser? Bravo!

▶ Steigerung mit Ballon: Murmeln unterm Fuß hervorholen und versorgen, damit sie nicht dem Kind oder der Katze in den Mund wandern. Jetzt legen Sie die anderen beiden Ballons unter die Füße. Nicht durchdrücken, die Füße sollen auf den Luftkissen „schweben". Ist beim ersten Versuch ein bisschen wackelig, aber nur beim ersten, geben sie mit einem Fuß mehr Druck als mit dem anderen, so können Sie Ihr Gleichgewicht halten. Oder machen Sie die Übung an eine Wand gelehnt (dann müssen Sie auf einem kleinen Hocker sitzen).

▶ Jetzt schieben Sie die rechte Ferse in den Luftballon. Im Normalfall reagiert der Beckenboden sofort darauf, Sie spüren das Sitzbein „wandern". Die linke. Die rechte. Die linke. Und so weiter. Je öfter, je besser. Augen schließen und wahrnehmen.

10 Minuten Zuwendung dafür, dass Ihre Füße Sie durchs Leben tragen.

DIE ZEHEN SIND BEI ALLEN ÜBUNGEN ENTSPANNT UND TUN GAR NICHTS.

Das waren die Wahrnehmungsübungen, die machen Sie am Anfang, wenn Sie Ihre Füße entdecken und die Fußkraft wecken wollen. Jetzt kommt das eigentliche Workout für die Füße. Sie brauchen dafür zehn Minuten. „Füßeln" Sie dreimal pro Woche in den nächsten drei Wochen – Sie werden staunen, wie schnell und bereitwillig Ihre Füße anatomisch Gutes lernen!

Workout für die Füße

Übung 1 – fürs Längsgewölbe

Sie richtet das Fersenbein auf, aktiviert das Längsgewölbe, macht das Sprunggelenk geschmeidig und schmiert die kleinen Knöchelchen im Gewölbe.

▶ Sie sitzen am vorderen Rand des Stuhles, Füße nackt und hüftweit auseinander. Zwischen den Knien balanciert ein Ballon.

▶ Jetzt setzen Sie den rechten Fuß auf die Außenkante. Achtung, der Ballon bleibt, wo er ist. Der Kopf ebenfalls, NICHT MIT DEM Oberkörper AUSWEICHEN. Das ist im ersten Anlauf schwierig, aber Sie werden gleich spüren, wie das alle Muskeln des Beines und den Beckenboden automatisch beansprucht.

Sobald Sie ausweichen, verlieren Sie die halbe Muskelpower.

Auf der Fußaußenkante nach außen schieben, auf der Fußinnenkante zurückgleiten. Der Ballon schwebt zwischen den Knien und fällt nicht herunter, wenn Sie die Beckenbodenmuskulatur einsetzen.

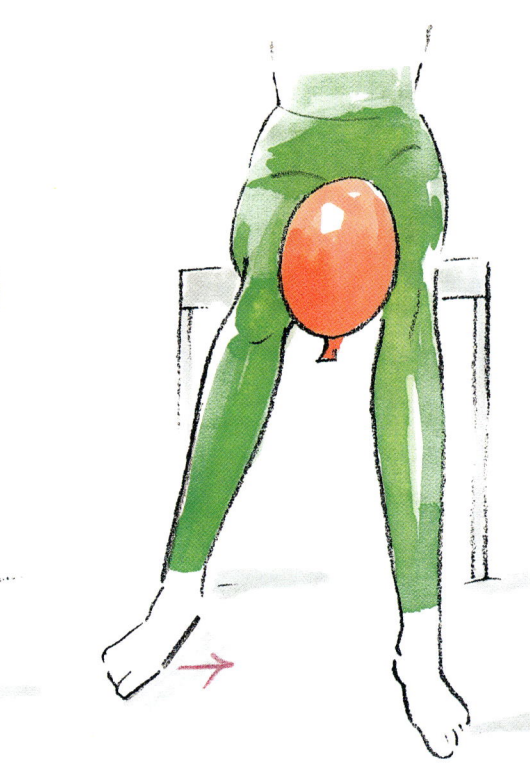

- Jetzt gleiten Sie auf der Außenkante so weit nach rechts, wie das nur geht, drehen den Fuß auf die Innenkante und gleiten zurück in die Ausgangsposition. Wieder auf die Außenkante, nach außen, Innenkante, nach innen. Zehnmal. Seite wechseln.
- Atmen nicht vergessen. Und lächeln!

Übung 2 – fürs Quergewölbe

Kräftigt den kleinen Quermuskel, den Sie aus dem ersten Abschnitt in diesem Kapitel kennen, „Caput transversum" heißt er in der Fachsprache, hat aber nichts mit kaputt zu tun, auch wenn der Muskel das sehr oft ist, salopp übersetzt heißt das „muskulärer Querkopf".

- Ausgangsposition wie in Übung 1 beschrieben. Jetzt robben Sie mit den Zehen des rechten Fußes vom Körper weg. Achtung, der Trick ist folgender: Die Ferse bleibt möglichst am Boden kleben, die Zehen ziehen den ganzen Fuß nach vorn. Ist ganz schön anstrengend. Meistens sind fünf bis sieben solche Zehenraupenschrittchen in einem Gang möglich.

*Hier wird ein „Querkopf"
gekräftigt.*

- Jetzt die Umkehr: Mit den Zehen den ganzen Fuß möglichst nah am Boden zurückschieben. Wenn Sie runterschauen, können Sie sehen, wie das Quergewölbe hinter der zweiten und dritten Zehe bleich wird vor Vergnügen.
- Den ganzen Vor- und Rückgang dreimal wiederholen, Seite wechseln.

Erscheint Ihnen diese Übung sehr einfach? Haben Sie auch schon fleißig die landläufigen Zehenübungen gemacht, Stifte aufnehmen, im Sand wühlen? Okay, das ist für Sie: Achten Sie darauf, dass die Zehen beim Raupengang möglichst gestreckt sind, dass Sie die Zehennägel in jeder Phase sehen können, so arbeiten Sie wirklich mit dem Quergewölbe und nicht nur mit den Zehen.

Übung 3 – die Superübung fürs Quergewölbe

▶ Murmel auf den Boden, Fuß so darauf setzen, dass die Murmel genau in die Mitte des Fußballens zu liegen kommt, unter die kleine durchgetretene Harthautinsel. In der Zeichnung ist dort der rote Punkt. Und jetzt mit dem Fuß die Murmel fassen und hochheben. Die Zehen tun nichts dazu, das Quergewölbe macht die ganze Arbeit.

An der Stelle mit dem Punkt heben Sie die Murmel vom Boden. Achtung, die Zehen bleiben dabei gerade – das ist die Kunst. Die Übung kräftigt das Muskelband über dem Quergewölbe. Das hilft bei Senkfuß, Spreizfuß, Entzündungen der Zehengrundgelenke und schmerzenden Ballen.

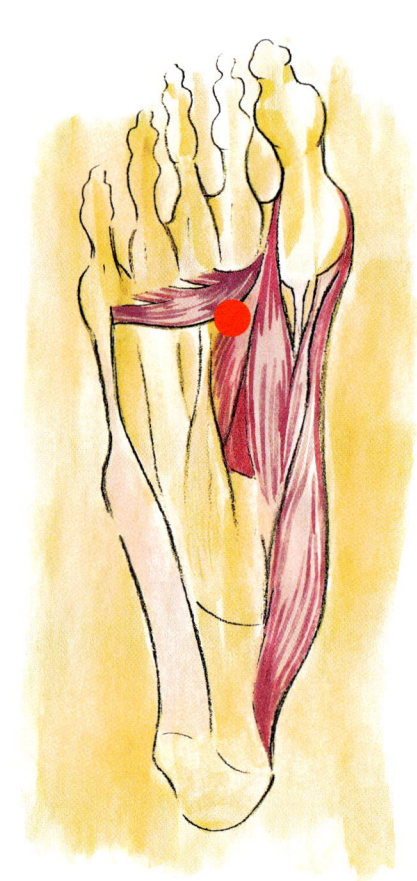

Michaela:

1. Wenn ich die Murmelübung mache, wird mein rechter (besserer) Fuß schmaler – offensichtlich zieht sich das Quergewölbe zusammen. Mein linker (schlechterer) Fuß allerdings „geht in die Breite", der Hallux-Zeh bewegt sich in Richtung kleiner Zehe, die Fehlstellung verstärkt sich also, und die beiden äußeren kleinen Zehen, die ganz gekrümmt sind (Jugendschuhsünden!), sind fast bewegungslos. Ist das Übungssache oder mache ich etwas falsch? Außerdem bewegen sich bei den Übungen sehr deutlich die Sehnen am Fußrücken, die vom Schienbein zu den Zehen führen – so dass ich fürchte, die „falschen" Muskeln zu trainieren.

2. Kennen Sie Übungen für meine versteiften beiden äußeren kleinen Zehen – besteht da noch Hoffnung, dass die ihre Beweglichkeit zurückerhalten? Sie fühlen sich auch sehr „taub" an. Meine Fußpflegerin meint, weil sie im Schuh durch ihre Stellung immer an den „Köpfchen" gereizt werden.

3. Wenn ich die Übungen fürs Quergewölbe mache, habe ich die Vorstellung, der Fuß wölbe sich, wie wenn ich eine „hohle Hand" mache – ist dies richtig oder ist diese Bewegung falsch?

Benita Cantieni:

Reden Sie dem linken Fuß gut zu, er darf vom rechten lernen.

Denn der macht das perfekt. Beim linken ist die Wahrnehmung offenbar gestört, er macht einfach das Gegenteil von dem, was er möchte, Sie möchten. Haben Sie ein bisschen Geduld mit dem linken Kerlchen, Sie haben ihm ja auch allerhand zugemutet.

Die Sehnen an Schienbein und Fußrücken sind wunderbar, hier geht es um VERNETZUNG der Muskulatur. Es geht nicht mehr lange, und Sie spüren die Sehnen und Muskelzüge bis zum Beckenboden und dann den Rücken hoch.

Das ist genau der Zweck der Übungen, Sie machen das prima. Auch das Beispiel mit der hohlen Hand ist perfekt, denn stammesgeschichtlich ist Fuß was Hand, genau dieses Hohlhandgefühl soll der Fuß wieder lernen. Für die kleinen Zehen ist die „Übung 2 fürs Quergewölbe", mit den Zehen vor- und zurückrobben.

Laura:

Ich habe gestern mit Ihrem Fuß-Workout begonnen (Spreiz-Senk-Fuß, Hallux Valgus). Folgende Unklarheiten:

1. Da mir sowohl meine Fußpflegerin als auch ein Orthopäde zu einer Operation raten, und ich das vermeiden möchte, möchte ich gerne optimal trainieren. Soll ich die Übungen einfach so oft wie möglich machen, oder brauchen auch diese Muskeln Pausen, um zu „wachsen"?

*Muskeln sind vernetzt.
Von Sohle bis Scheitel
und zurück.*

Lieber häufig und kurz üben als selten und lang.

*Der Fuß lernt schnell.
Die gute Anatomie ist ihm angeboren.
Die schlechte haben Sie ihm aufgezwungen.*

2. Ich habe mir vor kurzem Einlagen für meine Hausschuhe machen lassen – soll ich die tragen? Es gibt hier ja geteilte Meinungen, was „Krücken" aller Art betrifft – ob Brillen, Stützstrümpfe, Einlagen usw. – manche meinen, diese Hilfen verschlimmerten die Sache, weil Muskeln & Co. dann zu weiterer Untätigkeit verführt würden …?!

3. a) Zur Murmelübung: Es gelingt mir leider nicht einmal andeutungsweise, die Murmel mit dem Quergewölbe aufzuheben – kann es sein, dass dies Übungssache ist? Vorstellen kann ich's mir derzeit allerdings noch nicht.

3. b) Wenn ich die Übung mit der Murmel fürs Prinzip „kleiner Zeh trifft großen Zeh" nicht mit Bodenkontakt, sondern mit Sichtkontakt mache (Fuß auf dem Knie des anderen Beins), kann ich tatsächlich sehen, dass sich die Müskelchen andeutungsweise bewegen – kann dies etwa die Vorstufe zum Murmelheben sein?

4. Zu den „Zehenraupenschrittchen": Ich habe nicht ganz verstanden, ob die Ferse an Ort und Stelle bleiben soll und die Schrittchen nur den Fuß lang ziehen oder ob die Zehen die Hauptarbeit machen, die Ferse sich aber dann doch einige Zentimeter weiter vorn befindet?

Benita Cantieni:

1. Übungen so oft wie möglich, damit Ihr Fuß das alte Programm schnell vergisst. Keine Pausen.

2. Einlagen erinnern Ihren Fuß immer wieder an das alte Muster. Weg mit den Dingern. Sie entmündigen Ihren Fuß.

3. a und b) b: machen sie großartig, und ja, was sich da mitten auf dem Fußballen kräuselt, sind die Murmelheber.
a: reine Übung, Sie schaffen das schneller, als Sie glauben. Übermorgen …

4. Die Ferse wird von den Zehen nach vorne gezogen oder zurückgestoßen. Schleift also am Boden nach. Ferse NICHT anheben. Nicht mal einen Millimeter, geschweige Zentimeter. Wenn Sie denn Schweißfüßchen hätten, was ich mir nicht vorstellen kann, könnten Sie die Sohlen pudern.

Hilda:

Könnten Sie bitte genau beschreiben, welcher Teil des Fußes als Erstes den Boden berührt, wenn Sie laufen, und von welchem Teil Sie sich danach abstoßen. Wie setzt sich die Kraftübertragung vom Fuß in den restlichen Körper fort? Der ganz genaue chronologische Muskelvernetzungsablauf interessiert mich, damit ich vergleichen kann, wie es bei mir ist.

Benita Cantieni:

Wenn sich der Körper selber trägt, und wenn Sie die Bewegungen durch die gegengleiche Rückwärtsrotation in den Knien und oder dem Becken auslösen, dann landet der Fuß mitten auf der Ferse, geht über die Außenseite zum Großzehengrundgelenk und stößt mit den Zehen kraftvoll ab. Es ist eine leichte und gleichmäßige Verteilung auf dem Fuß, der Beckenboden nimmt ihm ja die Last ab.

Wimmie:

Ich laufe nun seit einem halben Jahr. Seit zwei Wochen habe ich eine Zehengrundgelenkentzündung am linken Fuß. Kommt das durch Überbelastung, falsche Laufschuhe, falsche Abrollbewegung. Ich rolle den Fuß von vorn nach hinten ab. Jetzt habe ich mir neue Laufschuhe gekauft, jogge allerdings noch nicht wieder so wie früher.

Was kann ich bei solch einer Entzündung tun?

Benita Cantieni:

Entzündungen an den Zehengrundgelenken werden sehr häufig vom Ballengang verursacht. – Der menschliche Fuß ist nicht konstruiert, um dauernd auf den Ballen zu landen! Schon gar nicht, wenn Sie Ihr ganzes Gewicht nach vorne werfen. Das Quergewölbe leiert aus, Sie schlagen direkt auf den Zehengelenken auf. Die Entzündung muss ausheilen, und bitte ganz, sonst kommt sie immer wieder. Trainieren Sie dann Ihren Fuß, wie ich es in diesem Kapitel beschreibe. Die Muskulatur über dem Quergewölbe an der Fußsohle ist für Sie sehr wichtig.

Nicht stöhnen, der Fuß lernt schnell. Es ist ja nichts Neues für ihn, sondern eigentlich das Angeborene. Er hat es nur vergessen. Wenn Sie das Skelett ausrichten und in der Tiefenmuskulatur verankern, landen Sie automatisch richtig und mit dem kleinstmöglichen Impakt auf dem Fuß. Heißt: Nie mehr Entzündungen!

*Die neue Lauftechnik
ist anstrengend.
Aber nur in den ersten
drei Wochen.*

VOM LAUFEN

Wir (Birgitt und ich) entdeckten heute Morgen im Wald noch ein beliebtes Modell: Den brettsteifen Oberkörper, der ab Brusthöhe ganz subtil den Rücken samt Becken vorschiebt. Das schränkt den Bewegungsradius der Hüftgelenke enorm ein, die Beine kompensieren mit hektischen kleinen Schrittchen.

LOSLASSEN! Kopf hoch! Steißbein lang! Und die Wirbel dazwischen einfach nur loslassen!

Wir gerieten auf einen Pferdepfad, der plötzlich steil abfiel. Sofort übernahmen rechts (die arthritische Seite) die Hüftmuskeln (Piriformis und Gemelli, wenn's Profis interessiert) und hielten auf Teufel komm raus. Ich nenn sie Hilfspolizisten, sie haben sich noch nicht daran gewöhnt, dass sie mich nicht mehr vor mir selber beschützen müssen. Unten am Abhang angekommen, spürte ich ein Stechen im rechten Knie, als Folge der Verkürzung der Muskeln beim Runtertippeln. Weiterlaufen, entspannen, aus den Sitzhöckern schöne kleine Rückwärtskreise ziehen – weg der Schmerz. „Ein bisschen schneller, die Damen", sagte der Morgenwalker, der uns bergauf überholte. Eben nicht, mein Herr.

Birgitt sagt: „Früher, als ich dachte, ich müsse mir die Lunge aus dem Leib joggen, war ich hinterher müde, erledigt. Jetzt spüre ich den ganzen Tag Energie, fühle mich lebendig und fit."
Genau.

6 Kniefall für das Knie

Ein Genie namens Knie

Was Sie erwartet: Das Knie ist ein Scharnier. Wenn Sie seine grandiosen Fähigkeiten schätzen und seine Grenzen akzeptieren, so bleibt es Ihr bester Begleiter. Lebenslang.

Sie sitzen doch so schön bequem. Stellen Sie eine Ferse auf und erkunden Sie doch mal eines Ihrer Knie.

Vorn dran spüren Sie die Kniescheibe. Schieben Sie diese Scheibe mal hin und her und rauf und runter, spüren Sie, wie elastisch die Bänder sind, mit denen sie am Ober- und Unterschenkel angemacht ist. Als Scharniergelenk kann das Knie biegen und strecken. Seitliche Abweichungen mag es bis zu einem gewissen Grad ausgleichen, wird zu viel verlangt, werden die Sehnen und Bänder überdehnt und können auch reißen. Es ist eigentlich wie beim Umgang mit einem Haifisch: Reizen Sie Ihr Knie nicht, und es erfüllt brav seine Dienste. Greifen Sie es an, schlägt's zurück.

Tasten Sie die Ränder der Patella, so heißt die Kniescheibe in Medizinerdeutsch, ab, fühlen Sie den Ober-

Hier bekommen Sie keine weichen Knie. Im Gegenteil: Die Funktion wird gekräftigt.

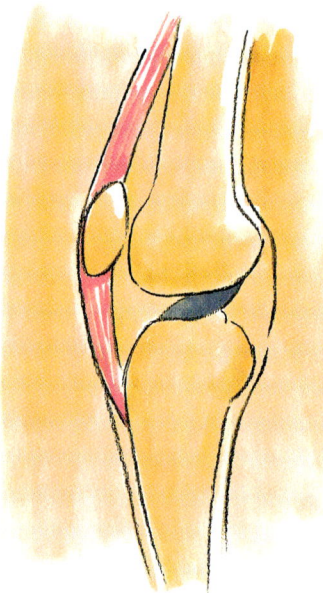

Sieht so harmlos aus, ist so
raffiniert gebaut und kann
so Schmerzen machen:
Das Knie. Halten Sie den
Gelenkspalt groß,
bleiben Knorpel (Menisken)
und Knochen gesund.

und Unterschenkel. Seitlich gibt's zwei Dellen, die
Ihre Finger magisch anziehen. Da spüren Sie auch den
Raum zwischen Ober- und Unterschenkel. Wenn Sie
drücken, spüren Sie das, nicht direkt als Schmerz, aber
doch als Schmerzchen.

In diesem Spalt zwischen den Knochen gibt es eine
Pufferscheibe aus Knorpel. Solange die unversehrt ist,
ist Ihr Knie „gesund". Trägt sich diese Knorpelschicht
ab, gibt es Schmerzen. Wenn schließlich stellenweise
Knochen auf Knochen prallt, so kommt es zur sehr
schmerzhaften Kniearthrose.

Es gilt zur Zeit noch als normal, dass die Knorpelschicht im Alter ausdünnt und praktisch alle alten
Menschen Knieschmerzen haben. Ich wettere tüchtig
dagegen: Das muss nicht sein. Sie können selber dafür
Sorge tragen, dass der Knorpel vollständig bleibt.

Das fängt wieder in Ihrer Vorstellung an: Die Bein-
knochen müssen nicht aufeinander stehen, die müssen sich nicht berühren. Die müssen satt in den Muskeln sitzen.

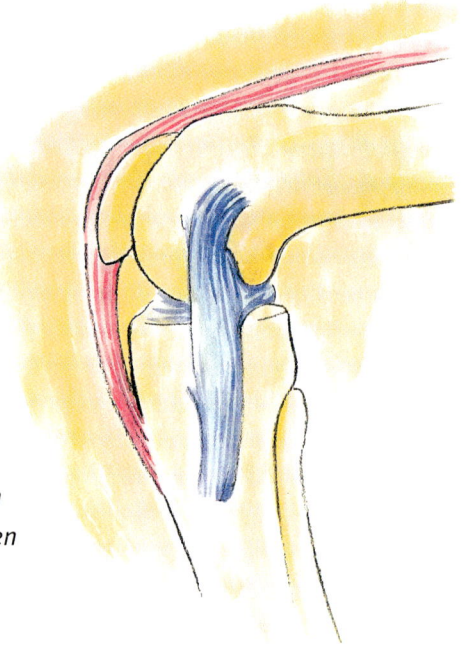

Das Knie in Aktion. Es ist eigentlich ein
Scharnier, das zum Strecken und Biegen
eingerichtet ist.

*Zeichnen Sie zarte Rück-
wärtskreise mit den Knie-
scheiben, bringen Sie den
Ballon in Schwingung.
Vor allem: Nehmen Sie wahr,
was in Ihrem Körper
geschieht, wenn Sie ihn
fliehkräfig benutzen.*

Wahrnehmungsübung. Balancieren Sie einen Ballon
ganz zart zwischen den Knien. Bringen Sie den Ballon
in Schwingung, indem Sie wieder die Kniescheiben
zart rückwärts kreisen lassen. Was sagt das Knie dazu?
Tut etwas weh? Tut etwas, was sonst weh tut, nicht
weh?

Gehen Sie auf die Zehenspitzen und zeichnen Sie die
kleinen Kreise rückwärts. Verstärkt sich der Druck der
Knie auf den Ballon oder wird er weniger? Spüren Sie
den Beckenboden noch? Weniger? Mehr? Gleich?
  Ferse in den Boden schieben, Kniescheiben kreisen
lassen, RÜCKWÄRTS, IMMER ENTLANG DER BEIN-
ACHSE, und einen wirklichen Kreis zieht die Kniescheibe auch nicht, aber sie setzt eine Kreisbewegung
IM KNIE in Bewegung. Spüren Sie die Sitzhöcker
(also die Beckenbodenmuskulatur) jetzt mehr oder
weniger?

Sind Sie unsicher, in welche Richtung die Kreise gehen? Studieren Sie auch am Uhrzeigersinn herum, wie das einige Leser des I-Buches machten? Okay, Wahrnehmungsschule.

Versuchen Sie mit den Knien dem Ballon eine kleine seitliche, liegende Acht beizubringen. Millimeterklein. Uhrzeigersinn. Gegenuhrzeigersinn. Spüren Sie nach, was in den Sitzhöckern passiert, in der Kreuzbeinregion. Wird das Becken im Rücken weiter oder enger? Wie groß kann die Acht werden, bis es im Knie knackst? Diese Acht können Sie weder beim Gehen noch beim Laufen machen, nicht beim Spazieren oder Springen, auch nicht beim Joggen oder Walken. Weil Sie kniewidrig ist, unanatomisch und unökonomisch. Sofort wieder ein paar Kreise in die richtige Richtung, einfach nur rückwärts zu den Sitzhöckern, um das Knie wieder zu versöhnen.

Wenn die Beinachse aus dem Lot ist, kann das Knie nicht mehr reibungslos arbeiten.

> Achtung, die folgenden Wahrnehmungsübungen bitte ganz subtil machen. Wenn Sie ein akutes Knieleiden haben, lassen Sie diese Experimente mit der Beinachse aus!

Haben Sie heute schon mit den Kniescheiben gekreist?

Nehmen Sie den Ballon weg und ziehen Sie die Knie seitlich ein wenig auseinander, so dass die Beinachse nicht mehr gerade ist, das Knie quasi neben dem Schuh steht. John-Wayne-mäßig.

Was machen die Füsse? Stehen die noch fest auf Großzehengrundgelenk und Außenseite Ferse?

Versuchen Sie, die kleinen Rückwärtskreise mit der Kniescheibe. Leichter?

Schwieriger? Angenehm? Unangenehm? Kennen Sie das Gefühl vom Laufen? Was machen die „Beckenbodenindikatoren" Sitzhöcker? Machen die automatisch mit oder sind sie lahm gelegt?

Selbst wenn es das Muster ist, das Sie kennen, das Ihnen vertraut ist wie die alten Pantoffeln: Kleben Sie auf diese Beinhaltung das Etikett „SO NICHT!".

Zurück in die ideale Beinachse, Knie wieder über den Mittelfuß, Fuß und Knie auf Linie mit den Hüften. Wenn Sie runterschauen, sollten die Zehen vor dem Knie rausgucken. Ein paarmal Kniescheibenkreisen rückwärts, die Unterschiede zur Version mit Außenknie spüren. Reden Sie laut, das stört niemanden, geben Sie Ihren Empfindungen Worte und Raum, lassen Sie Ihren Körper sprechen. Er ist die Autorität über Ihren Körper. Er muss das anatomisch Richtige als richtig erkennen. Hängen Sie auf jeden Fall ein Label „GUT SO!" an die Beine.

Jetzt ziehen Sie die Knie näher zueinander. Viele Frauen kennen dieses Muster, X-Beine. Kniescheiben rückwärts kreisen und wahrnehmen. Leichter? Schwieriger? Unmöglich?

Was sagt die Beckenbodenmuskulatur dazu?

Wie fühlen sich die Hüftgelenke an? Eng? Weit? Zurück zur geraden Beinachse, ein paarmal kreisen, wahrnehmen, die Empfindung in Worte kleiden.

Die Beinachse

Wenn die Gelenke in der idealen Beziehung zueinander stehen, können sie ideal ineinander greifen, Sprunggelenk, Knie, Hüftgelenk und umgekehrt.

Sie können nicht darauf vertrauen, dass die Knochen Ihr Bein lebenslang gerade halten. Dafür braucht's die Muskeln. Trainieren Sie Ihre Beinmuskulatur in der perfekten Beinachse, das heißt immer Knie über Mittelfuß, auch in Grätschstellungen, so werden die Muskeln gleichmäßig und ideal gekräftigt. Machen Sie Muskelarbeit nicht in diesem statischen Gleichgewicht, muss ein Muskel überdehnen, der Gegenpart wird automatisch verkürzt.

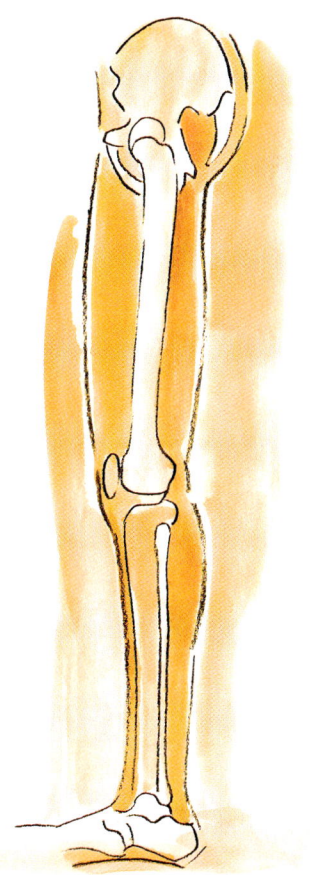

Hier ist ein Muskelbein, das unter der Verpackung die Tiefenmuskulatur zeigt, NICHT die oberflächliche. Denn die Muskeln darunter sind die Statikkünstler. Ganz oben unter dem Beckenkamm sehen Sie die so genannten Hüftmuskeln, Quermuskeln, die direkt am Becken angebracht sind. Jedes Mal, wenn Sie die Sitzhöcker zusammenziehen und so die innerste, größte Schicht der dreilagigen Beckenbodenmuskulatur aktivieren, bearbeiten Sie auch diese Gruppe der Hüftmuskeln. Ist eine unschätzbare Altersversicherung gegen Hüftgelenkarthrose, Beckendeformationen, Oberschenkelhalsbruch etc.

Wer mit steifem Becken läuft, verkürzt auch diese Muskeln chronisch.

Die tiefen Schichten der Beinmuskulatur sind für die Statik mitverantwortlich.

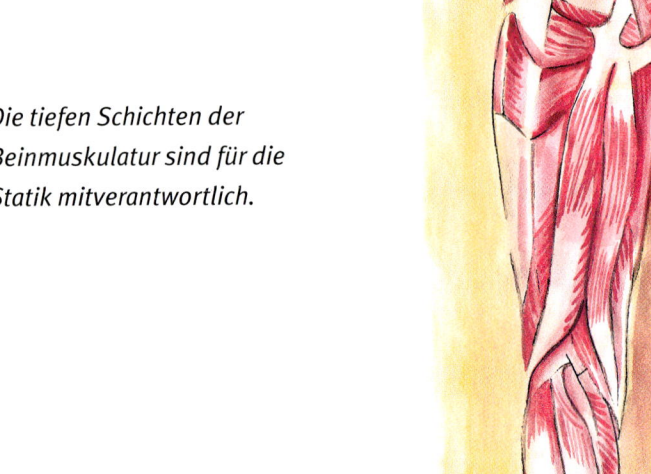

*Ein Ausflug in physikalische
Erinnerungen
und die Begegnung mit
einem Hasen.*

Feedback von Eva:

Komme gerade vom Laufen und es war toll, schön, ein richtiges Bonbon. Und: ganz nebenbei bin ich schneller gelaufen (also eine trainierende Schnecke), einfach so, mühelos, habe ich gar nicht gemerkt. Ich bin auch nicht der Lang-Läufertyp (glaube ich) und so, aber ich teile Ihre Meinung vollkommen. Das ist doch überall so, je weniger man an Reibungsverlust produziert, umso mehr kann die erzeugte Energie in kinetische Energie umgesetzt werden (puuh – das war ein Ausflug in ganz alte Physik-Erinnerungen). Und dass der von Ihnen beschriebene Laufstil weniger Reibung erzeugt, ja, das spüre ich genau und scheinen mir die verzerrten und verkrampften Läufer zu bestätigen, die mir entgegenkommen oder (noch) an mir vorbeiziehen (mit großen Schritten von Fuß zu Fuß fallend). Mein Knie hat zum Schluss etwas gemuckt. Ich nehme an, daß da mein Beckenboden an vorläufige Grenzen stieß.

Tja – und noch eine Kleinigkeit, muss es einfach loswerden: Dann habe ich gerade auch noch zwei Hasen gesehen, richtige Hasen, keine Kaninchen, saßen ruhig mümmelnd im Feld, genossen das Leben (sag ich mal) und ich fand auch alles ganz wunderschön.

Euphorische Grüße!

Susanne:

Ich verstehe noch nicht ganz die Richtung der kleinen Rückwärtskreise mit den Kniescheiben. Sollten die nach außen, oben, innen, unten oder umgekehrt nach innen, oben, außen, unten gehen? Mein Knie kann beides. Außerdem habe ich das Gefühl, wenn ich die Kniescheiben rückwärts kreise beim Laufen, dass dann die Sitzhöcker vorwärts kreisen, aber die sollten doch auch rückwärts, oder? Wenn ich mich nur auf die Sitzhöcker konzentriere, kreisen wiederum die Knie nicht mit …

Benita Cantieni:

Links und rechts, also Uhrzeiger und Gegenuhrzeiger, kreisen Ihre Kniescheiben nur für die Wahrnehmung – in der Hoffnung, Sie spüren, dass es so beim Laufen nicht geht. Es gibt nur eine einzige mögliche Kreisrichtung, die anatomisch sinnvoll ist – auf der Beinachse … folgen Sie den eingezeichneten Kreisen, die Pfeile zeigen immer genau das an, was gemeint ist.

Wenn Sie zum Beispiel sitzen, Füße am Boden, spürbar auf den Sitzhöckern aufgerichtet, und wenn Sie jetzt die Kniescheiben rückwärts, also Richtung Körper kreisen lassen, fürs Auge fast nicht sichtbar, innerlich, im Scharnier und anatomisch richtig, so bewegen sich Ihre Oberschenkel nach oben, das Hüftgelenk übernimmt die

*Laufen Sie erst los,
wenn die neue,
kniefreundliche Bewegung
klappt.*

Kreisbewegung, wie bei einem Förderband. Sobald Sie die Beine heben oder die Füße heben oder knicken oder seitlich verschieben müssen, machen Sie nicht das, was ich beschreibe.

Anonym:

Laufen ist eigentlich wunderbar, nur machen meine Knie nicht mit. Ich habe folgendes Problem: Seit meinem 13. Lebensjahr habe ich mir immer wieder eisernes Lauftraining gegönnt, wollte auch Wettkämpfe und Marathons laufen. Hierfür habe ich immer wieder trainiert. Nach einigen Wochen schmerzten immer meine Knie. Aus der Traum. Mittlerweile ist es so, dass schon bei einer Trainingseinheit nach ca. 15–20 Minuten erst ein Knie (ich denke, es sind die Außen- und Innenbänder der Knie) und dann das andere auch zu schmerzen anfängt. Auf jeden Fall tun mir die Innen- und Außenseiten der Knie höllisch weh, normales Gehen und Treppensteigen ist unmittelbar nach dem Training erträglich, jedoch komme ich kaum mehr eine Stufe hinunter. Je nachdem lassen die Schmerzen nach 2–3 Tagen wieder nach. Was mich wundert: Sonst kann ich jeden Sport machen: Schwimmen, Aerobic, Radfahren, Spinning ... auch über längere Zeit. Aerobic-Conventions, Aerobic- und Spinning-

Marathons: kein Problem. Ich habe meine Knie von verschiedenen Sportärzten und Orthopäden immer wieder untersuchen lassen, und jeder sagt etwas anderes. Was kann es sein? Was kann ich tun?

Benita Cantieni:

Es gibt einen anatomisch richtigen Gebrauch der Knie, der für Sie Schmerzfreiheit bedeutet, ich habe ihn hier im Kniekapitel beschrieben. Üben Sie im Sitzen und Liegen, und laufen Sie erst wieder los, wenn Sie die neue, kniefreundliche Bewegung beherrschen.

Michaela:

Meine Schwester hat seit einiger Zeit Schmerzen vom Knie bis zur Hüfte, der Arzt hat ein um 5–6 mm verkürztes Bein festgestellt und zu Einlagen zum Ausgleich geraten, die sie nun trägt. Zu Beginn waren die Beschwerden gemildert, jetzt sind sie wieder da. Nachdem Sie mir zum Wegwerfen meiner orthopädischen Einlagen wegen Spreiz-Senkfuß etc. geraten haben, da der Fuß immer wieder an sein altes Muster erinnert würde, könnte ich mir vorstellen, dass auch diese Höhenausgleichs-Einlagen die Probleme im Grunde verstärken. Welches Ihrer Bücher kann ich meiner Schwester empfehlen? Und gibt es – neben den im Laufbuch

beschriebenen Übungen fürs Knie – noch spezielle für die Sache mit den unterschiedlich langen Beinen?

Benita Cantieni:

Nehmen Sie mal ein Messband und messen Sie die Beine Ihrer Schwester. Ich fresse einen Besen – Harry Potters Feuerblitz natürlich –, die Beine sind gleich lang. Das Becken steht schief, ein Bein wird „in die Hüfte" hochgezogen. Die verflixte Einlage zementiert diesen Beckenschiefstand, es wird noch schiefer, das Bein „noch kürzer" – was wir ja nun besser wissen. Vielleicht hat Ihre Schwester eine leichte, „versteckte" Wirbelsäulenverkrümmung? Oder sie steht immer auf einem Bein …

Ihre Schwester muss den Beckenboden kräftigen, die Wirbelsäule aufspannen, das Becken aufrichten, die Muskeln, die jetzt verkürzt sind und die Misere anrichten, die müssen gedehnt und verlängert werden. Und dann sind die Beine gleich lang …

Alles, was Ihre Schwester dafür wissen muss, steht hier im Laufbuch, es dreht sich ja um das Geschmeidigmachen der Powermitte Becken.

Sie muss aber von ganz vorn bis ganz zum Schluss lesen.

Wenn's ein fertiges Übungsbuch sein soll: Ich empfehle TIGER FEELING GARANTIERT oder DAS RÜCKEN-PROGRAMM.

Feedback von Nicky:

Ihre Methode hat mir mittlerweile sehr geholfen, auch beim Ganzkörpertraining – meine Muskeln sind recht gut in Form; ich versuche nicht nur untertags, sondern sogar auch beim Laufen den Beckenboden anzuspannen, auch wenn es etwas Übung braucht (das mit den Knien muss ich noch lernen)!

Ich habe im linken Knie eine Arthrose und zusätzlich Senk-/Spreizfüße, ich trage beim Laufen Einlagen. Mittlerweile bin ich aufgrund Ihres Buches der Meinung, dass ich nicht nur meinen zweiten Marathon laufen, sondern auch irgendwann all diese Beschwerden beseitigen kann!

Michaela:

Die Sache mit dem Kniescheibenrotieren gelingt mir zwar im Sitzen und Stehen, beim Gehen allerdings überhaupt nicht. Ist es vielleicht eher eine Vorstellungshilfe? Das Becken-Rotieren dagegen klappt bestens – ich hab mich schon richtig daran gewöhnt – ob beim Gassigehen mit dem Hund, beim Wandern oder Stadtbummel …

Benita Cantieni:

Wenn's aus dem Becken geht, wunderbar. Nehmen Sie das Kniescheibenkreisen als Vorstellungshilfe. Und massieren Sie Ihre Knie hin und wieder

Weg mit den Schuheinlagen. Her mit dem Marathon!

*Laufen baut Stress ab und
Lebensfreude auf.*

wie beschrieben, das beschleunigt das Geschmeidigmachen, oft sind die Bänder und Muskelansätze „verklebt", wie die Physiotherapeuten so treffend sagen.

Riki:

Ich laufe zwei- bis dreimal pro Woche, eine bis zwei Stunden jeweils. Seit ein paar Wochen habe ich Schmerzen in den Knien, die ich besonders beim Bergabgehen spüre. Seit drei Monaten hab ich Laufschuhe, die das Einwärtsknicken des Knöchels verhindern, aber sicher nicht ganz so weich sind wie die bisherigen. Liegt es an den Schuhen? Nützen sich die Gelenke ab? Ich brauche das Laufen, um den Alltagsstress (drei Kinder, Journalistin) zu bewältigen, und will so gerne weiterlaufen. Ohne Laufen würde ich auch sicher zunehmen!
Beckenbodentraining mach ich nur sehr sporadisch, weil ich mir nicht sicher bin, ob ich es richtig mache.

Benita Cantieni:

Ich denke, Sie ahnen die Antwort: Beckenboden sporadisch reicht nicht. Ohne Beckenboden prallt das Gewicht Ihres Körpers beim Bergablaufen ungebremst in die Knie. Die Knochen schlagen aufeinander, nützen sich ab. Setzen Sie den Beckenboden ein, puffert er das Gewicht des Torsos ab,

die Knie können auch bergab sein, was sie sind – Scharniergelenke. Wenn Sie auch in 30 Jahren noch fröhlich mit den eigenen Kniegelenken laufen wollen: Beckenboden läuft mit! Es gibt hier im Laufbuch schon soooo viele Beckenboden-Knie-Kettenreaktionsübungen, die Sie im Alltag machen können!

Susanne:

Soll ich Ihre Übungen parallel zu einem beginnenden Lauftraining machen oder zunächst nur die Übungen? Wenn ja, wie lange?
Ich habe eine ganze Reihe von den von Ihnen angesprochenen Problemen, seit Kindertagen (jetzt bin ich 35) ein Hohlkreuz, dazu habe ich einen ausgeprägten Rundrücken entwickelt. Daran arbeite ich seit ca. drei Monaten. Ich habe vorbeugende Rückengymnastik beim Krankengymnasten gemacht, jetzt versuche ich vor allem das Gelernte in Alltagshaltung umzusetzen und mache die Rückenstretchingübungen weiter. Der Rundrücken bessert sich auch, das Hohlkreuz aber nicht.
Außerdem habe ich einen Senk-/Spreizfuß, mit den von Ihnen im Fußkapitel so schön beschriebenen Hornhautplättchen an der Stelle neben dem Ballen. Und neuerdings habe ich beim und nach dem Rad fahren auch noch Schmerzen

in den Knien. Ich halte mich aber dennoch noch nicht für einen hoffnungslosen Fall ...

Besonders gut hat mir übrigens gefallen, was sie über die Wirbelsäulenverkrümmung geschrieben haben, „ich habe keine, sondern ich mache eine". Ich denke das kann man problemlos auf alle Haltungsschäden anwenden.

Benita Cantieni:

Zum letzten Punkt: Genau. Applaus. Wenn ich denn eine Empfehlung abgeben darf: Trainieren Sie erst die Tiefenmuskulatur, mit den Übungen hier im Laufbuch. Nach drei Wochen Intensivtraining sind Sie – ist Ihr Körper – so weit, dass Sie loslaufen können. Immer nur so lange, wie Sie mit und aus dem Beckenboden laufen können. Wenn es heute nur drei Minuten sind, so sind's morgen schon fünf, übermorgen zehn ... Der Körper erinnert sich gern und schnell ans anatomisch optimale Muster, denn das ist es, was er im Grunde will.

„Wenn ja, wie lange": 24 Stunden am Tag ... Sie finden ja hier wie in allen meinen Büchern eine ganze Menge Übungen, die Sie zwischen-durch und nebenbei und jederzeit und unbemerkt und ohne Aufwand machen können. Tun Sie's, möglichst oft und immer wieder in kleinen Häppchen.

Machen Sie einen Fußbelastungs-Tag, einen Steißbeinlangzieh-Tag, einen Kopfhoch- und Schulternsetz-Tag, nur Beckenboden-Tag ist jeden Tag. Dreimal pro Woche ein Programm, das jeden Skelettmuskel des Körpers einbezieht und alles miteinander vernetzt, können Sie mit den Übungen aus „TIGER FEELING GARANTIERT" oder dem „RÜCKENPROGRAMM" trainieren, dauert etwa eine Stunde und weckt die Zellerinnerung im Körper. Am Anfang müssen Sie sich zwingen. Die unglaublichen und unglaublich schönen und unglaublich schnellen Veränderungen in Ihrem Körper und Ihrem Wohlbefinden werden Sie bald ein bisschen süchtig machen.

Wenn Sie allein nicht zurecht kommen: Unter www.cantienica.com finden Sie die Liste aller, die mit meiner Methode arbeiten und durch die Verbandsmitgliedschaft den jährlichen Qualitäts-TÜV durchlaufen.

Ein bisschen süchtig nach Wohlbefinden? Das ist okay.

VOM LAUFEN

Ja,

ja,

ja,

ich weiß, es gibt kein falsches Wetter, nur falsche Kleidung.

Ich hatte heute morgen keine Lust auf Bindfadenregenkleidung und Schlammschuhe. Birgitt auch nicht. Also drehten wir uns noch einmal im Bett um.

Ich werde auf dem Hometrainer vor dem TV meine Runden drehen. Am Samstag Nachmittag gibt's köstlichen Soap-Schrott, gönn ich mir. Beinachsentraining funktioniert auf dem Stationery Bike vorzüglich: Fersen senken, Knie über dem Mittelfuß ausrichten und die Vorwärtsbewegung mit kleinen fliehkräftigen Rückwärtskreisen aus der Kniescheibe oder den Sitzhöckern auslösen.

7 Die Hüften von Marilyn Monroe und John Wayne

Typologie der Körpermitte

Freuen Sie sich darauf: Was Stilettos den Hüften so antun.
Und wie Sie das verhindern können.
Oder lindern.
Oder ganz kurieren.
Schmerzfreiheit bei Arthrose der Hüftgelenke.
Schmerzfreiheit bei Problemen mit den Iliosakral-
gelenken.
Freiheit für die Lendenwirbel.
Und ein Schießverbot für Hexen.

*Freiheit für Wirbel
und Gelenke!*

Modell Marylin

Becken gekippt, Kreuz hohl, Po rausgestreckt, die Sitz-
höcker zeigen nach hinten, Kinn hochgereckt – die
Stilettostellung. Die Pose gilt als sexy. Bei Männern
sowieso. Auch Frauen bilden sich ein, sie strecke das
Bein. Auf Absätzen fällt das Becken automatisch so.
Die Hüft- und die unteren Rückenmuskeln werden
verkürzt, die am unteren Bauch dafür überdehnt. Das
Becken wird ganz steif, die natürliche Beckenhälften-

rotation geht verloren. Das Becken kompensiert mit seitlichem Ausweichen. Das ergibt den Hüftschwung von Marilyn Monroe. Ist in den Biografien nicht erwähnt, MM war wahrscheinlich tapfer, aber Sie MUSS Kreuz- und Rückenschmerzen gehabt haben, geht nicht anders.

Die Füße werden durch diesen forcierten Ballengang ebenfalls deformiert. Wenn Sie häufig bis immer Stöckelschuhe tragen und über 30 Jahre alt sind, müssen Sie nur die Schuhe ausziehen, um den Effekt zu sehen. Nein, so meinte es der liebe Gott nicht.

Wenn Sie tagein, tagaus Stöckel tragen, so kennt Ihr Körper keine andere Haltung mehr und Sie laufen auch in Laufschuhen so, die Muskeln im Rücken sind

Supermodell

Marilyn

Frau John Buchhalter

72

ja chronisch verkürzt, die können sich nicht für ein glückliches halbes Stündchen Laufen lang machen.

Damit ich jetzt keine Morddrohungen von den Stöckelschuhfabrikanten bekomme: Wechseln Sie ab, am besten täglich mehrmals. Zu Hause barfuß, im Büro flach, beim Ausgehen hoch. Und ziehen Sie auch in den Stöckels immer das Steißbein nach unten, den Kronenpunkt nach oben. Doch das ist Thema der folgenden Kapitel.

Wenn Männer in fortschreitendem Alter ins chronische Hohlkreuz fallen, so gibt's den großen Kugelbauch, der über den Gürtel fällt.

Jede Fehlhaltung des Beckens hat Auswirkungen auf den ganzen Körper. Beim nach vorn gekippten Becken versucht der obere Rücken gegenzusteuern. Entweder wird die Brust künstlich rausgestreckt, das zieht die Schultern am oberen Rücken zusammen. Oder, das sehen Sie bei den Models auf den Laufstegen, die Schultern werden hochgezogen, die Brust sinkt ein.

Schön?
Ich weiß nicht ...

Marilyns Zwillingsbruder holt sich garantiert eine Arthrose der Hüftgelenke oder einen Bandscheibenvorfall der Lendenwirbel. Dauerschmerzen im Kreuz sind programmiert.

Modell John Buchhalter

Das sehen Sie sehr häufig bei Männern. Das Becken kippt nach hinten, der Hintern wird eingezogen, die Sitzhöcker zeigen nach vorne.

Es entsteht massiver Druck auf die Hüftgelenke, sie geben den Druck weiter an die Knie, die delegieren weiter an den Fuß. Der kann es nicht mehr nach unten weitergeben, zurück an die Beine, die wuchten buchstäblich aus. O-Beine. Das vorgeschobene Becken trak-

*Im normalen Leben
laufen Laufstegmodels
ganz normal.*

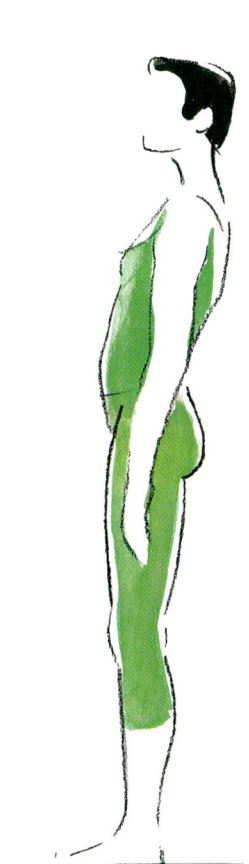

Marilyns Zwillingsbruder

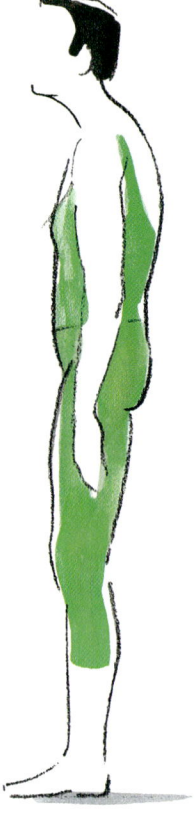

John Buchhalter holt sich
früher oder später einen
Bandscheibenschaden eines
Lendenwirbels, und etwas
später wird der obere
Rücken rund und steif.

tiert die Lendenwirbel, die O-Beine gehen auf Kosten der Menisken und der Kreuzbänder. Das sind denn auch – Zufall, oh Zufall – die häufigsten Haltungsschäden bei Männern!

Der politischen Korrektheit zuliebe: Frauen tun's auch manchmal. Wenn sie das Becken nach hinten kippen, wird der Po flach und wirkt auch eingezogen. Und der Bauch sieht zweiteilig aus, Oberbauch, Falte, Unterbauch.

Der obere Rücken und die Schultern versuchen anfangs die fehlende Mobilität auszugleichen, müssen aber resignieren und werden steif. Rundrücken mit hochgezogenen Schultern gehören fast zwangsläufig zu dieser Haltung – die Sie MACHEN, nicht HABEN, Sie erinnern sich … Dieses Modell erfreut die Orthopäden mit Hernien (Bandscheibenschäden) im oberen Rücken, mit Problemen in den Schultern und oder in den Kniescharnieren.

Wenn ich schon beim Aussehen bin, appelliere ich an Ihre Eitelkeit: Die gute Haltung macht auch schön!

Supermodell

Bei der idealen Haltung steht das Becken gerade, aufgerichtet.

Die Wirbelsäule hat einen gestreckten Schwung, von Kurve kann man da nicht mehr reden. Im evolutionsgegebenen Gehen muss das Rückgrat ja nicht als Stoßdämpfer arbeiten, die Bewegung mit der Fliehkraft verursacht keinen Aufprall.

> Noch mal, weil es die Essenz dieses Buches ist: Die Bewegung mit der Fliehkraft verursacht keinen Aufprall des Körpers.

Das Steißbein zieht nach unten. Die Beckenbodenmuskulatur gibt der Wirbelsäule unten Halt und Sicherheit.

Der Kopf kann sich nach oben ausrichten. Die Wirbelsäule hat Zugspannung von beiden Seiten, findet so ihre natürliche, optimale Linie.

Noch mal: Hat die Wirbelsäule Zugspannung von unten (Beckenboden) und von oben (Schädeldecke), so findet sie ihre natürliche, optimale Linie.

Wenn Sie diese Aufrichtung des Beckens und der Wirbelsäule lange genug geübt haben und beides selbstverständlich und automatisch geworden ist, so gibt's keine Spannungskopfschmerzen mehr, keine Nackenschmerzen, es wird nie mehr die Hexe ins Kreuz schießen. Und auch der gefürchtete Ischias plagt Sie nie mehr.

Aus einem einfachen Grund: Sind Wirbelsäule und Becken aufgerichtet und gedehnt, stehen die Nerven in den Nervenkanälen, die seitlich in den Wirbeln verlaufen, nicht an, werden nicht gereizt und schmerzen nicht.

Die meisten Hexenschüsse holen sich Männer wie Frauen, wenn und weil sie sich im Stehen die Socken oder Strumpfhosen anziehen, mit waldschrattkrummem Rücken, vorn hochgezogenem Becken, mit total zusammengenudelten Wirbeln!

Hinsetzen hilft. Wenn Sie es denn nicht lassen können oder wollen, so machen Sie eine Übung daraus: Sitzhöcker zusammen ziehen, um den Beckenboden zu aktivieren. Kopf hoch, den Rücken vollkommen gerade lassen. Standbein tief in die Knie, das Knie des Spielbeins zur Brust ziehen und in das Fußteil schlüpfen. Seite wechseln.

Sicherer ist: Wecker zwei Minuten früher stellen oder den Sportteil der Tageszeitung für den Feierabend auf die Seite legen. Schon haben Sie Zeit genug, sich auf den Rand des Bettes oder der Badewanne zu setzen …

Supermodell: Becken am Stamm aufgerichtet, Wirbelsäule aufgespannt, Kopf nach hinten-oben ausgerichtet und leicht wie ein Ball auf einer Fontäne.

Fragen, Antworten, Feedback

Ohne aktiven Einsatz der Beckenbodenmuslulatur wird's nie was mit dem Leichtlaufen.

Ulrike:

Ich leide seid einiger Zeit an Schmerzen in den Hüften. Zuerst vermutete man eine Muskelentzündung, nun stellt es sich jedoch heraus, dass es eine Sehnen- (evtl. auch Sehnenscheiden-)Entzündung sein muss. Ich gehe immer noch regelmäßig joggen zwei- bis dreimal pro Woche und ca. einmal mache ich Aerobic. Dies vor allem auch, weil mir die Hüften ganz besonders schmerzen, wenn ich lange in der gleichen Stellung sitzen muss (z.B. im Zug, in Sitzungen, im Auto). Nun habe ich gelesen, dass man bei einer Sehnenscheidenentzündung eine Sportpause einschalten muss. Ich habe bereits Physiotherapie (Ultraschall- und Strommassage) gemacht und versuche es im Moment mit Shiatsu.

Benita Cantieni:

Das klingt alles ein bisschen diffus, von Seiten der Ärzte ratlos, sonst könnten Sie mir sagen, welcher Muskel denn entzündet sei.

Ob Shiatsu oder Aerobic: Ich empfehle Ihnen den Einsatz des Beckenbodens, der arbeitet mit allen Hüftmuskeln zusammen. Und lernen Sie die anatomisch perfekte Nutzung des Beckens/der Hüften. Es gibt ganz viele Übungen hier im Buch, die können Sie im Sitzen machen, im Sitzen das Becken und alle Hüftmuskeln

geschmeidig trainieren, einfacher kann ich es Ihnen nicht machen. Sie müssen SOFORT Linderung verspüren. Wenn sich die Schmerzen jedoch verstärken, ist es eine Entzündung und ich rate Ihnen auch zum Pausieren. Glaube ich aber nicht …

Frage:

Es stimmt. Auch ich hatte jahrzehntelang Stöckelschuhe an. Seit einem Jahr laufe ich fast täglich. Seit einiger Zeit versuche ich den Laufstil von „Gentle Running" zu befolgen. Jetzt habe ich aber Schmerzen NACH dem Laufen am rechten Beckenkamm. Warum?

Benita Cantieni:

„Gentle Running nach Feldenkrais" ist ein wunderbarer Ansatz, aber es fehlt der Beckenboden und die anatomische Bewegung im Becken – das Kernstück meines Buches. Wenn Sie die gegenläufige Beckenrotation integriert haben, laufen Sie garantiert schmerzfrei. Sonst hab ich am Laufen nach Feldenkrais nichts auszusetzen. Wenn ich Luijpers auf den Fotos anschaue, habe ich das Gefühl, er lasse die Beckenhälften auch rotieren. Vielleicht konnte er es in der exakten Tiefe nicht analysieren und nicht in Worten beschreiben, jedenfalls kommt er nur nah dran.

Feedback von Eva:

Auch hier will ich mal meinen Senf dazugeben: Schon mit vier, fünf hatte ich zumindest einen Knickfuß. Mein damaliger Kinderarzt war gegen Einlagen, aus denselben Gründen wie Sie. Er schickte mich zur Krankengymnastik, ich weiß nicht mehr, wie sehr die geholfen hat, dauerhaft war's jedenfalls nicht. Aber entweder der Arzt oder die Gymnastin meinte, dass die Knickfüße „aus der Hüfte" kämen. Also wieder ein Beispiel für Vernetzung.

Michaela

Ich habe folgendes Verständnisproblem: Sitzhöcker zueinander ziehen und Schambein leicht in Richtung Nabel einrollen oder Sitzhöcker zueinander ziehen und Steißbein nach hinten/unten fließen lassen – was ist wann richtig? Ich habe auch schon eine Kombination von beidem probiert – so als ob dann die Stelle zwischen Scham- und Steißbein in die Länge gezogen würde – aber das kommt mir doch nicht ganz richtig vor?

Benita Cantieni

Schambein Richtung Nabel sage ich nur in Ausnahmefällen, wenn es wirklich darum geht, den unteren Rücken rund zu machen. Sonst bin ich ganz davon abgekommen, weil die Leute immer kippten. Also: Wenn nicht ausdrücklich dabei steht: „Schambein zum Nabel rollen", dann machen Sie es nicht. Das ist ein „Nachteil" meiner ewigen Forscherei. Ich nehme an, Sie haben das erste Tiger-Feeling-Buch gelesen, da erlaubte ich noch die Verkürzung des Unterbauches, weil es ALLE physiotherapeutischen Schulen, inklusive Spiraldynamik, lehrten. Heute weiß ich es besser: Es geht ohne Verkürzung. Ziehen Sie nur den Pyramidalis hoch, Steiß- und Schambein ziehen immer zusammen – meistens Richtung Fersen. Verständlich ausgedrückt? Nach „hintenunten" geht das Steißbein tatsächlich nach neuesten Erkenntnissen, wenn ich Ihren Rücken und die Hüften völlig leicht und frei machen möchte. Indem ich Ihrem Körper alle Möglichkeiten biete, Hohlkreuz, Langkreuz, lang und gerundet, bereitet er sich auf alle möglichen Situationen vor und kann immer situationsangepasst reagieren. Drum gibt's nicht einfach Standardbeschreibungen …

*Ein gesunder
Bewegungsapparat
wird mit
vielem fertig.*

77

VOM LAUFEN

S-t-e-i-ß-b-e-i-n n-a-c-h u-n-t-e-n
S-t-e-i-ß-b-e-i-n n-a-c-h u-n-t-e-n
S-t-e-i-ß-b-e-i-n n-a-c-h u-n-t-e-n

K-r- o-n-e-n-p-u-n-k-t h-o-c-h
K-r- o-n-e-n-p-u-n-k-t h-o-c-h

K-r- o-n-e-n-p-u-n-k-t h-o-c-h
K-r- o-n-e-n-p-u-n-k-t h-o-c-h

D-u-r-c-h d-i-e N-a-s-e a-t-m-e-n
D-u-r-c-h d-i-e N-a-s-e a-t-m-e-n
D-u-r-c-h d-i-e N-a-s-e a-t-m-e-n

E-i-n-a-t-m-e-n
A--u--s--a-t--m--e--n
E-i-n-a-t-m-e-n
A--u--s--a-t--m--e--n

E-i-n-a-t-m-e-n
A--u--s--a-t--m--e--n

Die Mantras der Läufer.
Und ja, ich atme doppelt so lange aus wie ein.
Mindestens.
Einatmen ist wichtig.
Ganz ausatmen ist mindestens so wichtig.
Ich lief 75 Minuten. Und schaute nicht ein einziges Mal
auf die Uhr. Musik? Brauche ich nicht. Es zwitschern die
Vögel. Es rauscht der Bach.
Das größte Wunder: Mein Herz, das schlägt.

8 Biomechanischer Geniestreich Becken

Typologie der Körpermitte

Die Vorschau: Das Becken hält und schützt die Organe. Es ist die Basis für die Wirbelsäule und stabilisiert den Oberkörper. Und es ist die Schaltzentrale für den aufrechten Gang. Wenn Sie diese Muskulatur vernetzt trainieren, haben Sie ein Powerkorsett fürs ganze Leben.

Das weibliche Becken ist breiter und weiter als das männliche, ansonsten sind die Strukturen gleich.

So sieht das weibliche Becken aus
Das weibliche Becken. Es ist von Natur aus weiter als das männliche. Der Grund ist klar: Schwangerschaft und Geburt.

Früher, vor langer Zeit, waren Frauen stolz auf breite Hüften, und bei den Männern waren sie begehrt, weil das breite Becken viele und leichte Geburten versprach. Der Volksmund kennt das gebärfreudige Becken noch und gebraucht es leider meist abwertend.

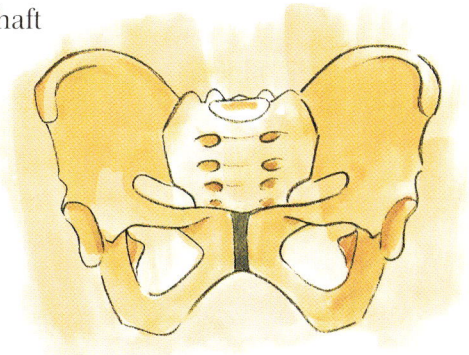

*Das männliche Becken
kennen sie schon:
Höher und schmaler und
genauso mobil wie das
weibliche, obwohl
es keine Kinder tragen
und gebären muss.*

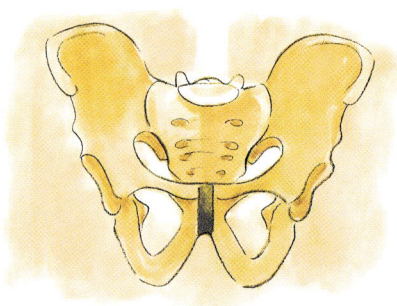

So sieht das männliche Becken aus

Das männliche Becken. Schmaler, ansonsten genauso konstruiert wie das weibliche, obwohl es nicht gebären muss. Dieser Punkt wird in meiner Argumentation gleich wichtig.

Achten Sie beim weiblichen und beim männlichen auf den Spalt vorne am Schambein. Da ist das Becken in zwei Hälften geteilt und mit einem bandscheibenähnlichen Faserknorpel zusammengefügt, heißt in der Fachsprache Symphyse. Diese Zweiteilung des Beckens spielt bei der guten Bewegung eine zentrale, nein, DIE zentrale Rolle.

Auch wenn Sie Ihre angestammte Lauftechnik behalten, weil Ihnen nichts wehtut und Sie schnell vorwärts kommen: Bauen Sie die gegenläufige Rotation der Beckenhälften ein! Sie werden noch schneller und werden mit 80 Jahren immer noch schnell und schmerzfrei sein!

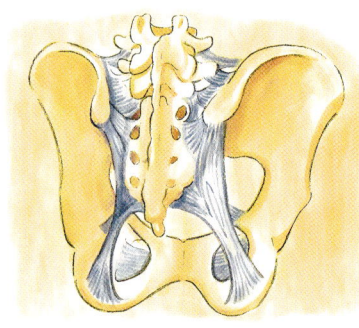

*Hinter den himmelblauen
Bändern verbergen sich die
Kreuzbeingelenke.
Eine geniale Konstruktion,
die unsere Evolution da
hervorgebracht hat.
Diese Kreuzbeingelenke
sind das Zentrum der Kettenrotation beim Laufen,
sie leiten Bewegung nach
unten und nach oben.*

Das Becken von hinten

Sie sehen hier das Becken von halb hinten. Und wieder ist es in zwei Hälften aufgeteilt. In der Mitte sind noch zwei Lendenwirbel zu sehen, dann kommt das Kreuzbein, dann das Steißbein. Das Kreuzbein ist mit den Beckenhälften verbunden, und zwar durch die so genannten Kreuzbeingelenke. Da liegt ein Fortsatz des Beckens in einer Vertiefung des Kreuzbeines, gehalten von zähen, kräftigen Bändern, die sehen Sie in der

Abbildung blau eingezeichnet. Diese Konstruktion wird anatomisch nicht ganz korrekt Kreuzbein- oder Iliosakralgelenk, kurz ISG, genannt.

Wer das Becken steif benutzt, also am Stück, en bloc, wer es vorschiebt, vorkippt oder nach hinten kippt, der belastet die beiden Kreuzbeingelenke über Gebühr. Das Kreuz mahnt, wir nennen das dann Schmerz. Das Kreuz mahnt weiter, wir gehen zum Arzt, er sagt ISG-Syndrom oder so ähnlich, wir bekämpfen die Schmerzen, das Kreuz gibt das Mahnen auf, es versteift sich. Wir wähnen uns in trügerischer Ruhe …

Die Übung mit dem Rückwärtsrotieren der Kniescheibe, die setzt sich hier in den Kreuzbeingelenken fort, wie ein Förderband. Die Bewegung wider die Schwerkraft kann auch hier entstehen, nur ist das für

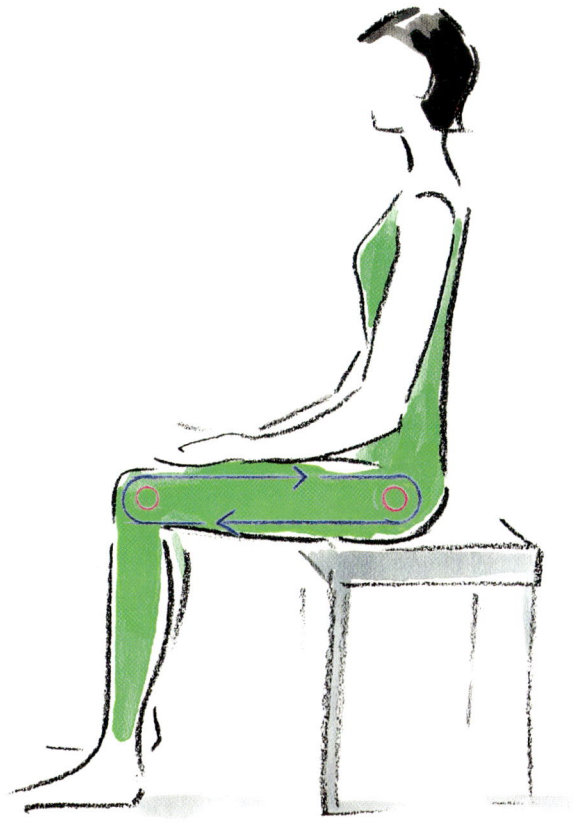

*Das Kniegelenk
setzt den Oberschenkel
in Bewegung, das
Hüftgelenk „antwortet".*

die meisten Menschen mit „eingerosteten" Kreuzbein-gelenken anfangs viel schwieriger als der Knieschei-bendrehtrick.

Versuchen Sie's doch gleich, spüren Sie dem Ober-schenkel nach, spüren Sie, wie sich mit den Hüftgelen-ken auch die Beckenhälften bewegen. Legen Sie die Hände in den Rücken auf die Kreuzbeingelenke. Jetzt lassen Sie die Kniescheiben rückwärts rotieren. Neh-men Sie wahr, was unter Ihren Händen passiert. Wenn das beim ersten Versuch auch noch so wenig sein mag: Es bewegt sich, der erste Schritt ist getan. Die Bewe-gung wird mit der Übung immer größer, wenn die Bänder wieder geschmeidig werden.

Nein, Sie sind nicht zu alt. Neulich machte ich das mit einer 92jährigen Frau, und es klappte auf Anhieb. AUF ANHIEB. Weil es Natur des Menschen ist.

Becken von der Seite

In Anatomiebüchern sind selten bis nie die anzustre-benden Ideale menschlicher Aufrichtung abgebildet. Trotzdem, für Ihr Verständnis brauchen Sie das Becken

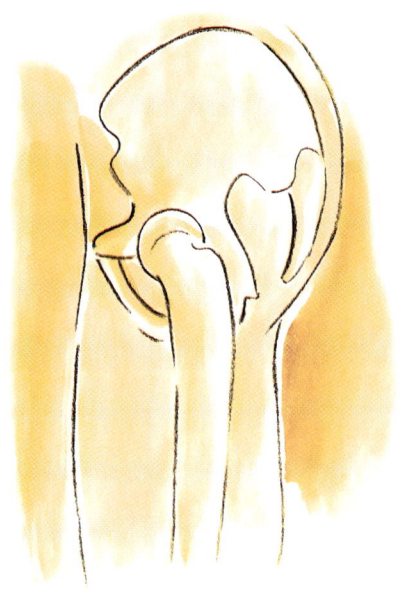

*So steht der Oberschenkel
in der Hüftpfanne.*

auch von der Seite. Die Kugel mittendrin ist der Kopf des Oberschenkels in der Gelenkpfanne.

Das Becken von hinten mit den Oberschenkeln

Damit Sie wissen, wie die Oberschenkel in der Pfanne stehen, hier das Becken mal von hinten. In der Mitte unten die Sitzhöcker, daneben außen die Oberschenkelhälse, fixiert von Sehnen und Bändern.

Jedes Mal, wenn Sie die Sitzhöcker zusammenziehen, wird das Becken unten schmaler und oben weiter, grob vereinfacht: wie ein V. Je schmaler das Becken unten ist, desto enger stehen die Hüftgelenke, desto freier liegen die Oberschenkelköpfe in der Pfanne, desto idealer die Statik des Beines. Die Organe haben in einem V-Becken Raum, sind geschützt von allen Seiten.

Umkehrschluss: Bei alten Menschen – Männern und Frauen – erschlafft der Beckenboden, wenn er nicht gezielt trainiert wird. Das Becken wird unten weiter,

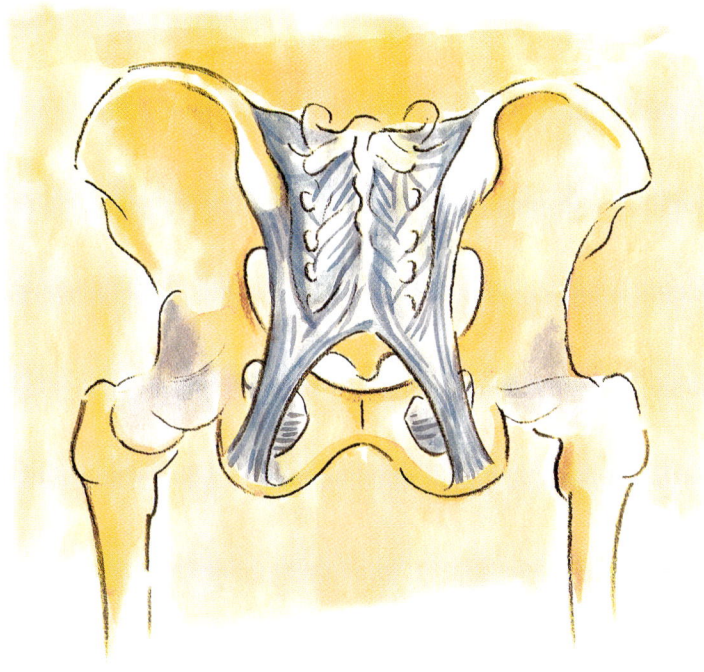

Damit Sie Ihre geniale Beckenkonstruktion auch von hinten kennen: Je trainierter und kräftiger die Beckenboden-muskulatur das knöcherne Becken zusammenhält, umso geschmeidiger und „gesünder" sind Ihre Hüftgelenke.

*Sie kennen bestimmt jeman-
den, der sich schon mal den
Oberschenkelhals gebro-
chen hat. So sieht er aus!
Sie können das Sensibel-
chen schützen, indem Sie
die Skelett haltende Tiefenmuskulatur trainieren.*

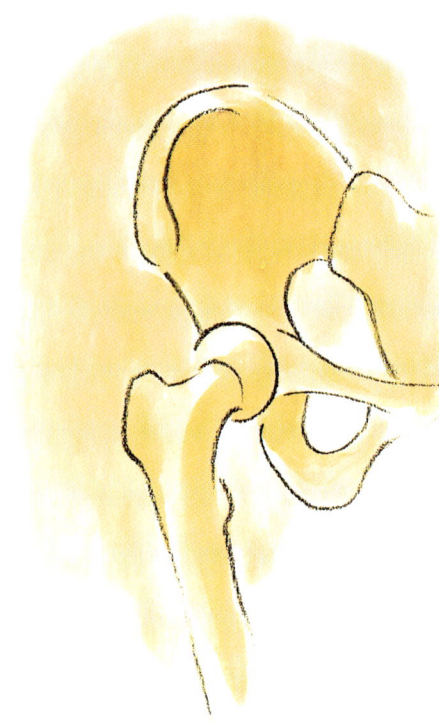

oben enger, es gleicht immer mehr einem A. Die Hüftgelenke stehen weiter auseinander, die Oberschenkelhälse kommen so unter enorme Spannung, deshalb
brechen sie so leicht. Dem kann mit gezieltem Beckenbodentraining erfolgreich vorgebeugt werden. (Da
müssten die Krankenversicherungen jetzt doch einfach
jubeln und meine Instruktoren allesamt in die Alters-
heime zitieren!) Im A-förmigen Becken haben die Organe keinen Platz mehr, sie werden von oben nach unten,
irgendwann sogar rausgedrückt. Bei der Frau heißt das
Prolaps, beim Mann ist es meist ein Leistenbruch.

Im schlimmsten Fall verursacht dieses Ausleiern des
unteren Beckenrandes von V-Form zu einer A-Form
den Altersbuckel. Tut weh, macht das Leben schwer –
und kann verhindert werden.

Der Oberschenkelhals

Sie werden alt, ich auch. Da schadet es nichts, wenn
wir eine Vorstellung vom Oberschenkelhals haben,
denn dann pflegen wir ihn lieber.

Die Oberschenkelkugel ist mit Knorpel überzogen.
Sie liegt in der Pfanne. Solange zwischen der Kugel
Gelenkschmiere ist und die beiden Teile beim
Gehen, Stehen, Laufen, Springen, Hüpfen, Rennen nicht zusammenstoßen, sich nicht aneinander reiben, sich nicht in die Quere kommen, so
lange ist das Gelenk gesund.

Da ist es wieder, das Thema dieses Buches: die
gute, anatomisch funktionelle Bewegung.

Üben, fertig, los ...

Beckenbodengesteuertes Beinachsentraining. Wenn
Sie die Sitzhöcker aktivieren, kommt Spannung in die
innerste, größte, und die mittlere, die zweitgrößte
Beckenbodenschicht.

Stellen Sie sich ein solides, tragfähiges Zwillingstram-
polin vor, das sich vom oberen Rand des Steißbeines
zum Sitzhöcker spannt, dann zum Hüftgelenk, dann
zum Kreuzbein. Zweigeteilt, links und rechts die gleiche Pracht. Am Kreuzbein geht es hinten hoch …

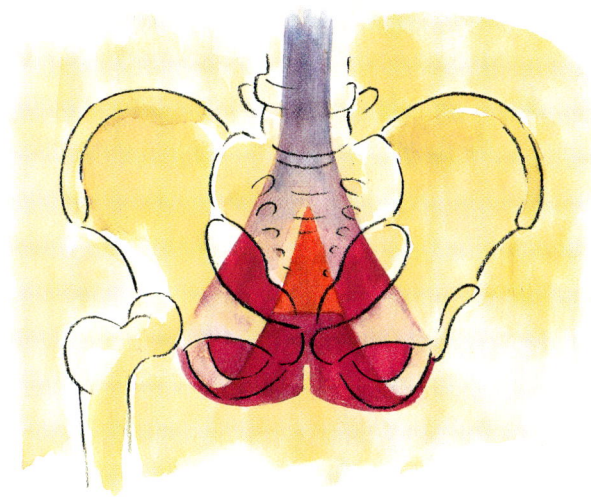

*So weit reicht die Muskulatur
des Beckenbodens,
seitlich zu den Hüftgelenken,
vorne ist sie verzahnt mit
der Bauchmuskulatur, hinten
mit denen des Rückens.*

Wenn der dreilagige Beckenboden erschlafft ist (WEIL
NICHT GEBRAUCHT), hängt er durch wie ein ausge-
leierter Hosenboden. Die Muskelfasern werden dann
auch mit Bindegewebe „zersetzt". Rückeroberung ist
EINFACH, EINFACH, EINFACH, weil Muskeln nämlich zum Arbeiten gemacht sind, die warten nur darauf, dass Sie Ansprüche an sie stellen.

Am meisten Spannung hat der Beckenboden, wenn
das Becken aufgerichtet ist.

Übung

▶ Setzen Sie sich wieder an den vorderen Rand der
Sitzfläche. Wenn Sie ein chronischer Schlaffsitzer
sind (Sie erinnern sich, der Buchhalter), können Sie
einen Ballon oder einen weichen Ball ins Kreuz
legen, zwischen Körper und Stuhllehne, der hilft
Ihnen im Moment, aufrecht zu bleiben.

*Hier lernen Sie, wie Sie
sich „in Länge entspannen".
Nein, ist kein Paradox!*

▸ Sitzhöcker zusammen ziehen, Steißbein UND Schambein nach unten ziehen oder verlängern oder ins Polster schieben, was immer bei Ihnen als Vorstellung funktioniert. Auch die Sitzhöcker ins Polster schieben.

Hebt sich Ihr Oberkörper leicht an, als würde unter ihm ein Luftkissen aufgeblasen, wenn Sie einen Längszug über den Bauch spüren, wenn Sie auch einen Längszug im unteren Rücken spüren: genau so soll es sein. Huch, Sie atmen ja nicht mehr vor lauter Aufregung, ausatmen – einatmen – ausatmen – einatmen usw.

▸ In die Länge hinein entspannen, die Schultern loslassen, die Rippen entspannen, nur die Spannung um den Beckenraum bleibt.

▸ Versuchen Sie jetzt mal, die kleinen Rückwärtskreise im Becken herzustellen: Sitzhöcker nach hinten-unten-vorne-hoch, links, rechts, links, rechts. Großartig.

Da lese ich gerade in „Körperbewusstsein" von Ken Dychtwald, einem „humanistischen Psychotherapeuten" aus Amerika: Das übermäßige Kippen des Beckens, die Anspannung bis hin zu Hämorrhoiden und chronischen Darmproblemen kämen alle daher, dass wir als Babys zu früh auf den Topf gesetzt wurden. Die Sauberkeitserziehung vor dem 18. Lebensmonat sei unsinnig und verantwortlich nicht nur für Verdauungsbeschwerden aller Art, sondern hemme auch den freien Fluss der Gefühle. Nach meiner Theorie bestimmt das Kind, wann es stubenrein werden will, kann. Nämlich dann, wenn es aufrecht gehen und somit bewusst über die Beckenbodenmuskulatur entscheiden kann.

Das mit den Verdauungsbeschwerden kann ich bestätigen, wird das Becken aufgerichtet und stabil in ein aktives Muskelnetz verpackt, werden Frauen unab-

hängig von Abführmitteln und dergleichen, die Männer können „Geschäft" plötzlich ohne Zeitung erledigen und sind ganz schnell wieder zurück …

Durch die Aufrichtung des Beckens werden natürlich Blockaden beseitigt, jede Gewalt, jede Missachtung unserer Identität in der Kindheit hinterlässt körperliche Spuren, chemische Rückstände. Die gute Nachricht ist: Sie können all die gestaute Energie auch wieder über den Körper zurückerobern.

In gestauchten Wirbeln wird auch das Rückenmark gestaucht. Ist das Becken aufgerichtet, haben die Organe mehr Raum im Bauch, das Atmen wird freier und tiefer. Ganz entscheidend ist die Vernetzung der Muskeln: Die Beckenbodenmuskulatur ist vernetzt mit jener der Hüften, des Rückens, des Bauches. Jedes Mal, wenn Sie die innere, großflächige Schicht des Beckenbodens einsetzen, lösen Sie eine muskuläre Kettenreaktion aus, die Innereien kriegen so den ganzen Tag Massage – AUCH BEIM LAUFEN. Der Darm liebt das. Auch die Prostata beim Mann, die Blase bei allen, die Gebärmutter bei uns Frauen – ein kraftvolles, bewusstes „Powerhaus Becken" ist die Wurzel allen Wohlbefindens.

Die muskuläre Kettenreaktion und ein paar aufgelöste Blockaden.

Wenn Sie den soliden Halt dieser vernetzten Muskulatur spüren, müssen Sie auch nicht mehr „halten", die Schließmuskeln arbeiten ökonomisch, nicht mehr verkrampft, Hämorrhoiden lösen sich auf oder werden mindestens gelindert. Vaginale Beschwerden beim sexuellen Verkehr verschwinden. Kann ja sein, dass so viel Entspannung auch den Charakter entspannt, mir sind psychologische Deutungen der Körperhaltungen nicht geheuer, einfach weil der Körper seine Haltung sofort zum Besseren verändert, wenn man ihn nur lässt …

Setzen Sie den Beckenboden und die Füße wie bisher geübt ein, optimiert sich automatisch die Bein-

X-Beine gerade formen.
O-Beine auch.
Doch! Das geht!
Und ziemlich einfach
obendrein!

achse: Die Oberschenkelmuskulatur rotiert leicht nach außen, das mögen die Hüftgelenke, die Muskeln am Unterschenkel dagegen drehen nach innen. Diese gegenläufige Muskeldrehung garantiert die Stabilität des Beines.

Wenn Sie X-Beine machen, so drehen tendenziell alle Muskeln am Bein nach innen. Bei O-Beinen alle nach außen. Die Anatomie hat beides nicht vorgesehen. Stellen Sie sich mal vor einen hohen Spiegel und sehen Sie nach. Erst entspannt und in alter Gewohnheit. Dann richten Sie den Fuß auf dem Großzehengrundgelenk und der Außenseite der Ferse aus, aktivieren den Beckenboden (Sitzhöcker zusammenziehen), reihen das Knie entspannt über dem Sprunggelenk und unter der Hüfte ein und sehen zu, wie sich Ihr Bein verändert, wie sich die Muskulatur der Oberschenkel leicht nach außen dreht, wie Pölsterchen am Oberschenkel einfach verschwinden, wie sich der Po so ungefähr 10 Jahre anhebt .... Hier haben Schlaffnuckis Heimvorteil: Untrainierte sehen meistens den viel größeren Effekt als etwa Männer, die ihre Waden und Schenkel im Krafttraining oder beim Sport gestählt haben. Die prallen Muskeln halten die Stellung.

Der berühmt-berüchtigte Iliopsoas

Wenn er durch schlechte Haltung oder eine kreuzverkehrte Lauftechnik verkürzt ist, zwackt er in den Leisten: der Psoas, auf deutsch Hüft-Lenden-Muskel, reagiert extrem auf schlechte Haltung, aber auch extrem positiv auf gute Haltungsveränderungen.

Er besteht aus zwei Teilen, dem Psoas major und Psoas minor und verbindet Wirbelsäule mit Becken und Oberschenkel. Für die Beckenstatik leistet der Psoas wertvolle Dienste. Er ist ein prachtvoller Haltungs-

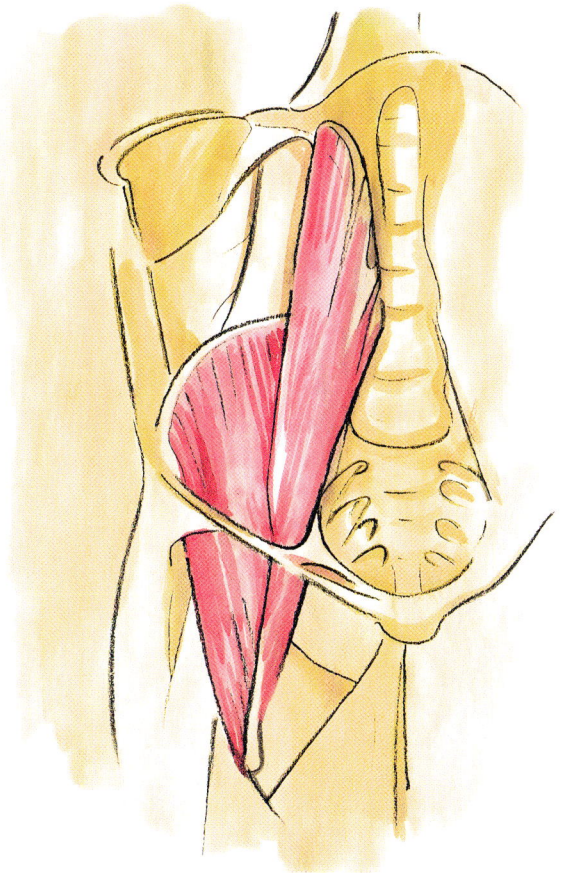

*Der lange Muskel
ist der Iliopsoas, der kurze,
dicke sein Teamkollege
Iliacus. Wenn es Ihnen bei
den ersten neuen Lauf-
schritten „in der Leiste" oder
am Beckenkamm wehtut,
sind es wahrscheinlich die
Ansätze dieser Muskeln,
sie müssen die neue Länge
erst lernen.*

wächter und gibt früh und gern Alarm, bei Hohlkreuz, bei Flachrücken und vorgeschobenem Becken. Dann zwackt er und reklamiert, vorzugsweise am unteren Rücken, wo er seinen Ursprung hat, oder in der Leiste.

Möchten Sie Ihrem Psoas auf die Sprünge helfen und ihn dehnen? Hier ist der klassische Psoas-Stretch in einer Turbovariante.

▶ Auf Polster oder Kissen legen.

▶ Bis zu den Iliosakralgelenken AUF dem Polster, die Basis des Gesäßes steht frei.

▶ Richten Sie das Becken schön parallel aus und achten Sie darauf, dass das so bleibt, wenn Sie jetzt ein Bein zur Brust ziehen und nach oben ausstrecken.

89

▶ Schicken Sie Energie durch die Ferse zum Himmel, das dehnt die Kniesehne intensiv und schonend.

▶ Das andere Bein am Boden behutsam ausstrecken, das geht am besten, wenn Sie die Ferse am Boden entlangschieben, bis das Bein gestreckt ist.
Durch die leicht abfallende Position vom Polster kriegt Ihr Iliopsoas eine Superdehnung.

▶ Bis mindestens 30 zählen, Seite wechseln.

Der Iliopsoas wird mit seinem Teamkollegen Iliacus (Darmbeinmuskel) auch zu den tiefen Bauchmuskeln gezählt. In der Tat sind die beiden die „Bindemieder" zwischen Bauch und Rücken!

Diese Psoasdehnung zieht den Hüftbeuger-Hüftstrecker lang und macht ihn ge-schmeidig. Aber nur, wenn Sie sorgfältig arbeiten.

Michaela:

Ich war gestern wandern und habe – weil's mir allmählich ein bisschen langweilig wurde – die Sache mit dem Becken-Rückwärts-Rotieren ausprobiert. Auf dem Rückweg (langes Bergabsteigen) haben meine Mitwanderinnen bald über „Knie-Schnackeln" gejammert – ich hatte überhaupt keine Beschwerden! Ich weiß allerdings nicht, ob ich's richtig mache: Ist Beckenboden-Aktivieren = Sitzhöcker zueinander ziehen? Wenn ich das tue, bekomme ich immer einen „John-Wayne-Gang", weil sich dann meine Oberschenkel automatisch etwas nach außen drehen. Mache ich etwas falsch?

Benita Cantieni:

Sie machen das sehr richtig, und dass Sie die Auswärtsrotation spüren, ist wunderbar. Halten Sie einfach die Knie über dem Mittelfuß, dann drehen sich die Muskeln richtig, ohne Knochen. Keine John Wayne-Gefahr. Weiter so. Vertrauen Sie Ihrem Gespür, das Resultat erlebten Sie ja nun bergab.

„Sitzhöcker zusammenziehen, um den Beckenboden zu aktivieren", ist meine Standardformulierung. Die Muskeln, die Ihre Sitzhöcker zusammenziehen, gehören zur innersten, flächengrößten Schicht der Beckenbodenmuskulatur. Diese Schicht ist vernetzt mit Hüften, Beinen, Bauch und Rücken, diese Schicht schützt und bewegt das Becken bei jedem Schritt. Die Sitzhöcker sind der einfachste Zugang zu diesen Beckenbodenschichten. Wenn ich Ihnen sage: „Ziehen Sie die innerste Schicht der Pelvismuskulatur zusammen", so haben Sie kaum eine Ahnung, was ich von Ihnen will.

Charlotte:

Ich hab das ausprobiert mit den Knierotationen.
Ziemlich ungewohnt, aber ich glaube, mit der Zeit geht's von ganz alleine. Ich muss allerdings meine Arme auch „rückwärts" mitschwingen. Klingt das komisch, oder ist das okay? Macht auf jedenfall irre Spaß, und ich hab keine Beschwerden mehr beim Laufen.

Benita Cantieni:

Noch so ein kluger Körper, der nur auf die Bewegungswahrheit wartet!
Schauen Sie mal im Schultern-Arm-Kapitel nach und schmecken Sie's mit Ihrem Rückwärtsschwung ab? Es ist in der Tat eine gegenläufige Rückwärtsrotation, küssen Sie Ihren Körper für seine Intelligenz!

Kerstin:

Ich habe eine kurze Frage zur Kniescheibenrotation. Erfolgen die Kreise im Uhrzeigersinn oder dagegen? Und zwei-

*Vertrauen Sie dem,
was Sie spüren!
Vertrauen Sie Ihrem Körper.
Er weiß, wie's geht.*

91

*Stellen Sie sich vor dem
Einschlafen vor,
was sie können möchten.*

te Frage: Wird kein Außen- oder Innenband damit belastet? Ich gehe davon aus, dass dem nicht so ist, doch würde ich mich über eine kurze Erklärung freuen.

Benita Cantieni:
Uhrzeigersinn????? Die Kreise machen Sie mit den Kniescheiben oder dem Becken rückwärts, also Kniescheibe nach oben und in die Richtung Ihres Körpers, nach meinem Verständnis also nach hinten-unten und dann vorne-hoch. Schauen Sie die Pfeile auf den Skizzen an, die laufen schon richtig, wie ein Rad rückwärts, nix Uhrzeiger. Also wird auch kein Band belastet.

Feedback von C.:
Ich bin fasziniert vom Kniescheibenkreisen! Es ist erstaunlich, wieviel Leichtigkeit sofort (!!) zu spüren ist. Noch deutlicher wird es, wenn man sich gegen jede Regel bewusst krumm hinsetzt – jetzt ist alles blockiert … der Körper ist ein System, das ineinandergreift, wird eine Ecke blockiert, ist alles blockiert!

Frage von J.:
Meine Gymnastikleiterin im Sportverein sagt immer: „Bauch fest, Po fest", vor jeder Übung. Das ist ja wohl gar nicht so falsch vom Grundgedanken, aber ich habe mir dadurch

angewöhnt, den gesamten Po und die gesamte Bauchmuskulatur anzuspannen. Das ist wohl der Grund dafür, das ich mich schwer tue, die Feinheiten des Beckenboden zu erspüren. Mir sind die kleinen Anspannungen wohl zu klein! Aber ich versuche damit weiterzuarbeiten. Die Knierotationen im Sitzen funktionieren auch schon. Rechts besser als links. Aber wenn ich gehe, dann verliere ich das Gefühl. Ich spüre zwar, dass sich die Schulterblätter rückwärts bewegen, aber die Knie oder gar das Becken?? Davon merke ich noch nichts. Ich bilde mir das jetzt erst mal einfach nur ein, vielleicht kommt das Feeling dann nach. So wie das mit dem Positivdenken auch funktionieren soll? Haben Sie da Erfahrungen?

Benita Cantieni:
Der Vergleich mit dem „Positiv Thinking" ist gut, die mentale Vorbereitung ist in der Tat eine wichtige Unterstützung bei der Veränderung der Körperhaltung. Ich stelle mir oft vor dem Einschlafen vor, was ich mit dem Körper erreichen möchte – und am Morgen kann er's dann einfach.
Aber jetzt: Ich bin ganz furchtbar sehr gegen Bauch und Po anspannen.
Das macht die Becken-Hüft-Bauch-Kreuzmuskeln chronisch kurz, und es sperrt tatsächlich den Beckenboden in ein Ge-

*Von Außen- und
Tiefenmuskeln*

fängnis. Trainieren Sie sich die Unsitte bitte ab, damit sich Ihr Beckenboden entfalten kann. Es sind keine Minisensationen, ich habe gestern mit Andrea Tresch intensiv trainiert, und heute habe ich schöne, satte Muskelsensationen am Beckenboden, übers Gesäß, am Bauch und über die Hüften. Sie müssen sich entscheiden, für die Arbeit nur an den verpackenden Außenmuckis oder für die an den Tiefenmuskeln. Wenn Sie sich für die Außenmotoren entscheiden, das Recht dazu haben sie selbstverständlich, kommen Sie nicht an die Becken-Knie-Rotation ran, denn die wird von den Muskeln gemacht, die dem Skelett am nächsten sind …

Christiane:

Ihren Laufratgeber finde ich super! Ich laufe dreimal die Woche jeweils 50 Minuten. Obwohl ich seit Jahren Beckenbodentraining und Callanetics mache, verliere ich beim Laufen ständig Wasser (Urin). Woran kann das liegen und was kann ich dagegen tun?

Benita Cantieni:

Dann stimmt an Ihrem Beckenbodentraining etwas nicht und ist eben nicht CANTIENI-CA® Beckenbodentraining. Trocken-Garantie gebe ich, wenn Sie wirklich den ganzen Beckenboden trainieren (Kapitel 8) und nicht nur den Pipi-Anhaltetrick anwenden, wie das im konventionellen BB-Training der Fall ist. Dann läuft der Beckenboden mit, aktiviert sich bei jedem Schritt, und Sie werden innerhalb von drei Wochen vollkommen kontinent. Wenn Sie mit den Übungen nicht zurecht kommen: TIGER FEELING GARANTIERT handelt vom Beckenboden bis Scheitel und Sohle.

93

VOM LAUFEN

Gestern lief ich 90 Minuten. Und konnte mir zum ersten Mal in meinem Leben vorstellen, dass ein Marathon zu machen ist. Ohne Probleme bergab, mit kleinen Schritten, Oberkörper, Becken, Beine immer schön übereinander. Bergauf stellte sich eine kleine Kurzatmigkeit ein, also Tempo verlangsamen und im Laufen entspannen, loslassen, und schon findet sich der Rhythmus wieder – Birgitt immer zehn Schritte voraus, und reden kann sie sogar bergauf! Ich beschloss, das sei auf die 13 Jahre Altersunterschied zurückzuführen und zog kleinschrittig meine Bahn.

Heute Morgen bei strahlendem Sonnenschein mit Birgitt durch die Felder, jede mit Adleraugen über die andere wachend –
„Du schiebst das Becken vor."
„Das linke Fersenbein geht schief."
„Dein Oberkörper lehnt leicht vor."
„Lass das linke Kreuzbein los."
„Zieh du den Kronenpunkt hoch."
„Was hältst du deine Ärmchen wie ein Pudel?"
„Zurr deine Schulterblätter fester!"

Da mussten wir sehr lachen und fanden's wunderbar. Einen Marathon konnte ich mir heute nicht vorstellen, muss an den zwei Gläsern Rotwein von gestern Abend liegen. 57 Minuten, auch gut. Ich liebe den zarten Schweißfilm, die köstliche Durchblutung, das kräftige Herzklopfen – doch, das ist ein gutes Gefühl.
Es begegneten uns vier Frauen, drei von ihnen liefen so schön, dass ich mir vorstellte, sie hätten alle drei dieses Buch im Internet schon gelesen.
„Du bist eitel", sagte Birgitt.

9 Wirbel um Wirbel zum aufrechten Gang

Vertikales Körperdenken

Die Theorie ist etwa so alt wie die Wissenschaft der Anatomie: Die S-Kurve der Wirbelsäule sei ein Stoßdämpfer. Stimmt nicht. Wer die vertikale Muskulatur um die Wirbelsäule herum richtig entwickelt und täglich braucht, hat keinen Stoßdämpfer nötig. Es gibt keine Stöße zu dämpfen.

Die Wirbelsäule ist stramm in ein Futteral aus kleinen Muskeln eingepackt, und zwar so ausgeklügelt und großzügig, quer und schräg und längs verlaufend, dass es ein Leichtes ist, den Rücken 24 Stunden aufzurichten. Im Lendenbereich sind die Wirbel noch straffer eingepackt als am Brustkasten. Im Kreuz ist Stabilität wichtiger ist als Mobilität, die besorgt ja das Becken. Die Brustwirbel hingegen besitzen kleine Drehmuskeln. Die sind beim Laufen wichtig. Wenn sich das Becken anatomisch gut bewegt, setzt die Bewegung die ganze Wirbelsäule in eine spiralige Schwingung. In der Brustwirbelsäule ist das Echo dieser Schwingung, sie setzt die Schultern gegenläufig

*Wunderwerk Wirbelsäule.
Jedes Mal, wenn Sie sich
aufrichten, zwischen
Beckenboden und Scheitel-
punkt lang machen, dehnen
und kräftigen Sie diese
kleinen Stütz- und Schutz-
muskeln entlang des Rück-
rats. Das ist Ihre Lebens-
versicherung gegen Rückenschmerzen und -schäden
aller Art.*

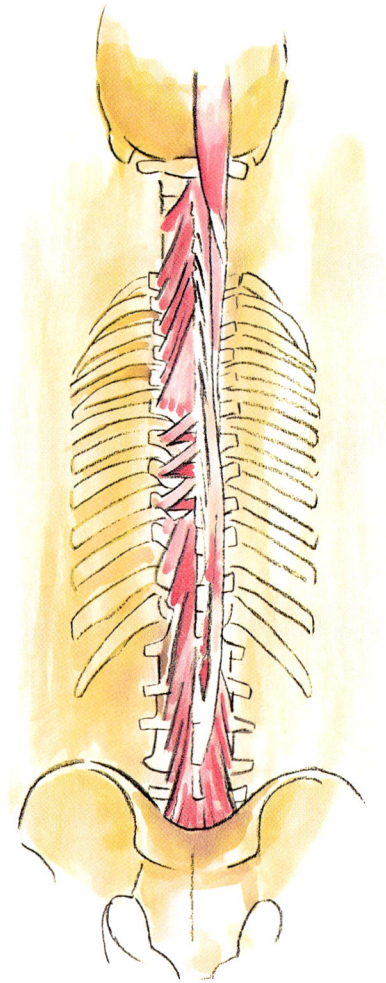

zum Becken in Bewegung. Einfach so von sich aus –
wenn Sie es zulassen und nicht durch eine Sofakartof-
felhaltung kaputt machen. So kann das nur der
Mensch.

Noch mal: Wenn sich das Becken anatomisch richtig
bewegt, setzt diese Bewegung die ganze Wirbelsäule bis
zum Kopf in eine spiralige Schwingung. Die Brustwirbelsäule setzt automatisch die Schultern in Bewegung,
gegenläufig zum Becken. Das ist die natürliche Koordination im Kreuzgang, die aufrecht nur der Mensch kann.

Versuchen Sie jetzt nicht, beim nächsten Waldlauf all dies über den Kopf in den Körper zu übertragen, funktioniert nicht, Sie würden über Ihre eigenen Füße stolpern und sähen aus wie eine Slapstick-Figur. Üben Sie der Reihe nach, im Sitzen, im Liegen, im Stehen, und wenn Sie dann laufen, setzt Ihr Körper alles automatisch zusammen.

Also Übung.

▶ An den vorderen Rand des Stuhles. Füße hüftweit auseinander. Fersen senkrecht in den Boden schieben, die Minisensation an den Sitzhöckern aufnehmen, verstärken, indem Sie die Knöchelchen zusammenziehen.

▶ STEISSBEIN
UND
SCHAMBEIN
nach unten schieben.
Senkrecht.
In die Sitzfläche des Stuhles hinein.

Naturtalent oder Slapstick-figur? Sie haben die Wahl.

Wahrnehmen: Was geschieht mit dem Oberkörper? Wird der automatisch länger? Ja? Sie sind ein Naturtalent. Rippen entspannen. Den Kopf an einem goldenen Faden zum Himmel ziehen und aufhängen. Schultern entspannen.

Drückt der Oberkörper auch nach unten und blockiert die leichte Aufrichtung? Sie sind auch ein Naturtalent, einfach ein verstecktes. Ziehen Sie die Wirbel ab der Taille nach oben. Stellen Sie sich vor, die Wirbelsäule werde von beiden Enden stramm gezogen. Am unteren Ende zieht der Beckenboden. Am oberen Ende der Scheitelpunkt. He! Sie! Vertrauen Sie sich und der Welt! Sie brechen nicht zusammen, wenn Sie loslassen!

*Wie das Steißbein Resonanz
zum Kopf schickt.*

▶ Halten Sie diese Länge, und wenn Sie im Moment den Atem anhalten, so ist das egal, Sie schnappen schon nach Luft, wenn's eng wird, jetzt halten Sie diese Länge
und machen
da unten
mit den Sitzhöckern
oder den Kreuzbeingelenken
oder den Kniescheiben
die kleinen versetzten Rückwärtskreise. Und zwar so lange, bis die Resonanz der Bewegung vom Steißbein bis zum obersten Punkt am Kopf vibriert.

Klemmt?

▶ Okay. Auf den Boden.
Teppich, Fitnessmatte, gefaltete Decke.
Wenn Sie im Kreuz extrem verspannt sind, legen Sie sich auf ein Polster, und zwar so, dass ab Kreuzbeingelenk das Gesäß über den Polsterrand „steht" – es soll nicht fallen.
▶ Drauflegen.
▶ Unter den Kopf kommt ein Ballon. Das ist im ersten Augenblick wackelig. Und genau das soll es sein. Denn die künstlich hergestellte Instabilität entkrampft Ihre Halswirbel und Ihren Nacken. Zaubert auch Spannungskopfschmerzen weg.
▶ Beine angewinkelt. Füße hüftweit auseinander. Großzehengrundgelenk und Fersenaußenseite verschmelzen mit dem Boden.
▶ Ziehen Sie die Sitzhöcker nach hinten-oben. Das macht ein schonendes Hohlkreuz.
▶ Ziehen Sie jetzt die Sitzhöcker zusammen.
▶ Das Steißbein Richtung Fersen ziehen, den Kronenpunkt in die Gegenrichtung.
Wie Seilziehen.
▶ Ziehen.

- ▶ Ziehen.
- ▶ Ziehen.
- ▶ Bis der ganze Rücken weich aufliegt.
  OHNE HOHLKREUZ, ABER NICHT ZUM FLACH-
  RÜCKEN VERGEWALTIGT!

Denn das blanke Gegenteil dieser schonenden Lang-
mache ist dies: Gesäß anspannen und Rücken in die
Unterlage drücken. Kennen Sie. Hält sich hartnäckig
seit Turnvater Jahn. Und ist eine Tortur für das Kreuz.
Frauen macht es auch hässlich, Quadratpo und Eck-
taille.

Machen Sie erst dreimal Rückenlang auf die absolut
rückenfreundliche Art wie beschrieben.

Und dann machen Sie die Igitt-Version und vergleichen.

Wehe, wehe, Sie finden die brutale Rückenstauch-
methode schöner als die filigrane!

Weh droht Ihrem Rücken! Mit dem Anziehen der
Gesäßmuskeln geht in 98 % der Fälle ein leichtes Vor-
schieben des Beckens einher, auf Kosten der Lendenwirbel.

**Wirbel um
Wirbel zum
aufrechten
Gang**

*Gesäß anspannen
und Bauch einziehen?
Bitte nicht!*

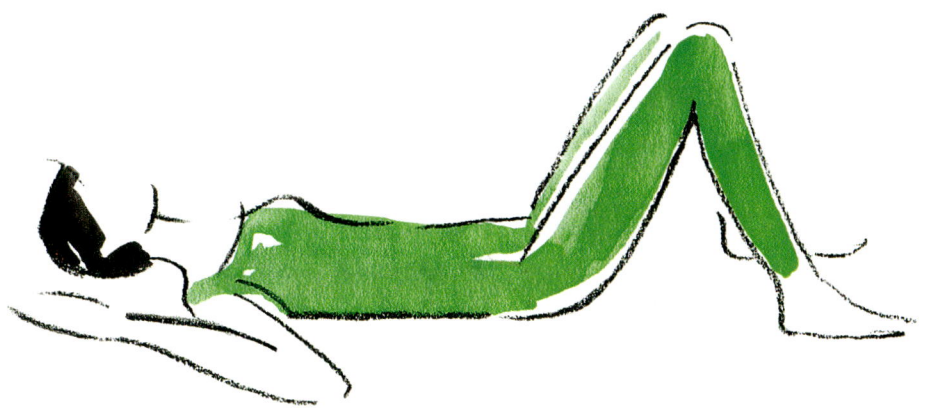

Rücken Sie sich fit

Rückenlang

▶ Leicht ins Hohlkreuz, Sitzhöcker zusammenziehen.
  Steißbein und Schambein Richtung Fersen.
  Kronenpunkt in die Gegenrichtung.
▶ Rücken lang ziehen, bis das Hohlkreuz weg ist.

Ist auch die perfekte SOS-Übung bei Kreuzschmerzen.

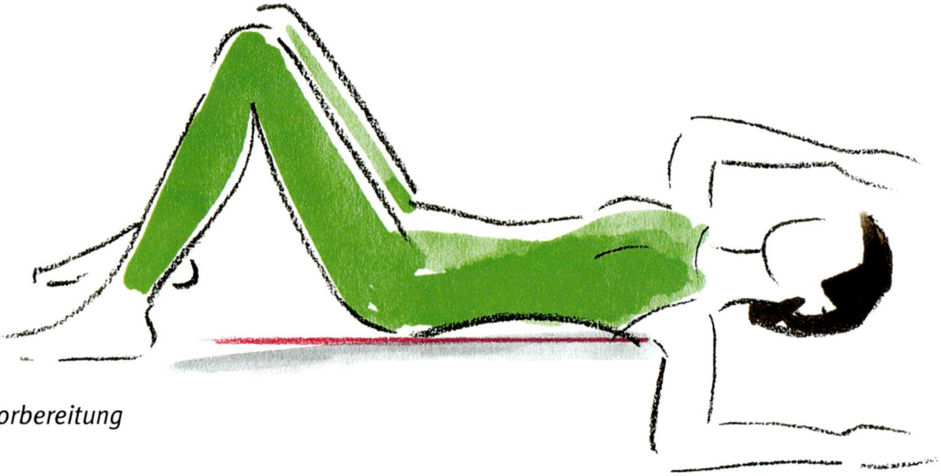

Vorbereitung

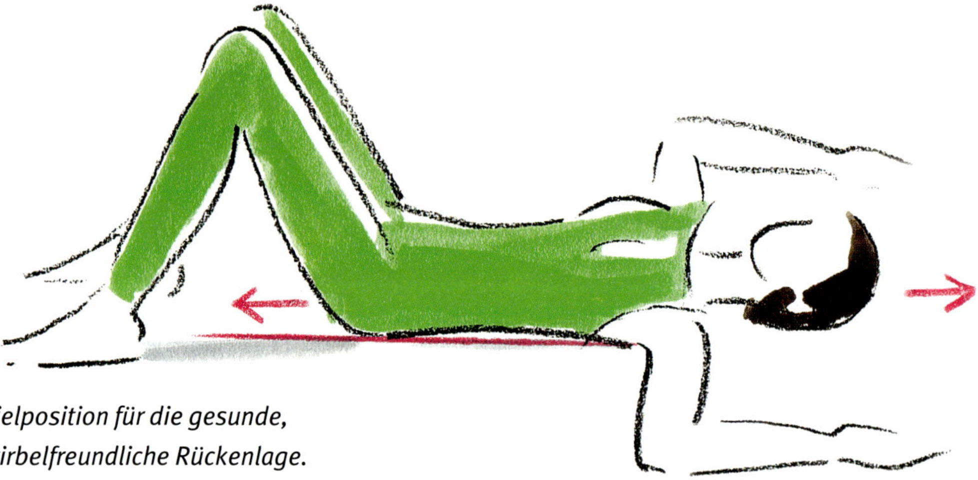

*Zielposition für die gesunde,
wirbelfreundliche Rückenlage.*

Rückenlang mit Raddampfer

▶ Zuerst mit der Übung „Rückenlang" die Wirbelsäule dehnen.

▶ Von Scheitel bis Steißbein.

▶ Die Knochen auseinander ziehen.

▶ Raum schaffen für die einzelnen Wirbel.
Für das Kreuzbein. Für das Steißbein. Für das Becken.

▶ Jetzt lassen Sie aus dieser Position die Kniescheiben rückwärts kreisen.

▶ Nur das. Die Füße bleiben ruhig und auf dem Boden. Auch die Zehen. Nur die Kniescheiben rückwärts Kreise ziehen lassen. Rechts. Links. Rechts. Links.

Ein Trick: Legen Sie einen Gegenstand vor die Sitzhöcker, eine lange, schmale Schachtel, einen dicken Holzstab, ein riesiges Buch. Arbeiten Sie so, dass die Sitzhöcker diesen Gegenstand knapp berühren und bemühen Sie sich bei jedem Muskelkreis, den Sitzhöckerkontakt zu spüren.

So können Sie die Muskeln auf der verkürzten Seite kontrollieren. Denn sie, die Muskeln, sind es, die Ihr

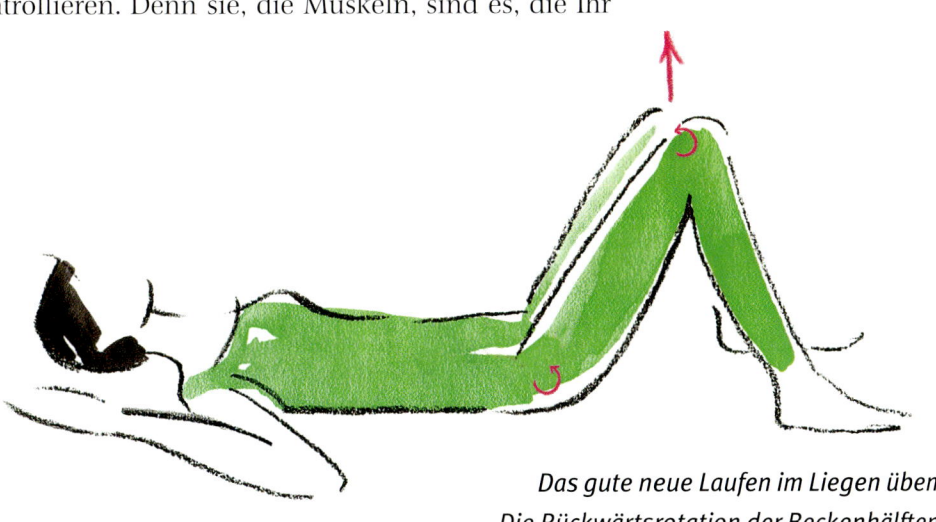

*Das gute neue Laufen im Liegen üben:
Die Rückwärtsrotation der Beckenhälften.*

Skelett verziehen. Sie bringen die Knochen nur ins Lot, wenn die Muskeln entsprechend mitmachen.

- Augen zu.
- Fühlen.
- Wahrnehmen.
- Nicht denken.
- Wirklich spüüüüüüren.

Überträgt sich die Bewegung zu den Sitzhöckern? Was macht die Muskulatur des Beckenbodens? Können Sie die Bewegung an den Iliosakralgelenken spüren? Sind die Bewegungen auf der linken und der rechten Seite gleich?

Oder ist eine Seite stärker?
Geschmeidiger?
Holperiger?

*Erinnern Sie sich
wie Sie als Kind lernten?
Mit Spaß und Geduld.*

Ein bisschen einseitig sind wir alle.

Wenn Sie eine krumme Wirbelsäule haben, wenn Ihr Becken schief steht, so spüren Sie die Ungleichheit stärker.

Sie können im Liegen die Hände zu den Sitzhöckern führen und fühlen, was sich da tut.

Ermutigen Sie die schwächere Seite, von der stärkeren zu lernen. Das Wissen einfach zu übernehmen. Klingt ein bisschen komisch, wenn man das zum ersten Mal hört, aber es funktioniert. Die Gelenke kommunizieren miteinander. Die Zellen kommunizieren miteinander.

Konzentrieren Sie sich darauf, die Bewegung auf beiden Seiten rund, harmonisch und rhythmisch zu machen. Seien Sie nicht frustriert, wenn es nicht auf Anhieb klappt – der Körper lernt auch in den Pausen. Also zwischen diesem und dem nächsten Training. Schon beim nächsten Versuch wird es viel leichter gehen.

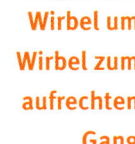

Alternativübung

Wenn Ihnen die Rückenübungen auf Matte oder Boden schwer fallen, versuchen Sie es mit dem Oberkörper auf einem Polster, wie ich das bereits beschrieben habe.

▶ Grundposition: Ziehen Sie die Sitzhöcker leicht nach hinten-oben, dann zusammen, so haben Sie ein geschütztes, gedehntes Hohlkreuz. Falls Sie Yoga machen: Das Prinzip können Sie in die Asanas übersetzen, verhindert die Verkürzung der Muskulatur im Kreuz und schützt die Wirbelsäule. Steiß- und Schambein Richtung Fersen ziehen, den Scheitelpunkt in die Gegenrichtung, bis die Wirbelsäule ganz ohne Druck und Zwang auf dem Polster liegt.

So, jetzt gibt es einen Bonus für Sie. Der heißt Pyramidalis und ist ein kleiner, der Name sagt's, pyramidenförmiger Muskel, der den Beckenboden mit der Bauchmuskulatur vernetzt. Wenn der Bauch hängt, ist dieser Pyramidalis daran schuld, er ist erschlafft. Erschlafft er beim Mann, so ist es reine Faulheit. Bei den Frauen kann schon mal der Gynäkologe daran schuld sein: Bei einer weit verbreiteten Kaiserschnitt-Technik wird der Muskel durchtrennt. Die betroffenen Frauen sagen dann, sie spüren an der Stelle nichts mehr, und meistens hängt der Bauch über die Narbe.

Der Pyramidalis ist so dankbar, reagiert auf jedes bisschen Zuwendung wie ein eifriger junger Hund, der für das Wurststück Männchen macht.

Der Pyramidalis gehört zum Kraftpaket Beckenraum. Trainieren Sie ihn doch gleich mit. Wenn Sie den Dreh raushaben, können Sie den kleinen Muskelprotz auch beim Laufen aktivieren. Sie erreichen damit eine Grundspannung in der Bauchmuskulatur, ohne dass Sie den Bauch einziehen müssen oder sich selber den Schnauf abschneiden.

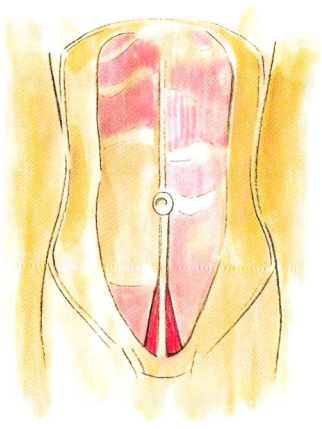

Der Pyramidalis verbindet die Muskulatur des Beckenbodens mit den großen Bauchmuskeln. Straffer Bauch fängt hier an.

Sie liegen auf dem Polster wie beschrieben und haben den Körper vertikal ausgerichtet, lang gemacht. Jetzt reisen Sie mit den Fingern zu den Leisten. Am oberen Rand des Schambeins gibt's seitlich nah der Leiste zwei kleine Mulden. Da legen Sie die Fingerspitzen rein. Wenn Sie die Stelle nicht finden, suchen Sie den seitlichen Knochenrand des Schambeines, das funktioniert auch.

Steißbein nach unten ziehen, den Kronenpunkt in die Gegenrichtung, bis die Wirbelsäule ganz ausgezogen ist. Das Schambein oder „die Leiste" Richtung Fersen schieben und mit dem Pyramidalis dagegen ziehen. Schützt Männer übrigens vor Leistenbrüchen ...

Jetzt schieben Sie das Schambein mit den Fingern nach vorne, Richtung Fersen. Das löst am Unterbauch einen kleinen Muskelzug aus, Achtung, jetzt kommt's: Nehmen Sie diesen Muskelzug bewusst auf und ziehen Sie nach oben, Richtung Nabel. Zug lösen, wiederholen, wieder hoch ziehen. 100-mal, wenn Sie mögen und ganz schnell Erfolg sehen möchten.

Turbokraft für den Beckenboden

▶ Rückenlage, auf dem Boden oder der Matte. Gehen Sie in die Grundposition, wie beschrieben.

▶ Ein Bein zur Brust ziehen. Achten Sie darauf, dass Sie die Körperseite lang halten und nicht wie eine Ziehharmonika zusammennudeln. Dieses Langblei-

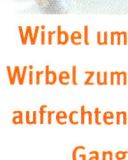

ben ist auf dem Polster leichter als auf dem nackten
Boden.

▶ Die Hüften bleiben parallel.

▶ Die Sitzhöcker bleiben auf gleicher Höhe.
Sie kennen das schon vom Psoas-Stretch.

▶ Sie ziehen nur das Bein zum Körper.

▶ Sie können das Bein mit den Händen fassen. Schultern bleiben entspannt auf der Unterlage.

*Fersenstoßen ist wie
Laufen im Liegen.*

▶ Das zweite Bein halb ausstrecken. Ferse senkrecht
auf den Boden stellen. Die Fußsohle bildet zum
Boden einen rechten Winkel (ist also geflext).
Jetzt alles entspannen. Die Füße, die Knie.

▶ Stellen Sie sich vor, das Knie werde von unsichtbarer
Hand gehalten, mit einem Zug senkrecht zur Decke.

▶ Jetzt schieben Sie die aufgesetzte Ferse senkrecht in
den Boden.

▶ Nicht nach vorn drücken, nicht nach hinten ziehen,
einfach nur stracks nach unten.

▶ Zehen entspannen, die machen nichts.

▶ Nur die Ferse senkrecht in den Boden stoßen.
Nur das.
Weder das Knie noch der Fuß noch das Bein arbei-
ten.

▶ Nur Ferse senkrecht in den Boden.
Und das auch nur kurz.

▶ Lösen.

▶ Wiederholen: runterschieben.

▶ Lö-sen.

▶ Schie-ben.

▶ Im Tempo, das Sie brauchen, um die beiden Silben langsam auszusprechen.

▶ Lö-sen.

▶ Schie-ben.
Und passen Sie mal auf, was der Beckenboden dazu sagt.
Richtig.
Er arbeitet mit.
Eigentlich arbeiten bei dieser kleinen Übung alle Muskeln des Beines vernetzt mit. Von Ferse bis und mit Beckenboden.

▶ Seite wechseln. Wiederholen.

Wenn Sie sich in der Übung zu Hause fühlen, können Sie beide Beine halb strecken und eins links, eins rechts im Liegen das gute Laufen üben.

Was, wenn ...

■ sich die Knie automatisch immer durchstrecken wollen: Legen Sie ein Kissen oder eine gerollte Decke drunter.

■ die Ferse irgendwelche Kapriolen machen will und das senkrechte Runterstoßen einfach nicht schnallt: Legen Sie eine Murmel unter die Ferse. Sobald Sie fitzeln, flitzt die Kugel weg.

Die Ferse und die Murmel.
Die Ferse und der Ballon.

■ der Trick mit der Murmel zu wild für Sie ist: Unterlegen Sie die Ferse mit einem Ballon. Das gibt zwar zuerst wieder das Wackelgefühl und darauf reagiert die Ferse mit Action.

■ Sie nicht sicher sind, ob der Beckenboden mitarbeitet, weil die Nervenleitung zum Kopf durch Operationen gestört ist: Sehen Sie mit dem Finger nach, spüren Sie, wie sich der Sitzhöcker bewegt.

Wann und wie oft üben

Bauen Sie diese Kontaktübungen im Liegen einfach in Ihren Alltag ein: Vor dem Zu-Bett-Gehen, im Bett vor dem Einschlafen, nach dem Aufwachen gleich als Erstes, vor der Gymnastik oder der Meditation oder dem Power Nap. Je öfter Sie die Übungen machen, desto schneller lernt Ihr Körper um.

Im Sitzen laufen lernen

Es folgt eine Serie von Übungen, die alles bisher Geschriebene enthalten:

- die ideale Fußstellung
- die optimale Beinachse
- die anatomisch korrekte Kniehaltung
- das aufgerichtete Becken
- die aufgespannte Wirbelsäule
- den integrierten Beckenboden

Auch diese Übungen sind so konzipiert, dass sie prima in den Alltag passen. Überlegen Sie mal, wie oft Sie sitzen – zum Frühstück, zum Zeitunglesen, im Auto oder Bus oder Tram oder in der Bahn zur Arbeit. Vor dem Computer, beim Friseur, im Café, Restaurant, Bistro, Biergarten. Im Seminar, in der Schule, im Kino, Theater, in der Oper. Trainieren Sie jedes Mal, wenn Sie sich setzen, zwei Minuten, und Sie haben die ganze Haltungskorrektur in einer Woche umgesetzt …

Im Sitzen Laufen lernen, zum Beispiel in der Oper, oder in der Trambahn, oder auf dem Rad.

Lauf, Becken, lauf

- Hocker oder Stuhl mit ebener Sitzfläche, gepolstert oder ungepolstert.
- Setzen Sie sich an den vorderen Rand.
- Füße hüftweit auseinander.
- Großzehengrundgelenk und Außenseite der Ferse belasten.

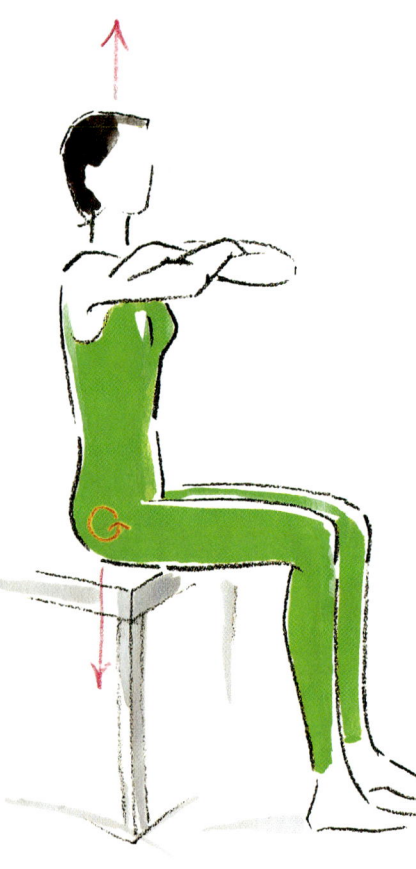

▶ Steißbein nach unten entspannen.

▶ Kronenpunkt nach oben ziehen.

▶ Sitzhöcker zusammenziehen, um den Beckenboden zu aktivieren.

▶ Arme auf Schulterhöhe verschränken.

▶ Schultern nach außen-unten entspannen, so gut es geht.
(Wenn es gar nicht geht, machen Sie einen Abstecher zur Schulterlektion in Kapitel 11 und kommen dann zurück.)

▶ Mit dem linken Sitzhöcker einen klitzekleinen, konzentrierten Kreis nach hinten-unten-vorn-hoch zeichnen.

▶ Mit dem rechten.

▶ Mit dem linken.

▶ Je 300-mal, wenn Sie es schaffen.

▶ Versuchen Sie, die Kreise mit dem Kreuzbeingelenken zu machen.

Diese Variante empfehle ich allen, die mit den Iliosakralgelenken und oder dem Ischiasnerv schon Probleme haben. Ist sehr anspruchsvoll, hilft Ihnen aber sofort aus dem Muster, das Ihre Beschwerden verursacht. Sitzbeinhöcker und Beckenboden reagieren auch bei dieser Variante automatisch.

Stellen Sie sich vor dem inneren Auge vor, wie Ihr linkes Kreuzbeingelenk eine klitzekleine Rückwärtsrotation macht, dann das rechte, dann das linke, wie eine dreidimensionale Acht im Raum.

Falls es klemmt: Ihr oberer Rücken drückt. Machen Sie sich wieder ganz lang, die Wirbelsäule aufspannen, unten zieht der Beckenboden, oben am Scheitel der goldene Marionettenfaden.

Falls Sie bereits einen ausgeprägten Rundrücken haben und Ihnen diese Sitzübung sehr schwer fällt, trainieren Sie im Liegen weiter, bis der Rücken geschmeidiger ist.

Geschmeidige Brustwirbel

Wirbel ist nicht gleich Wirbel. Unser knöchernes Rückgrat ist strukturiert und abgestuft. Eigentlich hat die geniale Konstruktion mindestens soviel Ahs und Ohs von Ihnen verdient wie der neueste Porsche, Ferrari, das neueste Powerbook.

Die Wirbelchen am Steißbein sind längst zusammengewachsen, weil wir ja auch längst keinen Schwanz mehr benötigen, also auch nicht mehr haben. Und doch – sogar das Steißbein schwingt mit, wenn Sie das Becken beim Gehen gut gebrauchen.

Das fiel mir vor ein paar Jahren auf, als ich mit Juri, dem Sohn einer Freundin, in Griechenland schnorcheln ging. Bis dato war ich zwar eine begeisterte Wasserratte, aber ich strampelte mich ab, um unter Wasser vorwärts zu kommen.

An jenem Tag setzte ich den Beckenboden so richtig bewusst zum Schwimmen ein. Ich zog das Steißbein Richtung Fersen, den Kronenpunkt in die Gegenrichtung, das kennen Sie ja nun, Pyramidalis vorn hoch. Ich gab einen leichten Impuls mit der Flosse, nur ganz zart, die Beine bewegten sich fast unmerklich, gleichmäßig und rhythmisch und in vollkommener Harmonie, und ich schwöre: Ich spürte, wie das Steißbein steuert, wie es gegengleich zum wassernixenzarten Flossenschlag meine Bewegung austarierte. Tiger Feeling mit Delfinwissen.

Es war ein köstlicher Augenblick, und ich schwor mir, nicht aufzugeben, bis sich diese Leichtigkeit auch an Land beim Gehen fand …

Das Steißbein ist nicht einfach ein verkümmertes Stück Knochen, das der liebe Gott da vergessen oder die Evolution noch nicht weggeräumt hat. Das Steißbein ist unser Lot. Buchstäblich. Wenn Sie so gehen, wie ich Ihnen das in diesem Buch ans Herz lege, so

Wie sich der Delfin in Ihnen zu Wort melden kann.

*Die Wirbelsäule ist
ein Kunstwerk.
Für Bewegung gemacht.*

kann das Lot pendeln und eine Schwingung auslösen, die bis ins Gehirn wirkt.

Abgeschweift. Zurück. Auch die Wirbel des Kreuzbeines sind im Laufe der Evolution zusammengewachsen, vielleicht, um dem Becken mehr Beweglichkeit zu garantieren.

Dann kommen die Lendenwirbel mit ihren Dornfortsätzen: ausgestattet mit Stacheln auf beiden Seiten, kleine Wirbelwehre.

Vertikal sind diese Lendenwirbel sehr flexibel. Jedes Mal, wenn Sie die kleinen Raddampferbewegungen aus dem Beckenboden und mit den Beckenhälften zeichnen, tanzen die Lendenwirbel mit. Aber kommen Sie Ihnen in die Quere, so rächen sie sich. Wer diese Lendenwirbel horizontal traktiert und hin- und herschiebt, riskiert, die Nerven in den Wirbelkanälen zu verletzen. Der Ischiasnerv ist der bekannteste Wehmacher der Lendenwirbelgegend. Auch der Hexenschuss passiert durch unsachgemäßen Umgang mit der unteren Wirbelsäule. Die Bandscheiben werden gequetscht. Ja, so kommt es zu den meisten Bandscheibenvorfällen.

Hoch und schmal sind die Brustwirbel gebaut. Gemacht für die Bewegung. Wenn Sie anatomisch gut gehen, schwingt die Brustwirbelsäule, und zwar koordiniert mit dem Schritt. Durch diese Beweglichkeit in der Brustwirbelsäule erst kommt Anmut und Grazie – und auch Geschwindigkeit in unsere Bewegung. Wären die Brustwirbel steif zusammengeschweißt, wir müssten gehen wie die Primaten, im Passgang.

Genug Theorie. Das wird jetzt geübt.
- ▶ Sie sitzen am vorderen Stuhlrand, wie Sie das schon kennen.
- ▶ Füße hüftweit.
- ▶ Großzehengrundgelenk und Außenseite belasten.
- ▶ Die Fersen leicht in den Boden tippen und Kontakt mit den Sitzbeinhöckern aufnehmen.

▶ Richten Sie sich auf den Sitzbeinhöckern aus – Steißbein nach unten, Kronenpunkt nach oben oben oben.

▶ Rippen entspannen.

▶ Schultern nach außen-unten senken, OHNE die Aufrichtung im Rücken zu verlieren. Ist reine Gewohnheitssache. Über kurz oder lang werden Sie diese Position bequem finden, nicht mehr den alten Rundschlumpf.

▶ Arme auf Schulterhöhe kreuzen, ich nenne die Armhaltung den „fliegenden Yogi".

▶ Jetzt machen Sie mit dem Becken die kleinen einseitigen Rückwärtsrotationen.
Leicht.
Geschmeidig.

▶ Mund leicht öffnen und einfach atmen lassen. Ein, aus …

▶ Bei jedem Atemzug in die Länge, in den aufgespannten Körper entspannen.

Zugegeben, klingt paradox. Da zwitschert grad wieder der Spatz vor meinem Fenster, und er ist so aufgespannt, wie Sie es jetzt sind. Er – DER SPATZ – hält das 24 Stunden pro Tag durch. Fällt nie vom Stamm, weil er sich entspannt.

▶ Sie rotieren weiter und weiter und warten, was geschieht.
Früher oder später spüren Sie, wie die Beckenbewegung die ganze Wirbelsäule in Schwingung bringt.
In der Brustwirbelsäule wird daraus eine kleine Gegenbewegung.
Machen Sie den Beckenkreis rechts, rotiert die Brustwirbelsäule (die linke Schulter) leise nach rechts.
Und umgekehrt.

Ist Ihr Rundrücken schon ziemlich sesshaft und nicht so leicht zum Strecken zu bewegen? Vielleicht hilft

24 Stunden aufgespannt sein? Geht ganz einfach. Jeder Spatz kann's.

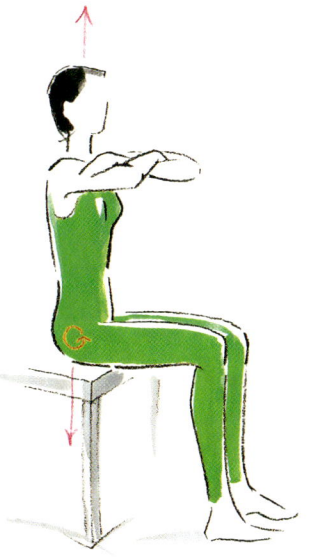

das: Arme auf Schulterhöhe anwinkeln und die Ellen-bogen auseinanderziehen, den linken nach links, den rechten nach rechts, bis Sie vollkommen aufgerichtet sind, dann weiter wie beschrieben.

Frauen haben da einen Heimvorteil. Sind – meistens – schmiegsamer, biegsamer, beweglicher.

Männer können an diesem Körperteil ja so was von steif sein!

*Von Männern mit Panzern.
Und wie sie weich werden.*

Männer können gepanzerte Brustkörbe haben.

Männer können Brustwirbelsäulen haben, die sind so steif wie wie wie wie ein Eisenstab.

Gründe?

Vielleicht ging die Achtung-steht-Stellung über die Generationen ins Blut.

Vielleicht glauben Männer, sie müssten die ganze Last der Welt allein auf den Schultern tragen.

Vielleicht steckt da drin das kleine, zarte Kind, das große, starke Männer doch auch sind und nicht zeigen wollen.

Vielleicht ist Turnvater Jahn schuld, der den Män-nern Muskelgürtel um den Körper legte.

Männer trainieren horizontal. Das gibt Muskel-würste.

Die vertikale Ausrichtung fällt ihnen schwer.

Aber Sie, lieber Mann, Sie können das auch.

Es wird Ihnen etwas Tänzerisches geben.

Etwas Leichtes.

Das ist nicht schlimm.

Wir Frauen lieben das …

▶ Einfach immer weitermachen, unten kreisen die Kniescheiben und die Beckenhälften und die Kreuz-beingelenke, es schwingt das Steißbein, die Wirbel-säule, die Brustwirbelsäule setzt das Bewegungsmo-ment um.

In den aufrechten Gang

Ich weiß, es gibt Laufanleitungen, die das genaue Gegenteil erzählen, dass der Brustkasten nämlich steif gehört, dass sich auch die Schultern nicht bewegen.

Erstens haben die nicht halb so gute Argumente wie ich, und zweitens funktioniert es auf Dauer nicht, wer sich steif macht, wird steif.

Probieren Sie es aus und lassen Sie Ihren Körper, Ihre Bewegungsintelligenz entscheiden, was funktioniert.

Geschmeidige Brustwirbel 2

Übung: Sie sitzen auf dem Stuhl, am vorderen Rand, alles wie gehabt.

▶ Arme auf Schulterhöhe übereinander gelegt.
▶ Steißbein und Schambein ziehen nach unten.
▶ Der Kronenpunkt zieht nach oben.
▶ Zwischen allen Wirbeln ist Raum.
▶ Sitzbeinhöcker zusammenziehen und die Becken-
  bodenspannung halten, wenn Sie jetzt …
  … aus der Brustwirbelsäule die Schultern nach
  rechts drehen,
  ganz laaaaangsam und behutsam,
  gleichzeitig den Kopf schwerelos nach links,
  mit lilienstielgeradem Hals,
  dann Schultern nach links,
  Kopf nach rechts.

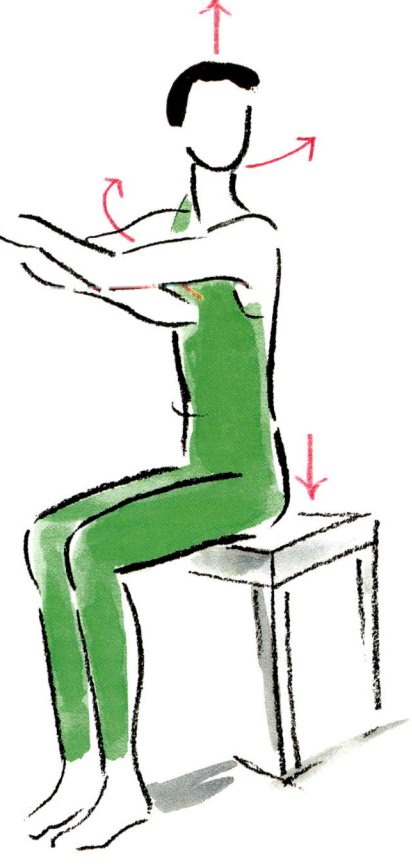

Augen zu und hineinhören. Wenn es in den Halswirbeln knackst, haben Sie sich nicht zur vollen Länge ausgezogen.

▶ Zurück an den Anfang.

Sobald Sie den Dreh raushaben, können Sie beschleunigen und die Raddampfer-Bewegungen des Beckens hinzufügen.

In der Mitte des Brustbeines, zwischen den Brüsten, stellen Sie sich ein Scharnier vor, das die Schultern nach links dreht, Achtung, die Schulterlinie bleibt gerade, also keine Schulter hochziehen.

▶ Der Kopf dreht behutsam in die Gegenrichtung.

Ist auch eine prima Übung am Schreibtisch, bringt Ihnen sofort Energie und löst Verspannungen im Schulter-Nacken-Revier.

Inga:

Ich bin 39, laufe seit drei Jahren regelmäßig. In letzter Zeit bekomme ich nach dem Laufen Schmerzen im Bereich der linken Hüfte. Die Schmerzen bleiben über Tage, besonders schlimm ist es, wenn ich niese. Der Arzt meint, das sind Abnutzungserscheinungen, und ich solle mit dem Laufen aufhören.

Das will ich aber nicht, weil es mir ansonsten gut tut.

Ist Beckenbodentraining eine Möglichkeit, die Schmerzen in den Griff zu kriegen?

Ich habe drei Kinder, und mein Beckenboden ist vielleicht gar nicht mehr richtig vorhanden.

Benita Cantieni:

Doch, doch, Ihr Beckenboden ist schon noch vorhanden, er möchte nur etwas Aufmerksamkeit. Muskeln sind Arbeitstiere und LIEBEN es, wenn sie gebraucht werden.

Ja, Beckenbodentraining ist eine Versicherung für Ihre Hüftgelenke (ich nehme an, da sind die Schmerzen), wenn es die umliegenden Muskeln vernetzt, wie das beim CANTIENI-CA®-Beckenbodentraining ja der Fall ist. Referenzpunkte sind die Sitzhöcker. Ziehen Sie die zusammen, so geschieht das mittels der innersten, größten und wichtigsten Schicht der Beckenboden-Muskulatur. Diese Schicht zieht das knöcherne Becken unten zusammen. Die Hüftgelenkpfanne ist in dieses Becken integriert. Allein durch dieses Zusammenziehen entsteht mehr Raum zwischen Pfanne und Oberschenkelkopf. Schon das bringt Linderung.

Außerdem zieht diese Beckenbodenschicht jedes Mal, wenn sie aktiviert wird, die Hüftmuskeln mit, die werden gekräftigt. Insgesamt ergibt das ein richtig sattes Muskelkostüm für die Hüftgelenke.

Frage am Rande: Haben Sie Ihre drei Kinder als Babys auf der linken Hüfte herumgetragen? Davon haben viele Mütter schief stehende Hüften. Aber Sie kriegen das hin. Wie ich – mir wollte man vor 24 Jahren ein künstliches Hüftgelenk einsetzen, ich laufe jetzt mit dem alten besser denn je, absolut schmerzfrei, trotz Arthrose. Wie Sie niesen, lachen, husten können, ohne das Becken in Mitleidenschaft zu ziehen und die Muskulatur zu verkürzen, das beschreibe ich im Detail in CANTIENI-CA® – Das Rückenprogramm. Prinzip ist: Vertikal ausrichten, unten hält der Beckenboden, oben zieht der Kronenpunkt. Und dann beim Niesen dem Reflex zum „Einzwergeln" nicht nachgeben, sondern lang bleiben.

So einfach ist das … und doch so schwer, eine reflexartige Gewohnheit aufzugeben.

*Muskeln lieben es,
wenn sie gefordert werden.*

*Laufen in der Schwanger-
schaft? Ja, aber ...*

Claudia:

Bin gerade voller Begeisterung durch die Fragen und Kapitel gesurft. Ich konnte leider nichts zu dem Thema Laufen und Schwangerschaft finden – oder habe ich es übersehen? Kann zur Zeit nur alles Querlesen, weil mein Junior, 5 Monate, gerade schläft. Ich bin Aerobic-Instruktorin und Trainerin und habe mich während der Schwangerschaft, solange es ging, bewegt. Nach der Schwangerschaft habe ich mit den Übungen aus der Shape wieder angefangen zu trainieren. Einfach super, weil der Beckenboden – endlich – richtig erklärt wird, und integriere die Übungen auch in meine Stunden. Welche Tipps gibt's zum Thema Laufen und Schwangerschaft, wann kann ich wieder mit dem Laufen beginnen nach der Schwangerschaft? Sorry, keine Zeit mehr, der Kleine ruft.

Benita Cantieni:

Das ist relativ einfach: Wenn Sie den Beckenboden VOR der Schwangerschaft trainierten, wenn die Tiefenmuskulatur VOR der Schwangerschaft entdeckt wurde (es gibt ja, wie Sie selber schreiben, genug Möglichkeiten, die CANTIENI-CA®-Methode kennen zu lernen), können Sie während der Schwangerschaft alles so machen, wie es im Manuskript steht, können Gymnastik machen und laufen.

Wer während der Schwangerschaft mit dem Laufen anfangen will, braucht das O.K. des Arztes und/oder die Unterstützung eines Therapeuten, der mit meiner Methode arbeitet. Alles andere wäre hier fahrlässig, denn schwanger sein und ohne integrierten Beckenboden laufen ist schlicht gefährlich für das Baby.

Marco:

Sie schreiben beim Rückenlangmachen, dass man die Sitzbeinhöcker nach hinten-oben ziehen soll. Beim Ziehen des Steißbeins Richtung Fersen und des Kronenpunktes in die Gegenrichtung soll nun mein Rücken weich aufliegen. Ich hoffe, dass dies nicht so einfach ist, wie es sich schreiben lässt, denn mein unterer Rücken ist noch weit davon entfernt aufzuliegen. Mache ich hier etwas falsch oder kommt bei dieser Übung ein leichtes Hohlkreuz (laut ärztlichem Urteil bei mir vorhanden) zur Geltung?

Benita Cantieni:

Wenn Sie von Haus aus ein Hohlkreuz machen, lassen Sie den ersten Schritt weg. Also Sitzhöcker nicht mehr nach hinten-oben, sondern gleich Sitzhöcker zusammenziehen, Scham- und Steißbein auf „Teufel komm raus" Richtung Fersen, Kronenpunkt in die Gegenrichtung.

Und dann entspannen, entspannen, entspannen, Rippen entspannen, Bauch entspannen, Brustbein einsinken lassen. Kriegen Sie hin, ich spür 's. Sonst … sonst soll Sie jemand weich streicheln.

Wenn Sie im Hohlkreuz Krafttraining machen, dann sind die Muskeln wahrscheinlich verkürzt und hart.

Braucht einfach ein bisschen Geduld … und dann ist es noch viel einfacher, als ich es beschreibe …

Sandra:

Ich lese gerade das Kapitel zum aufrechten Gang. Ich habe da ein kleines Problem und hoffe, Sie können mir weiterhelfen. Ich habe unterhalb des Halses, da, wo der Rücken anfängt, einen kleinen na ja, nennen wir es mal „Buckel". Wenn ich also gerade stehe, dann macht mein Rücken an der kleinen Stelle an der Wirbelsäule eine kleine Wölbung. Das sieht sehr komisch aus, so dass ich, wenn ich etwas Rückenfreies trage, immer meine Haare offen lasse, so dass man es nicht so sieht. Ich finde es aber sehr unästhetisch, wie das aussieht. Meine Frage ist, wissen Sie, woher so etwas kommt und ob ich die Chance habe, dieses wieder wegzubekommen? Ich würde so gerne einen geraden Rücken ohne diesen ekligen Buckel haben.

Benita Cantieni:

Haben Sie jung und schnell viel Busen gekriegt? Oder aus sonst einem Grund die Schultern nach vorn und hoch gezogen (ist leider das Laufstegvorbild und anatomischer Unsinn)? Dann verkürzen sich nach und nach am Oberkörper vorn alle Muskeln, hinten werden sie entsprechend überdehnt, und irgendwann ist die Beule am Übergang von den Brustwirbeln zum Hals einfach da. Machen Sie so weiter, wird wirklich ein Buckel draus, ein chronischer Rundrücken. Der kann versteifen und die ganze Wirbelsäule krank machen.

Sie bringen den Buckel weg. Wenn Sie 30 sind und wenn sie 70 sind. Wie? Haltung umprogrammieren. Alles, was Sie dafür wissen müssen, steht im Manuskript. Ich habe aber auch ein spezielles Rückenbuch geschrieben, CANTIENICA® – DAS RÜCKENPROGRAMM, da wird das Prinzip der aufgespannten Wirbelsäule noch expliziter erklärt und mit einfachen, präzisen Übungen der Rücken Schritt für Schritt in die optimale Form gebracht.

Klara:

Ich versuche den Beckenboden sooft wie möglich im Alltag einzusetzen und mache auch mehr oder weniger regelmäßig Gymnastikübungen nach Ihrer Methode. Eigentlich schaffe ich es mit einer bunten

Wenn Krafttraining dem Rücken mehr schadet als nützt.

*Ein verspannter Rücken,
ein Missverständnis, ein
Polster und eine Dehnung.*

Mischung von Übungen, alle spürbar verspannten Muskeln wunderbar zu lockern, bis auf die Verspannungen im Kreuzbereich! Ich hab alle möglichen Dehn- und Bauchmuskelübungen ausprobiert, aber so eine richtig intensive Dehnung spüre ich nicht. Es muss doch wenigstens eine Übung geben, die die Muskeln im Kreuzbereich „wohlig" stretcht.

Benita Cantieni:
Nanu … Das Kreuz strecken ist doch aber die Grundlage aller CANTIENICA®-Übungen … Schon bei der Grundposition in Rückenlage … da servieren Sie mir wirklich ein Rätsel!
Versuchen Sie das: Legen Sie sich bäuchlings auf ein Polster oder harte Kissen, Ihr Oberkörper ist bis zu den Iliosakralgelenken auf dem Polster, die Basis vom Popo lappt über. Stirn auf die Hände oder einen Luftballon, der Nacken muss in der genauen Verlängerung der Wirbelsäule liegen. Füße aufgestellt oder unterlegt, jedenfalls nicht abgedreht.
Sitzhöcker nach hinten oben ziehen, bis ein gedehntes Hohlkreuz entsteht. Sitzhöcker zusammenziehen, um den Beckenboden zu aktivieren. Jetzt das Steißbein nach unten, die Wirbel zum Kronenpunkt dehnen, dehnen, dehnen, bis das Kreuz eben offen ist, lang und leicht und ultra gedehnt, verflixt noch mal.

Entspannen, wiederholen, bis es klappt.
Ich vermute: Sie haben einen Rundrücken, der klemmt, der die Dehnung im Kreuz abbremst, blockiert. Die Muskeln im Kreuz sind chronisch verkürzt durch die Blockade im oberen Rücken. Kriegen Sie hin, wenn Sie daran arbeiten. Kennen Sie DAS RÜCKENPROGRAMM? Ist voll von Kreuzdehn-Turbos. Meine erklärte Lieblingsdehnung inklusive Notfallstretch ist KNIEFALL auf Seite 107. – Wenn Sie RÜCKENPROGRAMM kennen und trainieren und Ihr Kreuz nicht reagiert, so ist der Knoten bei Ihnen.
Ich empfehle die liebevolle Anweisung eines Therapeuten, der mit meiner Methode arbeitet. Alle Adressen unter www.cantienica.de.
Da finden Sie im F&A-Forum unter „Rückenprogramm" noch eine Menge Tipps, vielleicht macht da eine Beschreibung Klick.
Mit leicht irritiertem Fragezeichen auf der Stirn und der Hoffnung, dass Sie dieses absolute CANTIENICA®-Basic entdecken mögen …

Chris:
Pyramidalis: Ich habe drei Kaiserschnitte hinter mir und gehe davon aus, dass dieser Muskel durchtrennt wurde. Kann ich diesen Muskel trotzdem wie beschrieben trainieren?

Benita Cantieni:

Es gibt Haudegen-Docs, die sich nach dem Kaiserschnitt nicht mehr um den Muskel kümmern. Meine Gewährsgynäkologinnen beteuern, heute werde er meistens wieder mit der Beckenbodenmuskulatur vernäht. Das heißt, Sie können ihn trainieren.

Entspricht auch unserer Erfahrung mit dem CANTIENI-CA®-Beckenbodentraining: Die meisten Frauen nach Kaiserschnitt fühlen sich abgenabelt von der Unterbauchmuskulatur, können indes mit Geduld die Muskulatur wieder aktivieren.

Probieren Sie doch einfach aus, Sie spüren, sehen sofort, ob der Pyramidalis reagiert, die beschriebene Übung arbeitet ja mit einem Trick, Sie müssen also den Muskel nicht isoliert aktivieren, sondern unter Spannung.

Anonym:

Nach diesem Kapitel bin ich mir nicht mehr sicher, ob ich die Sache mit der Aktivierung des Beckenbodens richtig verstanden habe, also: Sitzhöcker zusammen, ohne das Gesäß anzuspannen?

Benita Cantieni:

Genau. Sie spüren die inneren Hüftmuskeln an der Basis des Gesäßes, das Gesäß – die äußeren, verpackenden Glutei – sind entspannt.

Reinkneifen. Vertrauen Sie Ihren Sitzhöckern, die machen das schon richtig.

**Fragen,
Antworten,
Feedback**

VOM LAUFEN

Eine Woche Urlaub! Bevor ich sechs Stunden im Flieger sitz, musste ich laufen. Ich schnallte meine Tripleactiondinger (MasaiBarfussTechnologie) an die Füße. Die Geh-Werke zwingen mich fast in die optimale Haltung. Ich liebe die Federung und die Dehnung der Beine bei jedem Schritt – von Ferse bis Iliopsoas, nein, bis Scheitelpunkt.

Die Luft duftete köstlich, der Schluchtbach rauschte. Ich dehnte Steiß- und Schambein nach unten, zog den Pyramidalis hoch, das Brustbein lang. Die Schulterblätter schnallte ich eng an den Rücken, Kronenpunkt zu den Baumkronen. Ich entspannte das Brustbein und die Rippen und flog, getragen von den Kraftpunkten.

Alle anderen waren schneller. Ich war glücklich. Ein Runner's Highlein war das nun schon.

10 Lassen Sie doch die Schultern los

Das Kraftfeld am oberen Rücken

Das erwartet Sie in diesem Kapitel: Die Schultern. Ach, die Schultern. Ein Dauerthema. Richtig am Stamm gesetzt, ergeben die Schultern ein Muskelkraftnetz für den Oberkörper. Richtig gesetzt heißt: Zuerst die Armkugel aus dem Schulterdach lösen, dann das befreite Schulterdach nach hinten-außen-unten setzen. Die Schulterblätter warten nur darauf, für Sie zu arbeiten. Beim Laufen bedeutet die neue Ausrichtung: Schwerelosigkeit.

Schwerelos:
Die neue Ausrichtung
beim Laufen.

Schulterschluss und Schulterlogik

Da war ich also auf Vortragsreise über den Beckenboden in dieser schönen Buchhandlung in Süddeutschland. Die Publikumsrunde war klein, etwa 30 Leute, sehr aufmerksam. Irgendwann sprach ich das Wort Schulter aus und löste damit einen Einfrautumult aus. Sie saß in der fünften Reihe und rief laut: „Stimmt nicht, stimmt nicht, das ist falsch!" Beherzt sagte ich,

*Erste Lektion:
Was ist Arm,
was ist Schulter?*

die Schulter gehört nach hinten-außen. „Nein, nein", rief die Frau, „falsch, hört ihr nicht zu, glaubt ihr nicht, das ist falsch, was sie da sagt, das schrieb sie auch in ihrem Buch, das ist falsch!" Ich versuchte jedoch unbeirrt weiterzumachen. Da ich ein Besserlerner bin, kein Besserwisser, drehte sich das Rädchen im Gehirn, während ich weitersprach. Was, wenn die Frau recht hat, wenn alles stimmt, was ich sage und schreibe und unterrichte, nur das mit den Schultern nicht ... Es ist unangenehm, wenn jemand eine Veranstaltung stört, und trotzdem: Danke, Sie Hitzkopf. Ich habe noch einmal recherchiert, praktisch, wie ich das immer mache, habe runde Schultern und hochgezogene Schultern angeschaut, habe eingezogene Schultern untersucht und steife Schultern in Augenschein genommen. Ich habe – selten genug – ein paar wenige beispielhaft gesetzte Schultern befühlt. Ich habe meine Schultern perfektioniert. Im Eiltempo, mit ein paar Übergangsschmerzen.

Und es stimmt. Die Schultern gehören nach hinten-unten-außen.

Die Schultern gehören genau so aufgerichtet wie das Becken. Das macht aus Schultern und Brustkasten einen zweiten Powergürtel.

Erste Lektion: Unterscheiden Sie Arm von Schulter. Wenn Sie meinen, Sie hätten die Schultern verkrampft, haben Sie in Tat und Wahrheit nur das Ende des Oberarmes im Schulterdach verkeilt und so die eigentliche Schulter unbeweglich gemacht.

▶ Lassen Sie die Arme mal seitlich hängen. Stellen Sie sich vor, durch den Mittelfinger fließe Blei, okay, Gold. Ziehen Sie den Kopf hoch und die Schulterblätter ganz nah am Rücken nach unten. Die Spitzen der Schulterblätter ziehen Sie näher zueinander, ist so schwierig oder einfach wie die Sache mit den Sitzhöckern.

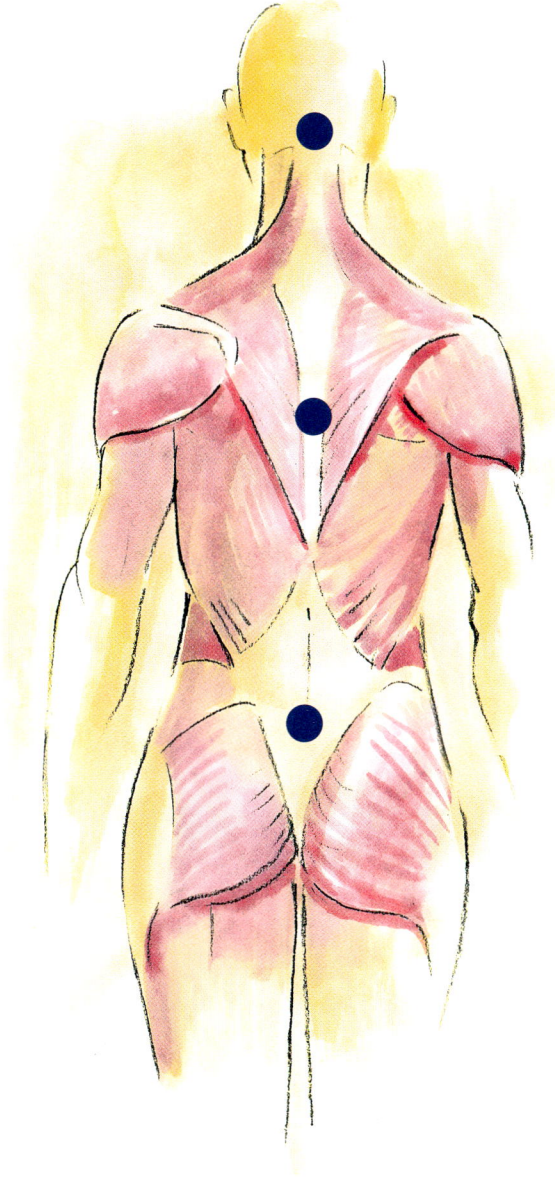

*Der Punkt am unteren
Rücken bezeichnet den
Muskelkreuzpunkt Becken-
boden/Rücken. Den obers-
ten Kraftpunkt können
Sie nutzen, wenn Sie den
Kopf nach hinten-oben
ausrichten und am goldenen
Faden aufhängen.
Der mittlere, ja der mittlere –
den gibt es geschenkt, wenn
Sie die Schultern nach
außen-unten-hinten setzen.
Falls Sie einen Rundrücken
machen oder die Schulter-
blätter in Audrey-Hepburn-,
Claudia-Schiffer- oder
Kate-Moss-Manier
zusammenziehen, ist das
leichter gesagt als getan.
Mit den Übungen,
die ich gleich beschreibe,
werden Sie es schaffen.*

Funktioniert auf Anhieb?

Applaus.

Machen Sie genau dieses beim Laufen, und Sie fühlen sich federleicht. Geht nicht? Macht nichts, ich leg ja
erst los mit dem Thema Schultern.

Innenansicht

Die Schulter ist ein so genanntes Kugelgelenk. Das filigrane und recht kleine Schulterdach ermöglicht dem Arm eine ungeheure Bewegungsfreiheit, vorausgesetzt … Sie lassen ihm die Freiheit. Das Prinzip funktioniert wie beim Knie: Lassen Sie Raum zwischen Gelenk und Dach, so können Sie den Arm in zwölf Richtungen bewegen. Leicht. Und schmerzfrei.

*Das fragile Schulterdach,
das Schulterblatt und
die Kugel des Oberarmes
bilden zusammen das
„Schultergelenk".*

Schiebt sich der Arm – schieben Sie den Arm – voll ins Dach, kann das Schulterdach nicht mehr ausweichen. Sitzt fest. Eingeklemmt. Starr. Tut weh.

– Erstens trägt sich auch hier mit den Jahren der Knorpelüberzug am Humeruskopf ab, das führt zu Arthrose.

– Zweitens kommen die Muskeln in ein Ungleichgewicht, ein paar sind chronisch überdehnt, ein paar andere dafür verkürzt.

– Drittens entsteht so der schmerzhafte Tennisarm. Der verantwortliche Nerv wird eingeklemmt und verkürzt. Das macht sich dann am Ellenbogen bemerkbar.

– Diese Fehlhaltung kann Schmerzen unter und neben dem Schulterblatt, am Nacken, um das Schlüsselbein auslösen. Sie verursacht oder unterstützt die Bildung des Rundrückens und des „Buckels" am Übergang von der Brust- zur Halswirbelsäule. Wer die Arme-Schultern immer hochzieht, zieht sie meist auch noch nach vorn. Davon wird auch noch der Nacken starr, ein Teil des Trapezius-Muskels verhärtet total und fühlt sich an wie ein Holzkleiderbügel unter der Haut. Der obere Rücken wird rund.

Zweite Lektion: Arme fallen fallen fallen fallen fallen fallen lassen. Keine Angst, sie fallen nicht ab, sie sind gut angemacht. Dann die Schulterdächer einfach nach hinten (nach HINTEN, nicht zusammen) schieben. Schulterblätter den Buckel runterrutschen lassen und die Schulterblattspitzen zueinander ziehen.

Lassen Sie doch die Schultern los

Von vorn ...

Das sieht dann von vorn so aus. In der Mitte ist eine wunderbare Hilfe eingebaut: Stellen Sie sich vor, Ihr Brustbein hänge an einem Faden wie der Hampelmann. Sie können an diesem Faden gleichzeitig senkrecht nach unten und senkrecht nach oben ziehen. Das entspannt augenblicklich den vorderen Teil des Schultergürtels – und dehnt die kleinen Zwischenrippenmuskeln. Können Sie sich beim Laufen immer wieder vorstellen und so den Oberkörper aufrichten.

Lassen Sie Raum zwischen Armgelenk und Schulterdach – Raum für Bewegung.

… und von hinten

Sie können die Arme entweder hängen lassen oder, wie das Strichmännchen, seitlich auseinander ziehen. Beides schafft Raum im Schultergelenk und macht die Schulterblätter oben weit.

▶ Ziehen Sie die Schulterblätter an den Rücken und nach unten und die Spitzen zueinander. Sie haben den oberen Kraftpunkt erobert. Machen Sie das während des Frühstücks, beim Autofahren, im Büro, am Computer, beim Mittagessen immer und immer wieder. So geht es über kurz oder lang beim Laufen automatisch.

Anatomisch korrekt platzierte Schultern machen auch schön.

Wenn der obere Teil Ihres Rückens rund ist, so ist das Langdehnen leichter gesagt als getan. Ich weiß, das ist ziemlich schwierig. Deshalb hier meine absolute Lieblings-Schultersetz-Übung.

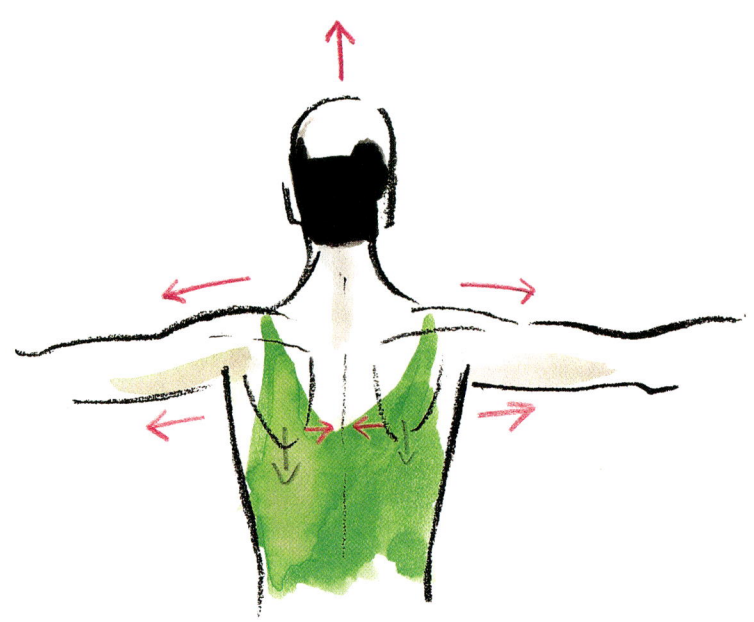

Schulterfrei mit Garantie

Im Liegen

▶ Legen Sie sich auf ein Polster oder zwei große Kissen, ideal sind Futonkissen und Yogamatten. Es geht auch mit einer großen Decke, so gefaltet, dass Ihr Oberköper bequem darauf Platz hat. Ab Kreuzbeingelenk fällt Ihr Gesäß leicht ab, nicht plumps auf den Boden, sondern einfach leicht abfallen. So hat Ihre Wirbelsäule automatisch Länge, und Sie kommen nicht in Versuchung, das Gesäß zusammenzukneifen und den Rücken in den Boden zu drücken. Denn das ist Gift für das Becken, für den Bauchraum, die Lendenwirbel und – für die Schönheit. Die Beine sind angewinkelt, Füße hüftweit auseinander, Knie über dem Mittelfuß. Gilt alles auch im Liegen.

▶ Sitzhöcker zusammenziehen, Steißbein Richtung Fersen verlängern und GLEICHZEITIG den Scheitelpunkt in die andere Richtung schieben.
Haben Sie einen richtigen Rundrücken und einen Bogen in der Halswirbelsäule? Bitte unterlegen Sie den Kopf mit einem Ballon. Der Kopf darf nicht nach hinten fallen.

▶ Arme liegen parallel zum Körper. Stellen Sie sich vor, der Mittelfinger wandere zu den Fersen, noch

Gut gesetzte Schultern beugen Rundrücken, Steifnacken und Kopfschmerzen vor.

Behutsam und zart Knochen formen – doch, das geht!

ein bisschen – noch ein bisschen – noch ein bisschen – das holt den Oberarmkopf aus dem Schulterdach. Jetzt ganzganzganz leicht die Ellenbogen biegen und seitlich auseinander denken-ziehen. Es ist mehr ein mentaler Vorgang als eine körperliche Bewegung. Schon das sollte Ihre Schultern zur Seite öffnen.

▶ Eine Faust machen, die Hand schaut nach unten. Sie spüren einen zarten Muskelzug über dem Handgelenk.

▶ Nun die Muskulatur des Oberarmes nach hinten drehen – oder nach außen, wie immer Sie es empfinden – jedenfalls die Muskulatur des Oberarmes Richtung Rücken drehen, OHNE an der Position des Armes etwas zu verändern.

▶ Lösen. 20-mal wiederholen.

Was passiert? Wird der Brustkorb enger oder weiter? Was machen die Schulterdächer? Wohin wandert der Kopf des Oberarmes?

Spüren Sie die Schulterblätter?

Kommen die näher zum Rücken oder entfernen sie sich?

Falls sich bei der Vorstellung „Oberarmmuskeln ausdrehen" bei Ihnen nichts, aber auch gar nichts regt: Bitten Sie jemanden, Ihnen die Oberarm-Muskeln – nicht die Knochen! – mit einem Tuch leicht auszudrehen: Tuch um den Oberarm legen, Enden drehen und leicht nach hinten ziehen, in der Rundung des Armes.

Was? Die Übung nicht gemacht? Klingt zu einfach? Haben Sie eine Ahnung!

Diese Schulterkorrektur ist zart und zäh. Und eine der wenigen Übungen für die Schultern, die viel Wirkung haben und keine Schmerzen verursachen.

DENN: Die Schultern neu erziehen, das ist für die meisten Menschen das Schwierigste überhaupt. Mich

eingeschlossen. Was hebelte und werkelte ich an meinen Schultern herum, und wie weh tat das oft, mehr als
Wohlweh.

Im Sitzen

Das Prinzip funktioniert auch im Sitzen. Können Sie
jetzt gleich beim Lesen ausprobieren.

▶ Stuhlrand, Sie kennen das schon, Füße hüftweit,
Sitzhöcker zusammen.
▶ Fassen Sie die Sitzfläche, so, dass der Handrücken
gerade nach vorn zeigt.
▶ Ellenbogen behutsam ausrichten, ein klitzekleines
bisschen zur Seite ziehen, ohne den Arm zu beugen.
Das senkt die Schultern schon mal zwei Stockwerke.
▶ Kronenpunkt zur Decke ziehen.
▶ Jetzt nur und ausschließlich und einzig die Musku-
latur des Oberarmes nach hinten drehen.

Wie oft? Sooft Sie mögen. Immer wieder. Täglich. Das
verändert die Art, wie Ihr Skelett in den Muskeln
hängt.

Nur das.

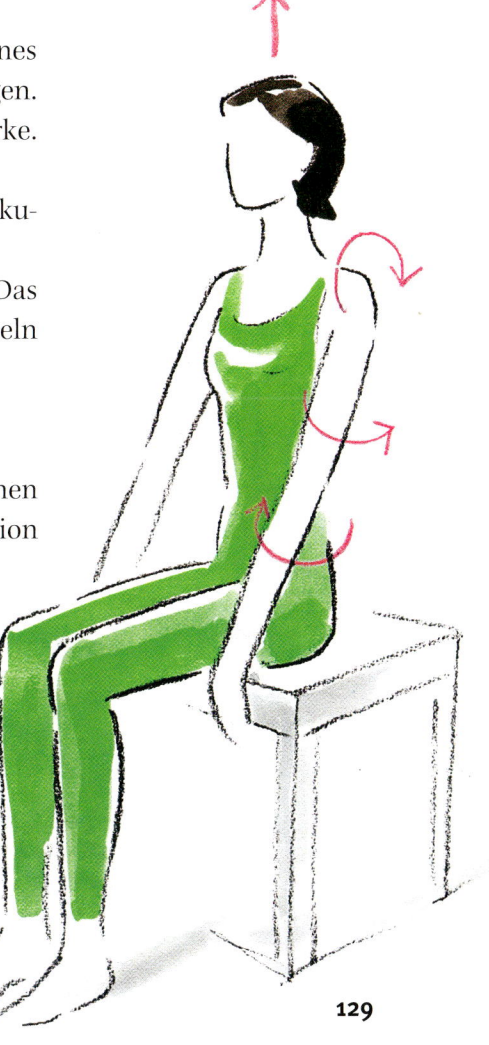

Zur Belohnung eine raffinierte Übung, die Sie ahnen
lässt, wie das demnächst beim Laufen läuft. Position
beibehalten.

▶ Stoßen Sie die LINKE Ferse in den Boden,
kontrahieren Sie den halben Beckenboden,
nur die linke Hälfte. Und drehen Sie gleichzeitig den RECHTEN Oberarm aus, wie da oben
grad beschrieben.
▶ Wechseln.
▶ RECHTE Ferse, rechte Beckenbodenhälfte, LIN-
KEN Oberarm ausdrehen.

Vorderansicht der Schulter.
Die Muskeln sind für hinten-
unten-außen angelegt. Der
große rosarote Muskel mit
der Querverstrebung zum
Arm heißt Pectoralis major,
großer Brustmuskel. Ich
würde ihn so gern zum
großen Schultersetzmuskel
umtaufen.

Noch was für die Eitelkeit:
Schön und anatomisch gut
gesetzte Schultern machen
Männerbrüste breit, aber
nicht bullig. Und bei Frauen
ist die Haltung die beste
Versicherung für den Busen:
Die büstenhaltende Musku-
latur arbeitet 24 Stunden
täglich mit. Der Busen kann
nicht hängen

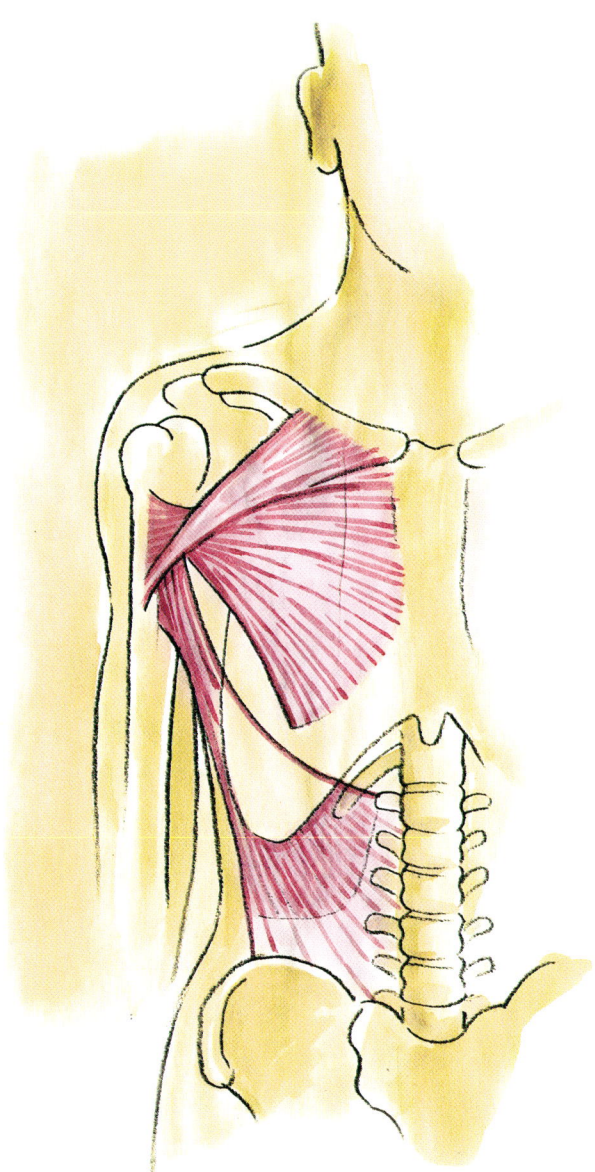

Michaela:

Seit einigen Tagen versuche ich, nach Ihren Anleitungen zu gehen, zu stehen, zu sitzen … fühlt sich gut an! Aber vor allem beim Sitzen ist die Haltung immer mit leicht angespannten Bauchmuskeln verbunden und daher ein bisschen anstrengend. Ist das am Anfang okay so, oder mache ich etwas falsch? Ich spüre vom Sitzbein bis zum Kronenpunkt so etwas wie eine feste „Säule"…

Benita Cantieni:

Ist der Bauch wirklich angespannt oder outen Sie sich als „Musterschülerin"? Wenn es eine konstante Dehnung ist, also das, was zu Ihrem schönen Bild mit der Säule passt: JA, DAS MUSS SO SEIN. Dieses Gefühl suche ich bei jedem Sitzen. Sie jetzt auch. Ein bisschen bewusstes Einatmen in den Bauch und Ausatmen und Entspannen schadet dennoch nicht.

Brigitte:

Ich habe einen ziemlich großen und schweren Busen, und obwohl ich nur gut stützende spezielle Sport-BHs mit breiten Trägern trage, habe ich durch die Auf- und Abbewegung beim Laufen Schmerzen in der Brust. Hätten Sie vielleicht einen Rat?

Benita Cantieni:

Trainieren Sie Ihre Schultern so, wie ich es im Schulterkapitel beschreibe. Denn Sie aktivieren mit diesem Schulterstand das gesamte Muskelnetz vom kleinen Brustmuskel bis zum Trapezius. Dieses Muskelkorsett wird Ihren Busen mittragen, für den Rest brauchen Sie einen potenten Sport-BH.

Andersrum: Alle großbusigen Frauen, die ich kenne, lassen die Last des großen Busens nach vorn-unten ziehen. Die Schultern kommen hoch und mehr oder weniger nach vorn. Wenn Sie so laufen, reißt es die Brüste bei jedem Schritt aus der Verankerung.

Die Muskulatur über der Brust wird verkürzt, am oberen Rücken wird sie chronisch überdehnt. Das führt mit der Zeit zu einem Rundrücken. Wenn Sie die muskuläre Vernetzung der Brustmuskulatur großflächig trainieren und lernen, die Schulterblätter ganz nah an den Rücken zu packen, hilft dieser Muskel-BH den Busen zu tragen.

Chris:

Ich habe massive Probleme, Ihre absolute Lieblings-Schultersetz-Übung nachzuvollziehen. „Mittelfinger zur Ferse und Ellenbogen seitlich auseinander denken-ziehen", bekomme ich gerade noch hin, aber die Muskulatur des Oberarmes nach hinten drehen

Großer Busen? Schön! Aktivieren Sie Ihren natürlichen Büstenhalter und die Pracht hält.

*Die Schultern reagieren
so dankbar auf ein bisschen
Zuwendung.*

*Schmerz ist ein guter Lehrer
… leider.*

ohne an der Position der Arme etwas zu verändern, damit habe ich schon rein gedanklich Schwierigkeiten. Haben Sie einen Tipp, wie ich mir das bildlich vorstellen und danach nachvollziehen kann? Die Zeichnung ist für mich wenig hilfreich.

Benita Cantieni:
Versteh ich. Und da ich Ihnen den Arm nicht führen kann … vielleicht hilft dies: Bitten Sie jemanden, Ihnen zu helfen. Tuch oder eine Binde um den Oberarm schlingen und die Muskeln leicht nach hinten drehen, am unbewegten Knochen.

Eva:
Wie die Übungen, die Sie vorn im Buch beschreiben eigentlich nahe legen, bringt die kleine Kreisbewegung mit dem Knie nach hinten natürlich das ganze Bein aus der Beckenbodenkraft heraus nach vorn. Und so bewegt man sich dann mit abwechselnd leichter Rotation der Beckenhälften nach vorn. Ist eigentlich total easy. Ich komme gerade vom Laufen und habe das ausprobiert und nach ca. 15 Minuten stellte sich dann dieses leichte rollende Gefühl ein (tja, 15 Minuten brauchte mein Kopf wohl noch, um loszulassen und zu vertrauen, dass es nicht wieder einen Krampf gibt). Ich habe das Gefühl, jetzt eine Basis zu

haben, von der aus sich dann auch andere Bewegungsabläufe (Fuß aufsetzen, zum Kronenpunkt immer wieder hochziehen, locker im Schulter-Brust-Bereich bleiben) entwickeln werden.

Benita Cantieni:
15 Minuten zum Umschalten von Kopf auf Körper – das ist nicht WIRKLICH lang. Bei mir dauerte es 42 Jahre!

Feedback von Marion:
Ich versuche immer mal wieder Ihre Übungen zu machen, und die Schulterübungen passen mir bestens.
Gestern habe ich zum ersten Mal halbwegs locker über eine Stunde und kilometerweit gejoggt. Luftholen kein Problem, Beine waren auch ganz okay (da muss sich noch was bessern), nur die Arme und Schultern …
Irgendwann schliefen die Arme ein, meine Schultern sind so oder so oft verspannt. Dabei habe ich von Natur aus einen aufrechten Gang, ein leichtes Hohlkreuz vielleicht, aber nicht der Rede wert. Bei den Übungen habe ich richtig gemerkt, wie gut das tut und wie sich die Schultern entspannen. Das mach ich weiter!! In der Hoffnung, dass ich es auch mit ins Laufen nehme. Vielleicht werde ich ja doch mal ein Läufer, auch wenn es mir nie wirklich Spaß gemacht hat.

Jan:

Mein Nacken ist so steif wie Sie das beschreiben, auch die Schultern. Ich gehe dreimal pro Woche zum Krafttraining und bin entsprechend muskulös. Ich möchte die Muskeln behalten UND geschmeidig sein. Geht das überhaupt?

Benita Cantieni:

Ja, das geht. Wenn Sie immer zuerst die optimale vertikale Ausrichtung suchen, können Sie beides haben. Ihr steifer Nacken entsteht, weil Sie die Schultern für Armübungen noch vorn ziehen. Das geht an den Kraftmaschinen ganz leicht. Ich habe noch kaum einen Mann gesehen, der NICHT kurz, horizontal trainiert.

Arbeiten Sie mal mit freien Gewichten vor einem Spiegel, kontrollieren Sie Ihre Grundhaltung im Spiegel, bevor Sie die Gewichte in Aktion setzen: So, wie es im Spiegel aussieht, so wird das Resultat. Wird Ihr Hals von den Brustmuskeln nach unten gezogen? Ziehen Sie die Schultern nach vorn bis der Hals kastenartig breit ist? Haben Sie gar ein Doppelkinn vor lauter Kurzmachen? Okay, Steißbein nach unten, Kronenpunkt nach oben, Arme aus dem Schulterdach lösen, Schultern nach außen-unten setzen, Kopf leicht machen. Die Spiegelkontrolle zeigt Ihnen jetzt das Bild eines entspannten Mannes mit schön definierten Muskeln. Halten Sie die Position, während Sie die Kilo stemmen für lange Muskeln und geschmeidige Schultern.

Wenn Sie die Veränderung wollen, geschieht sie. Sonst nicht.

VOM LAUFEN

Kühl, Mitte Juni, sapperlott. In einer Woche ist schon wieder der längste Tag des Jahres.

Da lag die reife Mango so verführerisch in der Küche, schälen, mampfen, mmh, in meinem Himmel wird es immer reife Mango geben (Basilikum, reife Himbeeren und Espresso auch). Dann zu Birgitt. Prachtvoll, so ein zuverlässiger Laufpartner. Punkt sieben steht sie parat, mit ihrem umwerfenden Lachen, das auch den kühlen Morgen gleich verzaubert. Los, geradeaus, leicht bergab, dann bergauf – huch – huch – schnauf – keuch – die Mango macht mich schwer. Passiert mir immer mal wieder und bestätigt immer mal wieder: Nüchtern laufen geht am leichtesten. Nur ein Glas warmes Wasser trinken und los.

Ich sagte: „Birgitt, nicht zwergeln mit dem Oberkörper, mach dich groooooooß." Birgitt sagte: „Achte auf dein rechtes Knie. Es schert aus."

Bergauf auf schiefer Straße erinnert sich das rechte Knie ganz gern an die X-beinigen Zeiten. Wir beschlossen, die fliehkräftige Rotationsbewegung besonders sorgfältig aus den Kreuzbeingelenken zu holen. Wir setzten die Schultern exakt wie Klassenerste – und flogen durch den Wald und um die Wiesen.

Dann saß da noch ein Reh im Unterholz, sprang auf, als wir uns näherten, sprang tiefer in den Wald.

Das Leben ist schön.

11 Koordinations-künstler Arm

Er braucht viel Freiheit

Die Kugel des Oberarmes und das Schulterdach bilden ein Team, das mehr kann als alle anderen Gelenke des Körpers. Um diese Fähigkeiten zu entfalten, braucht der Arm Freiheit. Von allem Druck befreit, schwingen die Arme beim Laufen mit – als Navigationshilfen fürs Gleichgewicht, wie die Schwingen des Adlers. Davon wird dieses Kapitel handeln, und davon, wie Ihre Arme diese Freiheit finden.

Kleines Experiment, um gleich auf den Punkt zu kommen.
- ▶ Sie sitzen wahrscheinlich beim Lesen.
- ▶ Legen Sie die Hände auf die Oberschenkel, Handinnenflächen nach oben, wie eine kleine Schale.
- ▶ Ziehen Sie die Ellenbogen ultrazart zu den Seiten, es ist keine äußerlich sichtbare Bewegung, sondern eine innere Ausrichtung.

So.

Arme – wie die Schwingen der Adler.

Koordinations-künstler Arm

▶ Jetzt ziehen Sie mal die Schultern hoch.
Ohne Arme.
▶ Nur die Schultern.
Nein, nicht die Arme.

Das ist schwer, gell!

Also: Wenn Sie chronisch verkrampfte Schultern haben, wenn Sie immer wieder unter Verspannungen am Übergang vom Hals zum Rücken leiden, wenn Sie oft das Gefühl haben, beim Schulterblatt seien Nerven eingeklemmt, dann ist entweder die Aufrichtung des Rückens miserabel oder die Armkugeln sind im Schulterdach verkeilt.

In den Schultern steckt auch viel Angst. Sie fällt ab, wenn Sie einfach LOSLASSEN.

Ich bekomme in meiner therapeutischen Arbeit viele Schultern in die Hände, die sind so unvorstellbar steif, wie aus Granit, und die Träger dieser steifen Schultern können zwischen Arm und Schulterdach gar nicht mehr unterscheiden. Wenn Sie auch zu diesen Steifnacken gehören: Zurück an den Anfang. Bauen Sie Kraft von unten her auf, erst dann lassen die Schultern los.

Die machen sich ja nicht grundlos so steif. Die (und Sie) sind doch nicht dumm. Die Schultern übernehmen, was anderenorts nicht gehalten wird.

Wenn Sie also den Beckenboden trainieren, die Wirbelsäule aufspannen und so die autochthone Muskulatur kräftigen, wenn Sie in dieser Aufspannung auch den Bauchmuskeln 24 Stunden pro Tag etwas zu tun geben, wenn Sie den Rundrücken gerade gemacht haben oder das Hohlkreuz gestreckt, wenn Sie die Schultern so platziert und ausgerichtet haben, wie es im Schulterkapitel beschrieben ist, dann lassen Ihre Arme gerne los, sie – die Arme – haben dann endlich Zeit und Raum, um die Welt zu umarmen.

Und mit diesem Loslassen hat es ein Ende mit
– verspanntem Nacken

- Schulterbeschwerden
- Tennisarm
- Karpaltunnelsyndrom.

Erst dann. Chronische Beschwerden in Schultern, Ellenbogen, Handgelenken treten am Ende der Kette auf, die eine chronisch unmenschgemäße Haltung auslöst. (Ausgenommen rheumatische und andere entzündliche Erkrankungen!)

Also müssen Sie zuerst das verändern, was die schlechte Haltung der Schultern verursachte. Dann stimmen die Schultern bereitwillig und gern ins neue Haltungskonzept ein. Sind ja nicht dumm, die Schultern und Sie …

Sie sitzen immer noch.
▶ Hände wie Schalen auf den Oberschenkeln.
▶ Setzen Sie die Schultern schön nach außen-unten.
▶ Jetzt stellen Sie sich vor, die Ellenbogen seien Pendel, und zeichnen Sie mit diesen Pendeln klitzekleine Kreise in der Form einer dreidimensionalen Acht nach unten.
Klitzeklitzeminiminiklein.
▶ Die Schultern bleiben regungslos.
▶ Sie holen nur mit einem kleinen Trick die Armkugel aus dem Schulterdach.

Steht das Rad beim Pkw in der Radkappe an, so bleibt der Wagen stehen.

Steht die Oberarmkugel im Schulterdach an, bleiben Sie leider nicht stehen. Aber eines Tages haben Sie chronische Schmerzen in den Schultern. Und daraus entsteht mit der Zeit Arthrose.

Wie beim Knie.
Wie beim Hüftgelenk.
Sorgen Sie dafür, dass zwischen Oberarmkugel und

Armkugel und Schulterdach:
Ein tolles Team – in Freiheit.

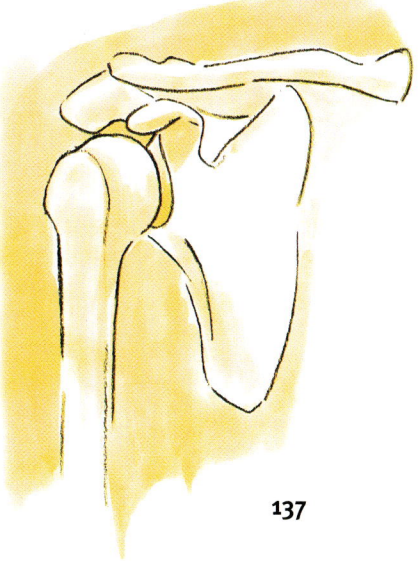

137

Schulterdach ein Gelenkspalt ist, und „Ihre Schultern"
sind/bleiben/werden gesund.

Leicht gesagt, viel schwerer getan. Umso mehr, als hier
plötzlich der Refrain dieses Buches nicht mehr gilt. Für
den Fuß, für das Knie, für die Hüften, für die Wirbelsäule gilt: hochziehen, lang machen.

Und der Arm soll fallen.

Ich verstehe Ihre Irritation.

Versuchen Sie es trotzdem.

Sobald Sie Ihren Arm frei lassen, kann er mit ein-
stimmen in das Konzert der genialen Rückwärtsrotation der Gelenke.

Erst dann. Versuchen Sie es vorher, tut's einfach nur
sauweh.

▶ Sitzen.
▶ Handschalen auf den Schenkeln.
▶ Mit dem Ellenbogen klitzekleine Achterpendelbe-
  wegungen nach unten.

Oder:
▶ Die Arme seitlich nach unten hängen lassen.
▶ Hände stehen quer zum Körper, schauen also nach
  hinten, Handrücken nach vorn.
▶ Finger tropfen zu Boden.
▶ Ziehen Sie mit den Mittelfingern winzige kleine
  Achterkreise Richtung Boden.
▶ Mit dem Ringfinger.
▶ Mit dem Zeigefinger.
▶ Mit dem Kleinfinger.

▶ Die Schultern stehen still, wie der Jochbogen beim
  Ackerstier.
▶ Still. Still. Still.
  Damit sich der Arm aus dem Schulterdach befreien
kann.

Oder:

▶ Strecken Sie die Arme seitlich auf Schulterhöhe aus und ziehen Sie die Mittelfinger aus der Schulter. LANG ziehen!

▶ Auseinander,

▶ auseinander,

▶ auseinander
und noch ein bisschen

▶ auseinander.

Armbefreiungsaktionen

Im Sitzen

Bisher waren es vorbereitende Lockerungsübungen. Jetzt geht's zur Sache.

▶ Setzen Sie sich an den vorderen Stuhlrand.

▶ Füße hüftweit auseinander.

▶ Großzehengrundgelenk und Außenseite der Ferse sind mit dem Boden verschmolzen.

▶ Knie über dem Mittelfuß.

▶ Sitzbeinhöcker zusammenziehen, die Beckenbodenmuskulatur aktivieren.

▶ Steißbein nach unten.

▶ Scheitelpunkt nach oben.

▶ Schultern nach außen unten.

▶ Hände über dem Kopf verschränken.

▶ Arme ausstrecken.

▶ Hände ausdrehen, die Innenflächen schauen zur Decke.

▶ Tief einatmen.

▶ Beim Ausatmen die Arme wie zwei Liftkabinen am Körper nach unten schieben.

Ich kann auch sagen: Die Schultern nach außen-unten setzen. Das klappt wahrscheinlich leichter, ist indes nicht ganz genau. Es geht ja um die Oberarmkugel.

139

**Koordinations-
künstler Arm**

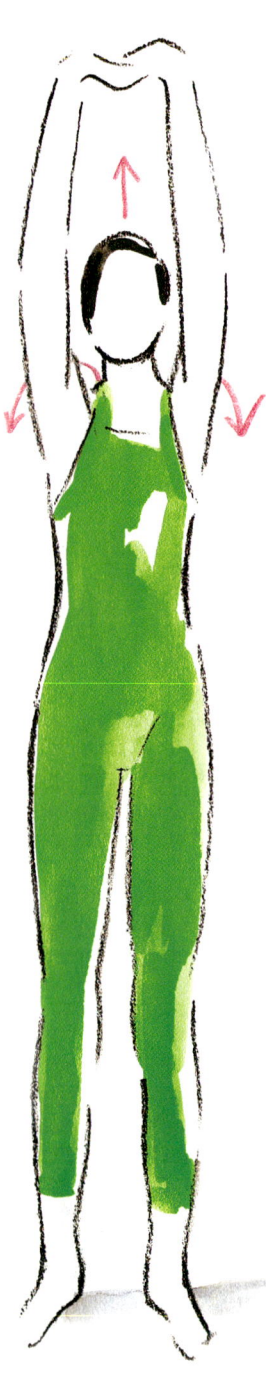

▶ Kugel/Schulter wieder hochziehen und nach unten-
außen setzen.

Die Arme und die Schulter spannen sich zu einem
Rahmen, dazwischen kommt der Kopf leicht hoch und
der Hals wird lang.

Im Stehen

Sie können die Übung vor dem Spiegel machen, dann
sehen Sie das dramatische Vorher/Nachher.

Im Stehen vor dem Spiegel geht's so:

▶ Füße hüftweit auseinander.
▶ Die Knie über den Füßen, nicht durchgedrückt, aber
auch nicht gebeugt. Steißbein fließt nach unten.
▶ Scheitelpunkt zieht hoch.
▶ Zart die Sitzbeinhöcker näher zueinander ziehen
und via Beckenboden das Gewicht gleichmäßig auf
beide Beine verteilen.

SO STEHT ES SICH IMMER GUT!

▶ Arme über den Kopf,
▶ Hände verschränken,
▶ Hände ausdrehen,
▶ Arme strecken,
▶ Armkugellift am Körper nach unten schieben
oder, wenn Ihnen das leichter fällt,
▶ die Schultern weit, weit, weit und breit nach unten
setzen.

Achtung: Wenn Sie die Arme nicht vollkommen senkrecht über dem Kopf halten können, sondern leicht
schräg nach vorne, empfehle ich Ihnen: Gehen Sie
noch mal zum Schulterkapitel, machen Sie die Übungen, die ich dort beschrieben habe, und kommen Sie
dann hierher zurück.

- ▶ Schultern hochziehen.
- ▶ Arme durchstrecken.
- ▶ Schultern weit und breit nach unten setzen, ohne irgendwo nachzugeben.

Mir hilft es, wenn ich Spannung in den Armen erzeuge, als zöge ich innerlich die Ellbogen auseinander.

Im Liegen

Es kann sein, dass die Schultern Ihre Arme aus Gewohnheit noch in der Bewegungsfreiheit einschränken.

Dann hilft es, den Armbefreiungsturm im Liegen zu machen. Sie können nur schwer ausweichen, und wenn Sie es tun, gibt Ihnen der Boden ziemlich hartes Feedback.

- ▶ Rückenlage.
- ▶ Kopf auf Ballon oder Tennisball.
- ▶ Füße hüftweit, Knie darüber.
- ▶ Großzehengrundgelenk und Außenseite Ferse belasten.
- ▶ Fuß-Außenkante und Zehen entspannen.
- ▶ Knie über Fuß.
- ▶ Leicht ins Hohlkreuz. Sitzbeinhöcker zueinander ziehen.
- ▶ Steißbein und Schambein Richtung Fersen,

▶ Scheitelpunkt in die Gegenrichtung ziehen, bis die
 Wirbelsäule aufgespannt ist.

▶ Arme zur Decke.

▶ Hände verschränken.

▶ Ausdrehen, Innenflächen zur Decke.

▶ Hände genau über den Schultern.

▶ Hände und Schultern in die Luft hochziehen und
 dann beherzt nach außen-unten setzen.

Im Idealfall liegen die Schulterblätter und die Schultern leicht und weit und wunderbar auf dem Boden
auf.

Wiederholen, sooft Sie wollen und sooft Sie müssen,
bis Sie „das Feeling" kriegen.

Der Arm beim Gehen

*Hier lernen Ihre Schultern
fliegen.*

Sie haben die Powermitte trainiert. Die Wirbelsäule
aufgespannt. Die Wirbelsäule also auch gestreckt und
gedehnt. Sie haben die Schultern weich geklopft. Und
vor allem haben Sie die dreidimensionalen Kreisbewegungen in den Gelenken geübt und Sie haben Ihre
Brustwirbelsäule geschmeidig gemacht. Jetzt können
Ihre Schultern auf die Kreisbewegungen im Becken
gegengleich antworten.

Auch die Schultern kreisen

Es geht um die Geschmeidigkeit in den Schultergelen-
ken.

▶ Sitzen.

▶ Füße ausrichten.

▶ Beckenboden aktivieren.

▶ Wirbelsäule aufspannen.
 Das kennen Sie ja jetzt.
 Kopf hoch hoch hoch.

▶ Zur Vorbereitung die Arme über den Kopf, Hände falten, Innenflächen zur Decke, Schultern hochziehen und zurücksetzen. Die Schulterblätter ganz eng am Rücken so weit wie möglich nach unten ziehen.

▶ Jetzt die Arme seitlich anwinkeln, wie Sie das beim Laufen machen. Ober- zu Unterarm ungefähr im rechten Winkel.

▶ Ellenbogen schwer, schwer, schwer, schwer machen.

▶ Zeichnen Sie mit der rechten Oberarmkugel einen kleinen Kreis rückwärts,

▶ nach oben,

▶ hinten,

▶ unten,

▶ vorn.

Ja, richtig, bravo, die andere Schulter stellt sich freiwillig und sofort ins Startloch und will auch, also links rückwärts kreisen.

▶ Rechts,

▶ links,

▶ rechts, links.

Machen Sie die Bewegung mit dem kleinstmöglichen Aufwand.

Wenn sich die Schultern sofort verkrampfen wollen, zeichnen Sie die Rückwärtskreise mit dem Ellenbogen.
   Ist das gleiche Prinzip wie beim Bein: Sie können die Rückwärtsrotation mit der Kniescheibe oder gleich im Zentrum der Bewegung, dem Becken, auslösen.

Das Zentrum der gegenläufigen Koordinationsrotation ist das Schultergelenk. Der Ellenbogen ist sein Trabant. Geht es nicht gleich im Schultergelenk, können Sie auch ausweichen und sich vom Ellenbogengelenk heranmachen.

Was passiert?

Was passiert an der Brustwirbelsäule?

Was passiert mit den Armen?

Was passiert mit den Schultern?

Dem Kopf?

Der aufrechte Gang ist eine Meisterleistung. Das kann so nur der Mensch.

Der aufrechte Kreuzgang verlangt eine gegenläufige Verschraubung.

Das heißt: Die Schultern bewegen sich bei jedem Schritt gegenläufig zur Beckenhälfte, die den Schritt macht.

Sie haben die Powermitte trainiert.

Die Wirbelsäule aufgespannt.

Die Wirbelsäule also auch gestreckt und gedehnt.

Sie haben die Schultern weich geklopft.

Harmonie von Sohle bis Scheitel: Bewegung in der Fliehkraft.

Und vor allem haben Sie die dreidimensionalen Kreisbewegungen in den Gelenken geübt und Sie haben Ihre Brustwirbelsäule geschmeidig gemacht.

Jetzt können Ihre Schultern auf die Kreisbewegungen im Becken gegengleich antworten.

Sitzen.

▶ Füße ausrichten: Großzehengrundgelenk und Außenseite Ferse haben soliden Bodenkontakt.

▶ Das Sprunggelenk ist leicht.

▶ Knie über dem Sprunggelenk.

▶ Sitzbeinhöcker aktiv zusammengezogen, Körper auf den Sitzbeinhöckern aufgerichtet.

▶ Steißbein fließt nach unten, der Pyramidalis zieht leicht nach oben.

▶ Kopf hoch.

▶ Rippen entspannen.

▶ Schultern nach außen-unten.

- Ellenbogen schwer wie Blei, Oberarmkugel frei.
- Schulterblätter stramm an den Rücken und an den Spitzen auf Brusthöhe zusammengezogen.
- Brustbein entspannen.
- Lassen Sie die Beckenhälften kreisen.
- An nichts mehr denken.
- Einfach nur kreisen, wie Sie es durch dieses ganze Buch geübt haben.

Wenn die Wirbelsäule frei liegt und aufrecht steht, übernehmen Ihre Schultern das koordinierte Gegen-kreisen automatisch.

Sie müssen es nur zulassen.
- Rechte Beckenhälfte, linke Schulter.
- Linke Beckenhälfte, rechte Schulter.

So ist das mit den koordinierten Schultern.

Und bitte fragen Sie mich gar nicht, wie das denn sei mit der Instruktion des Guru Dingsbums, es sei die Brustwirbelsäule steif zu halten. Ich will auch nichts hören von Laufpapst XY, die Schultern müssten ver-setzt zum Becken vorgeschoben werden.

Auch die fixe Idee des Rennprofessors, Schultern müssten parallel gehalten werden, interessiert mich nicht.

Probieren Sie das aus, was ich hier beschreibe. Es funktioniert. Es funktioniert so reibungslos, dass Ihr Körper es gern macht – sofern es der Kopf zulässt.

Das Becken kreist, die Schultern kreisen fürs Gleichgewicht im aufrechten Gang dagegen.

Jetzt können Sie die Beine dazunehmen und im Sitzen das perfekte Laufen üben.

- Becken links kreist, die Kniescheibe links kreist mit, Fuß links zurück, gleichzeitig antwortet die Schulter rechts. Der linke Fuß geht

*Laufen Sie
doch mal im Sitzen,
oder:
Nicht denken, einfach nur
Mensch sein, Körper.*

zurück, Becken rechts übernimmt, Kniescheibe rechts folgt, Schulter links, rechtes Bein hebt sich. Ist so verdammt kompliziert zu beschreiben und so unbeschreiblich einfach zu machen.

Mit etwas Übung können Sie auch das perfekte Abrollen des Fußes im Sitzen üben, babyvogelfederleicht die Ferse aufsetzen, ziemlich in der Mitte, abrollen, geschieht naturgewollt auf der Außenseite des Fußes, die Innenseite ist ja mit dem Sprunggelenk hochgezogen, Vorfuß-Quergewölbe, Abstoßen mit den Zehen. Liest sich blöde, trotzdem, probieren Sie's aus im Trockendock, im Sitzen müssen Sie Ihr Gewicht nicht ausrichten und nicht auf Stock und Stein aufpassen. Stellen Sie sich vor, Sie seien Mittelstreckenweltmeister, -weltmeisterin, der seinen, die ihren nächsten Wunderlauf im Sitzen übt.

Augen zu, nichts denken, einfach nur Körper sein, Mensch sein, Bewegungsintelligenz, die Beckenkreise ziehen und den Körper antworten lassen, nach oben und nach unten.

Karl:

Ich komme inzwischen mit dem „aufrechten Gang" klar, laufe täglich eine Stunde, habe allerdings immer noch heftige Verspannungen im Nacken und den Schulterblättern. Seit einigen Tagen probiere ich den Lift aus und die Standübung.

Aber: Ich fühle den Körper, beachte die Verspannungen und versuche während des Laufens lockerer zu werden. Wenn es mir gelingt, habe ich gleich mehr Luft. Eigentlich ist das sensationell, da ich so eine bessere Leistung erreichen kann.

Ich weiß, das ist nicht so Ihre Welt, aber ich kann Ihnen ja berichten, wie es mir nach dem Münchener Marathon mit Ihrer Methode geht.

Bisher habe ich viel gelernt von Ihnen und bin schon ganz gespannt auf Ihr Buch.

Sagen Sie mir bitte noch, wie ich während des Laufens wohl Schultern und Nacken entspannen kann?

Benita Cantieni:

Sie machen das großartig. Leistung nicht meine Welt – na ja. Ich hab in meinen drei Berufen so viel davon, dass ich in der Freizeit einfach nichts Zielorientiertes tun mag, nicht Golfen und nicht Billardspielen und halt auch nicht Marathonlaufen. Dass es seinen Reiz hat, bezweifle ich keine Sekunde. Ich drück Ihnen natürlich beide Daumen. Schultern: Einfach fallen lassen.

Dem Unterbau vertrauen. Vertrauen, dass der Rumpf sich schon aufrecht halten kann.

Mir hilft beim Laufen am meisten: Schultern nach außenunten, dann die Schulterblätter richtig solid und nah am Rücken nach unten, anzurren, die Spitzen zusammenziehen. Dann spüre ich den Kraftpunkt am oberen Rücken so toll – und die Schultern lassen einfach los. So ist auch der Nacken frei. Zugegeben, es ist ein bisschen wie beim Geigespielen, Autofahren und anderen solchen Sachen: Erst verkrampft man sich, und plötzlich macht's klick, und ab da kann man es. Nackenkrönchen hochziehen, den Kopf frei auf der Halswirbelsäule schweben lassen … Könnten Bilder helfen? Der Ball auf der Wasserfontäne. Ich mag das Bild des Klatschmohns, thront groß und breit auf dem schmalen Stiel mit dem noch schmaleren Hals … Das kann einen Marathonläufer nicht locken? Marionettenfaden, an dem der Kopf angebunden ist? Und der liebe Gott bewegt den Faden höchstpersönlich, ist Stargast der Augsburger Puppenkiste? … Auch nicht?

Okay, Lotusblume. Im Sitzen. Stellen Sie sich vor, Sie zeichnen mit dem Kronenpunkt oder mit Mister-Spock-Ohren klitzekleine, eng gewirkte Girlanden Richtung Himmel. Ohne Ehrgeiz, klein und leicht und fast unsichtbar. DOCH!

*Setzen Sie Ihren Kopf
auf einen Thron
und lassen Sie ihn dort.*

*Ohne Fleiß kein Preis?
Im Gegenteil, im Gegenteil.*

DAS KLAPPT IMMER! Mit dieser Girlande können Sie erleben, dass Sie die Position des Kopfes manchmal nur ein Millimillimeterchen verschieben müssen, und schon ist die Leichtigkeit da.

Sie können die Girlande auch im Bett im Liegen machen. Dann wissen Sie, der Kopf kann nicht weit fallen, und vertrauen der neuen Leichtigkeit eher … „Die" haben uns das ja auch nachhaltig eingebläut, ohne Fleiß kein Preis, Erfolg dem Tüchtigen, das Leben ist hart – nu soll's plötzlich leicht sein. Das ist schon eine Herausforderung für einen Nacken wie den Ihren …

Anonym:

Werden die Arme beim Laufen angespannt und in welchem Winkel bewegt man sie pro Schritt?

Benita Cantieni:

Sie setzen die Schultern und Armkugeln wie beschrieben, das ergibt einen Grundtonus, keine Anspannung. Sie halten die Arme beim Loslaufen in einem 90-Grad-Winkel. Der Rest geschieht von selbst.

Feedback von Karl:

Heute wollte ich Ihnen nur sagen, dass ich meinen persönlichen, idealen Weg mit Hilfe Ihrer Methode gefunden habe und darüber sehr zufrie-

den bin. Die schlimmen Verspannungen im Schulter- und Nackenbereich lösten sich, als ich merkte, dass ich die Arme zu nahe am Körper führe. Etwas mehr nach außen, unten und schon war es wesentlich besser. Ich werde Ihnen nach dem Lauf berichten, wie sich ein Marathonläufer fühlt, der drei Monate vorher das Laufen lernte.

Marion:

Momentan habe ich mal wieder ganz heftige Verspannungen in der Schulter. Tut alleine beim leichten Berühren weh. Wissen Sie denn eine gute, einfache Übung, die mir dazu Linderung bringt?

Durch das Handballspielen sind meine Schultern wirklich oft nach dem Training in Mitleidenschaft gezogen und der Rücken schmerzt auch mal. Wie lange braucht's denn, bis ich das Programm so richtig verinnerlicht habe?

Benita Cantieni:

Die alllllerallllllllerbeste Übung steht im Schulterkapitel. Kurzform: Sie liegen auf dem Rücken, mit Rückenschmeichlerlangmache und allem, Sie wissen schon. Arme parallel zum Körper seitlich ausgestreckt. Nehmen Sie zwei schwere Hanteln in die Hand, das hilft, die Hand nicht mehr zu bewegen. Dann innerlich mit Schmetterlingen die Ellenbogen auseinander ziehen, die Muskulatur der Oberarme ausdrehen, ohne die Arme oder die Hände in ihrer Haltung zu verändern. Ist klitzeklein und subtil und effizient, zieht die Oberarmkugel aus und nach hinten-unten, löst das Schulterdach undundund … Wenn Sie das Prinzip drin haben, können Sie's im Sitzen und im Stehen jederzeit und unbemerkt machen.

Und schauen Sie überhaupt im Schulterkapitel noch mal nach, denn da erkläre ich, dass eigentlich die Oberarmkugel die Schulter in Gefangenschaft nimmt. Für Sie ist die Schwierigkeit, ein neues Muster ins Handballspiel zu importieren. Sie spielen ja, wie sie spielen, weil Ihnen das mal Vorteile brachte. In der Hektik des Spiels gewinnt die Gewohnheit Oberhand. Trotzdem, Sie kriegen das hin: Stellen Sie sich ein Miniprogramm von fünf Minuten zusammen und machen Sie die Schulter-Arm-Übungen jeden Tag dreimal, und vor und nach dem Spiel. Dann wird das neue Muster zur Gewohnheit – früher oder später. Auch wenn's kein Trost ist: Wer unter akuten Schmerzen leidet, lernt schneller als jemand, dem (noch) nichts wehtut …

Elisabeth:

Wenn ich versuche, die Armkugeln aus dem Schulterdach zu lösen, fühlt sich das rechts, wo es auch immer schmerzt und bis zum Ellenbogen zieht, wie eine Blockade oder ein beleidigter Nerv an. Ich spüre sehr wohl die Schulterarbeit, habe aber nicht das Gefühl, als käme ich am Ziel an. Hatte vor einem Jahr genau dort eine medizinisch nicht abklärbare „Nervenentzündung", die teil- und zeitweise sogar meine Arme gelähmt hat. Seither habe ich rechts nicht mehr die volle Greifkraft in den Händen. Blockiert hier ein Muskel/ Nerv/ eine Sehne die „Trennung" Arm-Schulter? Ein Hineinarbeiten in diesen Schmerzpunkt löst sofort diese Kribbel-Lähmungs-Reaktion in den Armen aus und fühlt sich nicht wie ein Wohl- oder Entwicklungs-Weh an …

Auf die Gefahr hin, dass Feedback schon langweilig wird: Erst durch Ihre CANTIENI-CA®-Methode werde ich immer besser darin, MIT meinem Körper zu arbeiten und nicht GEGEN ihn. Habe kapiert, dass man wirklich etwas ändern kann, auch wenn's mühsam ist.

Benita Cantieni:

Feedback wird NIE langweilig, schon gar nicht ein so differenziertes! Die Schultern. Ja, da laufen die Nerven durch, die den Tennisarm verursachen. Und noch ein paar andere. Die Nervenbahnen sind ja noch aus unserer Zeit als Vierbeiner, die Hände und Arme werden aus den Halswirbeln inner-

viert. Die Schultern setzen IST das Schwierigste und Anspruchvollste von allem. Haben Sie die Schultersetzübung im Liegen ausprobiert? Die mit dem Ausdrehen der Oberarmmuskulatur meine ich. Das ist halt die sanfteste, die ich bisher entdeckt habe. Immer erst so die Schultern setzen und dann die Oberarmkugel rausziehen, sanft und ultrawenig, ultrawenig, ultrawenig.

Wenn der Schmerz einsetzt, sofort die Oberarmkugel ein bisschen verschieben nach hinten, nach unten und ENTSPANNEN, so gut Sie nur können und noch ein bisschen mehr. So müssen Sie sich halt heranrobben.

Ich verstehe, dass die Schmerzerinnerung sofort verkrampfen lässt. Einatmen, ausatmen, dranbleiben.

Was passiert im Sitzen, wenn Sie nicht an den Oberarm denken, sondern den Ellenbogen fallen lassen, die zarten Girlanden-Achter nach unten DENKEN? Denken, nicht schrauben. Die Bewegungen sind unsichtbar klein.

Vermutlich sind rechts die Strukturen verkürzt. Helfen Sie nach, indem Sie die Schlüsselbeine ausstreichen, immer von der Mitte zur Schulter, dann das Brustbein gleichzeitig nach oben und unten, und schließlich ziehen Sie die Rippen auseinander, die oberen nach oben, die unteren nach unten. Diese sanfte Dehnung der Mus-

keln am Schultergürtel sollte eine sofortige Entspannung auslösen. Versuchen Sie's? Wenn alles nicht hilft, empfehle ich Ihnen eine Privatlektion bei jemanden, der mit meiner Methode arbeitet. Die Adressen finden Sie unter www.cantienica.com.

Vera:

Holzkleiderbügel – die Dinger kenne ich! Vor allem, wenn ich stundenlang am Stück am Computer arbeite, wird das Muskeldreieck neben dem Hals steinhart und schmerzt. Ich kann mich dann überhaupt nicht mehr entspannen. Wie kann ich besser sitzen?

Benita Cantieni:

Kleben Sie viele bunte Post-it's an Stellen, die Sie sehen, wenn Sie am Computer arbeiten. Schreiben Sie „Arme fallen lassen" und „Schultern nach außen-unten" und „Ellenbogen schwer machen" und „Kopf am goldenen Faden hochziehen" darauf. Und jedes Mal, wenn Sie so einen Zettel sehen, machen Sie, was darauf steht.

Machen Sie alle 20 Minuten eine kleine Pause, aufstehen, rumgehen, Schultern schütteln, eine Übung aus diesem Buch. Verändern Sie die Art, wie Sie sitzen. Ich sitze eigentlich immer nur noch am vorderen Rand. Das erleichtert das Aufrichten. Sobald ich die

Lehne spüre, wird die Haltung nachlässiger. Legen Sie einen weichen, kleinen Ball zwischen sich und den Stuhl. Wechseln Sie immer einmal zwischen Petziball und Stuhl ab. Wenn es geht, auch einmal im Stehen arbeiten.

Was ich sagen will: Wenn Sie die Veränderung wollen, geschieht sie auch. Heute ein bisschen, morgen ein bisschen und bald ist es die neue Natur.

Feedback von Sabine:

Als ich die Überschrift zum Arm-Kapitel sah, dachte ich: Die Arme haben doch nichts mit Leichtlaufen zu tun! Ich probierte „einfach so" die Übungen – und entdeckte, dass meine Arme alles andere als frei sind. Da ist alles ineinander verkeilt. Jetzt übe ich jeden Tag, und ganz allmählich spüre ich die einzelnen Teile, den Arm, das Schulterdach, die Schulterblätter. Ich ahne, dass die Arme die Leichtigkeit erlernen können und glaube jetzt einfach mal, dass sie auch mitlaufen, wenn ich sie lasse. Die Spannungskopfschmerzen sind schon weniger geworden, und ich beiße auch die Zähne nicht mehr so oft aufeinander. Es wird alles leichter!

**Koordinations-
künstler Arm**

VOM LAUFEN

Birgitt hat Geburtstag. Und läuft schön wie nie. Der Rhythmus stellt sich jeden Tag schneller ein. Wir wecken die drei Kraftpunkte und laufen los, verlangsamen gleichzeitig wie ein eingespieltes Ehepaar, beschleunigen gleichzeitig. Und haben nichts aneinander auszusetzen. Nach einer Stunde ist das Gehirn so schön leer, wir könnten noch mal so lange ... „Jetzt hab ich das zum ersten Mal", sagt Birgitt, „dieses Gefühl, ich könnte unendlich weiterlaufen, nein, es ist mehr als ein Gefühl, es ist ein Wunsch." Die Sonne lugt zwischen den Wolken durch, einfach weiterlaufen weiterlaufen weiterlaufen ... unendlich ... Ein Blick auf die Uhr, schon 70 Minuten verrannt, Birgitt hat um neun eine Lektion im Studio, ich eine Besprechung im Büro. Also abbrechen ... Wir sehen uns an und lachen los, wir, Läuferinnen, wir ...

12 Kopf hoch macht das Laufen leicht

Er hängt am goldenen Faden

Darum geht's: Der Kopf ist viel zu schwer für den Hals. Er soll sich selber tragen. Dafür ist er in ein gewaltiges Muskelnetz eingepackt. Wenn Sie ihn dann noch nach hinten-oben ausrichten und am goldenen Faden aufhangen, so ist die Hauptsache gut. Jetzt kann der Kopf in der Bewegung frei schwingen. Und es kann gut sein, dass Sie ein paar chronische Verspannungen einfach loswerden!

Lassen Sie den Kopf und die Gedanken frei …

Mikrokosmos Kopf

Die Lendenwirbel sind breit, mit Dornfortsätzen zur Seite.

Die Brustwirbel verjüngen sich nach oben, sie haben zum gegenseitigen Schutz senkrechte Dornfortsätze, die sich wie die schönen alten Dachziegel übereinander schichten.

Die Halswirbel sind schmal und haben kleine Dorn-

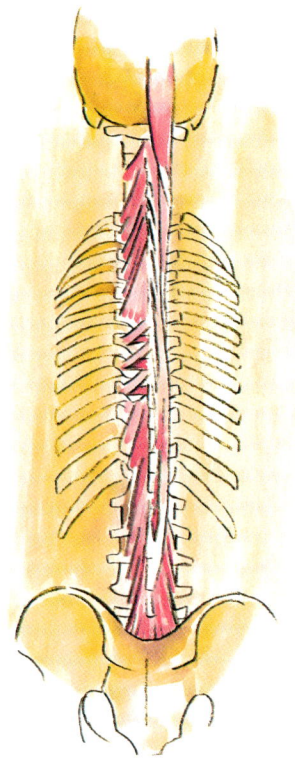

*Hängen Sie sich auf –
den Kopf an einen goldenen
Faden!*

fortsätze, wie kleine Schwänzchen, der Hals muss die Bewegungen des Kopfes ausbaden.

Der Schädel thront auf einem Wirbel, der Atlas heißt. Der Atlas ist durch ein senkrecht verlaufendes Spezialgelenk mit dem zweiten Halswirbel, dem Axis, verbunden.

Der Atlas macht wie eine Vier-Richtungen-Wippe alles mit, was der Kopf will, der Axis wacht darüber, dass die Achse stimmt – der Name sagt's.

Vom oberen Rücken her breiten sich vier Muskelpaare symmetrisch aus und halten den Kopf wie eine große Muskelhand. Diese Muskeln sind eigentlich gedacht, den schweren Kopf (6 bis 6,5 kg, unabhängig vom Gewicht der Gedanken ...) zu tragen. Wenn Sie sich eine schlampige Kopfhaltung angewöhnt haben – die häufigste und schlimmste ist die, den Kopf im Nacken auf den Halswirbeln abzustellen, dann muss die Halswirbelsäule diesen Druck von oben ausbaden, beim Laufen heißt das: Schläge abpuffern.

Wer vom Laufen oder unmittelbar nachher Kopfschmerzen kriegt, macht genau das: Den Kopf in einer unnatürlichen Achse auf den Halswirbeln aufschlagen lassen.

Die Alternative kennen Sie schon: Stellen Sie sich vor, der Kopf sei an einem goldenen Faden am Himmel angemacht. Dieser konstante, leichte Zug (24 Stunden am Tag) reicht, um die Verbindungsmuskeln vom Hals zum Kopf zu trainieren.

Wenn Ihnen das im Stehen anfangs schwer fällt: Legen Sie sich auf den Rücken und den Kopf auf den leicht gefüllten Luftballon. Ziehen Sie den Kronenpunkt erst nach hinten, das biegt die Halswirbelsäule leicht, dann ziehen Sie den Kronenpunkt lang und gerade und unten gleichzeitig das Steißbein in die Gegenrichtung.

- Hals hohl machen, lang ziehen. Das gleiche Prinzip, das Sie schon kennen, um das Kreuz zu dehnen und die Muskeln des unteren Rückens in Aktion zu setzen.
- Hals verkürzen, Hals lang machen. So werden eingerostete Wirbelgelenke wieder geschmeidig. Ziel ist selbstverständlich, die Halswirbelsäule lang und leicht zu tragen, die Verkürzung ist nur für die Übung.

- Übung im Sitzen (oder Stehen).
- Grundposition sorgfältig aufbauen.
  (Sie wissen nicht, was damit gemeint ist? Okay, dann fangen Sie halt am Anfang des Buches an. Bis Sie wieder hierher gelangen, wissen Sie es bestimmt.)

Auch die Haltung des Kopfes folgt den Gesetzen der Fliehkraft.

- Grundposition sorgfältig aufbauen.
- Kopf am goldenen Faden aufhängen.
- Das Kinn steht im rechten Winkel zum Hals.
- Der Kopf schwebt auf dem Atlas wie ein Ball auf einer Wasserfontäne.
- Halten Sie zwei Finger hinter die Ohren.
- Sie finden da eine deutliche Vertiefung.
- Drehen Sie die Finger wie einen Schraubenzieher, Sie spüren, wie sich der Schädel noch mehr aufrichtet. Halten Sie den Kopf so und machen Sie mit dem Schädel winzig kleine Achterbewegungen vom Atlas weg Richtung Decke.

Winzig wie das Köpfchen einer Ameise.

Wenn Sie mit der Vorstellung Mühe haben, machen Sie winzige Girlanden vom höchsten Punkt am Kopf (Kronenpunkt) nach oben.
Oder Sie stellen sich vor, Sie haben die Ohren von Mister Spock aus dem Raumschiff Enterprise, und Sie

*Das Gewichht ruht auf dem
Beckenboden, beide Beine
werden gleichmäßig belastet.
Die Wirbelsäule ist auf-
gespannt. Der Kopf thront.*

zeichnen kleine dreidimensionale Kreise mit den Spitzen dieser Ohren senkrecht nach oben.

Schultern nicht hochziehen, im Gegenteil, die bleiben außen-unten.

Diese Achterbewegungen mit konstantem Zug nach oben ist genau die Bewegung, die der Kopf im Idealfall beim Laufen macht.

So läuft der Kopf

Beim perfekten Laufen zieht das Steißbein nach unten, der Kronenpunkt nach oben. Wenn Sie mit den Zehen den Vorfuß abstoßen, setzt sich dieser Abstoß durch den ganzen Körper fort, bis in den Kronenpunkt. Mit den abstoßenden Zehen zieht auch der Kronenpunkt, zieht den Körper aus der Schwerkraft in die Fliehkraft. Wie ein gespannter Flitzebogen. Bei den Weltklasseläufern können Sie das beim Start beobachten: Bei „Goldschuh" Michael Johnson war die Ferse direkt mit dem Kronenpunkt verbunden, er wuchs bei jedem Schritt. Perfekt.

Versuchen Sie es mal beim Treppensteigen, da kriegen Sie das Feeling am leichtesten: Wenn Sie breite Stufen haben, gehen Sie mit dem ganzen Fuß drauf und stoßen aus der Ferse, bei kleiner Stufe stößt der Vorfuß ab, am Kronenpunkt ziehen und so ultralang auf die nächste Stufe.

Fragen, Antworten, Feedback

Muskeln sind auch da, um das Skelett gesund zu erhalten.

Martina:

Sobald ich anfange zu laufen, wächst die Verspannung im Nacken (rechts) immer mehr, und ich bekomme so starkes Kopfweh, dass meine rechte Gesichtshälfte wie taub ist und ich den so genannten „Tunnelblick" bekomme. Ich muss dann langsamer laufen bzw. ganz aufhören, weil meine Schmerzen immer schlimmer werden. Was mache ich falsch? Ich achte aber sehr darauf, vorher auch Lockerungsübungen zu machen und beim Laufen die Verspannung zu lösen.

Benita Cantieni:

Das klingt aber unangenehm! Ich denke, dass die konsequente Aufspannung der Wirbelsäule mit der daraus resultierenden optimalen Kopfhaltung Ihr Problem lösen wird. Ihr Skelett, also die Knochen, werden mit dem neuen Muster anatomisch richtig und ökonomisch gehalten, Nerven werden nicht gereizt, Sie wippen beim Laufen also weder auf und ab, noch vor und zurück …

Laufen Sie langsam, bis Sie die neuen Muster integriert haben – wobei dieses Langsam sich nicht auf Ihre Bewegungen bezieht, sondern auf die Strecke, die Sie zurücklegen.

Juliane:

Waren sie schon mal Wattlaufen an der Nordsee, ich glaube, das ist noch viel besser als dieser Wunderschuh мвт®, das Watt ist mal weich, mal hart, manchmal sinkt man sogar bis zu den Knien ein. Herrlich bei schönem Wetter. Aber joggen kann man darin nicht so richtig, das Tempo bleibt eher niedrig, schon wegen der Muscheln, an denen man sich schneiden könnte, wenn man nicht aufpasst.

Zurück zum Thema: Ich versuche nun schon seit drei Wochen Ihre Tipps umzusetzen, aber schon beim Beckenboden weiß ich immer noch nicht, ob ich es richtig mache, ich spüre im Sitzen zwar die Aktivierung desselben, aber beim Laufen bleibt kein Gefühl übrig, das mir Sicherheit gibt, ich mache es richtig. Den Kopf an den goldenen Faden aufzuhängen ist einfach; die Schultern fallen zu lassen dann schon wieder schwierig.

Benita Cantieni:

Stimmt, barfuß laufen im Watt ist kööööstlich. Da ich in der Schweiz kein Watt habe, ist der мвт® für mich an manchen Tagen die zweitbeste Lösung.

Beckenboden beim Laufen: Üben Sie halt im Sitzen und Liegen, bis Sie ein Gefühl dafür kriegen! Wenn Sie die Rückwärtsrotation aus den Kniescheiben machen, folgt der Beckenboden automatisch! Anfangs vielleicht nur ein paar Minuten, aber schon morgen geht's doppelt so lang und

übermorgen doppelt doppelt. Ist wie beim Baby, wenn es den aufrechten Gang entdeckt, es denkt auch nicht sofort an den New York Marathon, es fällt um, vergisst ein paar Stunden, dass es laufen kann, steht dann auf und macht's, jedes Mal länger und sicherer …

J:
Wie sitzt man eigentlich beim Autofahren gut? Wenn ich mich dort aufrichte, stoße ich an die Decke. Und der Sitz fällt nach hinten ab, da hängt der Rücken sowieso durch. Gibt es nicht auch kleine Übungen, die man während der Fahrt machen kann?? Autofahren ist so langweilig und danach tut mir immer der Rücken weh.

Benita Cantieni:
Autofahren ist in der Tat ein prima Beckenbodenstudio, das habe ich im ersten Buch „Tiger Feeling – Das sinnliche Beckenbodentraining" schon beschrieben: Schieben Sie die Sitzhöcker tief ins Polster und richten Sie dann Wirbel um Wirbel am Polster auf. Ziehen Sie die Sitzhöcker leicht zusammen, einfach für einen Grundtonus im Beckenboden. Dann kuppeln Sie nur aus dem Beckenboden (BB), geben aus dem BB Gas und bremsen mit dem BB. Wird verstärkt, wenn Sie einen Tennisball genau unter den Damm legen. Nebenwirkung: Die konstante Vibration der Wirbelsäule hält wach, steigert die Konzentration, Sie werden nie müde. Nun haben Sie dazu aber das falsche Auto, stoßen den Kopf am Dach an … oder können Sie mit dem Sitz noch ein bisschen tiefer gehen?

Feedback von Silke:
Keine Frage – nur ein aufrichtiges, bewunderndes WOW – Danke! Lieben herzlichen Dank im Namen aller Leser. In Zeiten, in denen andere – oft selbst ernannte – Fitnessexperten mehrere tausend DM, Schilling oder Franken für die bloße „Guru"-Anwesenheit verlangen, nehmen Sie sich die Zeit, jede einzelne Frage individuell, geduldig und kompetent via Internet zu beantworten. Und das ohne Kostenbeitrag!

Benita Cantieni:
Na ja, wenn ich nicht ein paar Bücher verkaufe, kann ich mir das auf Dauer auch nicht leisten!

Die konstante Vibration der Wirbelsäule hält wach und konzentriert.

159

VOM LAUFEN

Münchener Woche. Hab versucht, vom Hotel am Stachus direkt in den Englischen Garten vorzustoßen. Denn doch ein bisschen viel Asphalt … Also auf dem Laufband trainiert. Ist zur Not okay, aber kein Vergleich mit der Natur. Einmal hab ich's vor dem Einnachten in den Nymphenburger Schlosspark geschafft. Schöööön. Und dann, zurück im Zürcher Rhythmus, musste ich meinem inneren Schweinehund schon wieder eine Standpauke halten, weil er sich lieber mit einem Glas Rotwein auf dem Balkon zum Sonnenuntergang einrichten wollte als in den Laufschuhen. Als wir – der Schweinehund und ich – durchs Küsnachter Tobel liefen, konnten wir nicht verstehen, dass wir uns zwingen mussten.

Am Montag Morgen wieder mit Birgitt unterwegs. Sie erzählte vom Fahrertraining in Imola, da kurvte sie mit ihrem Audi TT zwischen den Porsches rum. Sie erzählte so begeistert und lebhaft und kam nicht aus der Puste …

Birgitt kommt NIE aus der Puste.

13 Der goldene Schritt

Jetzt geht es zur Sache

Sie haben die Beinachse ausgerichtet, O-Beine, X-Beine sind Vergangenheit. Sie haben die Muskulatur des Beckenbodens als wichtigstes Zwischenstockwerk im Hochhaus Mensch auf- und eingebaut. Die Wirbelsäule ist aufgespannt. Das geschmeidige Becken löst die Vorwärtsbewegung aus, Schritt für Schritt. Bein und Fuß müssen den Schwung nur noch aufnehmen und ausnutzen.

Der Fuß fällt nicht mehr auf die Außenkante, Ende Supination, die Schuhe sind nie mehr am äußeren Absatz schräg abgelaufen.

Der Fuß fällt nicht mehr auf die Innenkante, Ende Pronation, die Schuhe sind nie mehr am inneren Absatzrand schräg abgelaufen.

Sie können es sich gleich selbst beweisen.

Geschmeidig vorwärts, Schritt für Schritt.

Vollfußgehen

Übergangsübung vom Sitzen zum Stehen.

▶ Lehnen Sie sich an einen schmalen Türrahmen.

▶ Füße hüftweit auseinander, Knie über dem Mittelfuß genau unter den Hüften.

- Belasten Sie Großzehengrundgelenk und Außenseite Ferse.
- Schieben Sie das Steißbein am Türrahmen nach unten, den Rücken nach oben.
- Kopf nicht anlehnen, sondern am goldenen Faden aufhängen.
- Entspannen Sie die Lendenwirbel. Doch, das geht. Einfach loslassen, das Steißbein noch mehr sinken lassen.
- Ein bisschen tiefer in die Knie gehen und mit den Beckenhälften kreisen, links, rechts, links, rechts. Geht doch schon fast wie im Schlaf.
- Das Kreuzbein bleibt am Türrahmen.
- Die Füße bewegen sich nicht, auch nicht die Zehen. Die Fersen nicht anheben.
- Nur mit den Beckenhälften die anatomischen Halbkreise zeichnen, die fortan Ihre Beine in Bewegung setzen.

Selbstverständlich können Sie die Halbkreise auch mit der Kniescheibe auslösen, wenn Ihnen das leichter fällt.

Irgendwann geht's wie geschmiert. Reine Übungssache. Dann richten Sie den Oberkörper auf und machen ein paar kleine Schritte AUS DEM BECKEN.

Das neue Gehen: Schon bald geht 's wie geschmiert.

Machen Sie kleine Schritte.

Sobald Sie Riesenschritte machen, kann die Beckenbodenmuskulatur nicht Schritt halten. Achten Sie darauf, dass der Oberkörper über dem Schrittbein bleibt, das Bein also nicht vorausrennt.

- Steißbein nach unten ziehen, den kleinen Bauchmuskel namens Pyramidalis nach oben.
- Den Kopf am goldenen Faden aufhängen.

Ihr Fuß landet auf der Ferse, rollt auf der Außenseite über den Mittelfuß zu den Zehen, Betonung auf Groß-

Wenn Sie die Ohren ver-
schließen, können sie hören,
wie leicht Sie laufen.

zehengrundgelenk, und stößt schon wieder für den nächsten Schritt ab, während der andere Fuß auftritt.

Ist ganz einfach.

Alles, was Sie machen müssen, sind die Halbkreise, die Ihre Gelenke in Bewegung setzen. Der Rest geschieht von selbst.

Wenn Sie den rotierenden Faden verlieren, einfach entspannen und wieder von vorn anfangen. Wie ein Kind, wenn es laufen lernt.

Es gibt einen uralten Schauspieler- und Tänzertrick: Stecken Sie die Zeigefinger in die Ohren und „hören" Sie, wie Sie gehen.

Mit integriertem Beckenboden und gegenläufig rotierenden Beckenhälften spüren Sie ein sehr sanftes Aufsetzen, ganz ohne Erschütterung. Sie können buchstäblich hören, wie die Wirbelsäule vibriert.

Jetzt das Gleiche im alten Gang, Ferse hart aufsetzen und Fuß hart abrollen. Vermutlich macht es in den Ohren „tack-tack-tack", manchmal ist es „bong-bong-bong". Sie hören, wie sich die Stöße auf die Wirbelsäule übertragen, wie Wirbel auf Wirbel scheppert.

Eine wunderbare Kontrollstelle ist das Fersenbein: Wenn Sie aufgerichtet und in den Muskeln verankert sind, steht Ihr Fersenbein fadengerade. Bitten Sie jemanden, der Ihnen nahe steht oder gar mit Ihnen laufen geht, Sie doch von hinten zu kontrollieren und es Ihnen zu sagen, wenn das Fersenbein knickt – bei Männern meist nach außen, weil sie breitbeiniger gehen und die Außenkante mehr belasten. Das sieht dann / so aus. Bei Frauen durch das X-Muster kippt das Fersenbein nach innen, sieht so \ aus.

NOCH MAL LAUT UND DEUTLICH

Ich wiederhole mich, bewusst, laut und deutlich und bitte Sie, genau zu lesen: Wenn Sie alles, was vor diesem Kapitel steht, gelesen, umgesetzt und eingeübt haben, so laufen Sie automatisch richtig.

Der Fuß setzt leicht auf, mitten auf der Ferse, das Sprunggelenk drückt nicht durch, im Gegenteil, es zieht hoch, wenn der Fuß fast gleichzeitig mit der Fersenberührung über die dafür gemachte Außenseite zum Vorfuß abrollt, das Großzehengrundgelenk solide verankert und bereit ist zum kraftvollen Abstoßen für den nächsten Schritt.

Wenn Sie alles, was vor diesem Absatz steht, liebevoll umgesetzt haben, sind Ihre Füße befreit vom Druck, Ihr ganzes Gewicht zu tragen und die ganze Arbeit der Fortbewegung für Sie zu machen. Das Moment der Bewegung entsteht in den Gelenken, sie verursachen einen Schwung in Ihrem Unterschenkel und Fuß, dieser Schwung trägt Sie vorwärts.

Das Moment der Bewegung entsteht in den Gelenken, es entsteht Schwung.

Nicht nur beim Laufen.
Auch beim Gehen.
Beim Walken.
Beim Spazieren.
Beim Joggen.
Beim Rennen.
Beim Sprinten.

Anatomisch gute Bewegung ist nicht teilbar, sie folgt immer den gleichen Gesetzen.

165

**Fragen,
Antworten,
Feedback**

Petra:

Ich habe schon zwei Band-scheibenoperationen hinter mir und einen kleinen Repro-laps, der im Moment aber kei-ne Beschwerden macht. Darf man da überhaupt laufen? Die Aussagen sind widersprüch-lich, immerhin hat Henry Le-conte nach zwei Bandschei-ben-OPs wieder sehr erfolg-reich Tennis gespielt, und das belastet die Bandscheiben noch mehr als Laufen. Wenn man darf, worauf muss man achten?

Benita Cantieni:

Wenn Sie die Tiefenmuskula-tur und Ihre aufrechte Haltung so trainieren, dass Ihre Band-scheiben eben nicht mehr gequetscht werden, dann kön-nen Sie laufen, Tennis spielen, golfen, alles nach Lust und Laune. Meine Methode hat Tausende von Bandscheiben-geschädigten und -operierten wieder vollkommen schmerz-frei gemacht.

Heike:

Ich laufe drei- bis viermal pro Woche jeweils zwischen 40 und 60 min auf Wald- bzw. Wiesen-boden. Wenn ich eine ca. 10 km lange Strecke ausschließlich auf Teerboden zurücklege, ha-be ich anschließend Magen-bzw. Darmkrämpfe. Was ma-che ich falsch? Und können Sie mir einen Rat geben?

Benita Cantieni:

Sie laufen ohne den schützen-den Powergürtel aus Becken-boden-, Bauch-, Rückenmus-kulatur. Ich vermute, Sie lau-fen auch „kurz" in der Haltung, halten sich allenfalls horizon-tal, aber nicht vertikal, Magen donnert bei jedem Schritt auf hartem Boden ungehindert auf den Darm. Die beiden rekla-mieren, zu Recht, mit Krämp-fen.
Wie besser machen?
Das Skelett vertikal auseinan-der ziehen und in das Sicher-heitsnetz der Tiefenmuskula-tur einweben!

VOM LAUFEN

Es hat in der Nacht geregnet. Der Waldboden riecht köstlich. Schwere Wassertropfen kugeln von den Blättern. Der Boden federt.

Ich bin in Normalschuhen unterwegs, Laufschuhe einfachster Machart, keine Federungskonstruktion an den Fersen, keine Stützen, keine Einlagen, nichts.

Ich bin in Experimentierlaune. Okay, Beckenboden raus, gar nicht einfach, wenn er mal drin ist, automatisiert, ich muss ihm gut zureden und versprechen, dass es ja nur ein Test ist, mal Füße und Beine und Gewicht nach vorn werfen, wie früher. Die Ferse setzt hart auf. Ich spüre, wie die Kniescheibe nach unten saust, den Aufprall der Ferse übernimmt, zurückprallt, aufschlagen, zurückprallen, ich spüre, wie das schwere Becken auf den Oberschenkelkopf knallt, die Wirbel scheppern aufeinander, der Kopf prallt auf den Atlas. Nach zehn Schritten verkrampft der Nacken, ein Schmerz zieht den Schädelansatz hoch. Die Schritte werden eckig.

Die Schultern wehren sich zuerst, wollen halten, werden steif, ziehen sich hoch, dann kommt der Brustkasten, die Rippen eilen den Schultern zu Hilfe, jetzt verkrampfen sich die Muskeln im Kreuz, werden ganz kurz, die Enge zieht die Keuzbeingelenke zusammen, das Becken kippt nach vorn, die Raddampferbewegungen haben sich längst verlaufen, das Becken weicht zur Seite aus, es zieht die ganze Wirbelsäule krumm, ich laufe erst ein paar hundert Meter so, schon schmerzt die rechte Hüfte, das rechte Knie, der Kiefer fällt, Mund offen, Stotteratmung, ich spüre die Erschütterung jedes einzelnen Schrittes in den Kiefergelenken, im Nacken, an der Schädeldecke, dumpfes Tocktock – der Körper klinkt aus, verweigert sich dem Kopf, nix da, Schluss mit dem Aua-Experiment. Das Steißbein zieht nach unten.

Der goldene Schritt

Der Beckenboden übernimmt wie ein flinker Staffelläufer. Der Kronenpunkt zieht nach oben. Die Wirbel ziehen mit. Der Pyramidalis hängt sich auf. Die Schulterblätter ziehen sich nah am Rücken nach unten.

Mir fällt das Bild von gestautem Wasser ein. Das Hindernis wird entfernt, das Wasser stürmt los. So reagieren die Wirbel auf den Raum, sie dehnen sich aus, erobern die Fliehkraft, fast höre ich es knistern in den Bandscheiben. Das Kreuz wird lang, die Iliosakralgelenke liegen wieder frei, sie kreisen um ihre eigene Mitte, kreisen einfach um sich selbst, kreisen, ziehen die Kniescheiben hoch, dirigieren das Muskelkonzert, ein paar der Muskeln stottern, die Schultern seufzen tief und werden wieder leicht, nach 10 Schritten ist die Bewegung in der Fliehkraft wieder rund, der Boden, der eben noch hart zurückschlug, ist weich, er federt unter meinen ganz gewöhnlichen Laufschuhen – ich hab sie nur nach Passform und Schönheit gewählt …

14 Jetzt endlich die Gangart

Setzen Sie sich in Bewegung

Der aufrechte Gang ist die Summe aller Teile. Sie wissen jetzt, wie die Beckenhälften gegenläufig um sich selbst rotieren. Jetzt erfahren Sie, wie daraus eine Kettenreaktion entsteht, die Sie vorwärts trägt.

Der Mensch ist Fußgänger

Nicht Hackenläufer. Nicht Ballengeher. Fußgänger ist er, der Mensch. Der Schuh wird zweitrangig, wenn der Fuß laufintelligent ist. Das kann der Fuß indes nur sein, wenn er nicht mehr alles ausbaden muss, was der Rest des Körpers anatomisch unsinnig macht.

Der Fuß ist laufintelligent.

    Ein Freund fragt: Wie soll ich jetzt beim Laufen an all das denken?

    Nehmen Sie sich immer nur etwas vor. Fangen Sie mit dem an, was am nötigsten ist, wenn Sie ein Außenkantenläufer sind, denken Sie beim nächsten Laufen während der ersten zehn Minuten ans Großzehen-

grundgelenk, Ferse, Großzehengrundgelenk, mit den Zehen kraftvoll abstoßen, weich auf der Ferse landen, ja, mittendrauf.

▶ Die nächsten zehn Minuten konzentrieren Sie sich auf die Rückwärtskreise mit der Kniescheibe. Dann auf die Rückwärtskreise mit den Sitzhöckern. Dann Scheitel hochziehen.
▶ Steißbein nach unten ziehen.
▶ Schultern nach außen-unten, Schulterblattspitzen zusammenziehen.

Später versuchen, zwei Sachen auf einmal zu machen:
▶ Großzehengrundgelenk belasten UND Kniescheiben rotieren.
▶ Kniescheiben rotieren UND Sitzhöcker rotieren.
▶ Sitzhöcker rotieren UND Scheitelpunkt hochziehen.
▶ Scheitelpunkt hochziehen UND Steißbein nach unten ziehen.
▶ Beckenhälften rotieren UND Schultern gegenläufig schwingen – aber das geht eigentlich von selbst, wenn Sie die einzelnen Bausteine geübt haben.

Einfach immer schön langsam, Wim Luijpers Feldenkrais-Tipp in „Gentle Running" ist perfekt: Immer nur so schnell laufen, wie es mit Nasenatmung bei geschlossenem Mund geht. Die Nase ist zum Atmen ausgestattet: Im Sommer kühlt sie die Luft ab, bevor sie in die Lunge kommt, im Winter wärmt die Klimaanlage Nase die Luft auf. Atmen Sie bei Temperaturen unter dem Gefrierpunkt durch den Mund, riskieren Sie Infektionen der Bronchien, Mandeln, Lungen.

Die Nase ist Ihre Klimaanlage für alle Jahreszeiten.

Wichtig: Denken Sie JEDEN TAG immer wieder an den anatomisch guten Gebrauch des Körpers. Immer wieder. Bauen Sie möglichst viele der Übungen in den Alltag ein, als Anker.

Ein paar Beispiele:
- Wenn ich telefoniere, setze ich meine Schultern nach außen unten.
- Beim Zeitung- oder Aktenlesen kann ich prima meine Beckenhälften kreisen lassen.
- In der Kantine in der Warteschlange mache ich den Rücken lang.
- Am Computer lasse ich die Kniescheiben rückwärts kreisen.
- Auf dem Rad ziehe ich die Sitzhöcker nach hinten-unten und den Pyramidalis vorn hoch.
- Beim Einkaufen ziehe ich das Steißbein zu den Fersen und den Kronenpunkt zur Decke.

Machen Sie „Beckenboden" doch einfach zum Laufmantra.

Juliane:

Seit ungefähr fünf Wochen surfe ich regelmäßig zu Ihrem I-Buch und versuche die Tipps für mich umzusetzen. Aber die große Erleichterung spüre ich leider noch nicht. Dafür mache ich kaum noch einen Schritt, ohne mich ständig zu ermahnen, alle Ihre Anweisungen einzuhalten. Beim Laufen fällt es mir immer noch sehr schwer.

Benita Cantieni:

Nehmen Sie sich pro Tag immer nur eins vor.
Am Tag 1 vielleicht: „Heute belaste ich meine Füße perfekt."
Tag 2 vielleicht: „Heute zieh ich das Steißbein in den Keller." Die Füße erinnern sich noch an gestern und machen freiwillig mit.
Tag 3: „Heute setze ich meine Schultern superoptimal." Der Fuß und das Steißbein machen freiwillig mit.
Tag 4 ist ein Pyramidalis-Tag. Sie ahnen 's, mit Schultern und Fuß und Steißbein.
Und so weiter. So fügt sich alles zusammen zu einem harmonischen Ganzen.
Nur Beckenboden müssen Sie IMMER denken.
Beckenboden Beckenboden …
Beckenboden Beckenboden …
Beckenboden Beckenboden …
Beckenboden Beckenboden …
Beckenboden Beckenboden …
Prinzip klar? Das Aha-Erlebnis kommt. Vielleicht dann, wenn Sie grad unkonzentriert und verspielt und verträumt und eben nicht verbissen an der Sache sind.

Annette:

Und das alles hilft wirklich? Ich bin erst 17 Jahre alt und habe seit ca. einem halben Jahr wahnsinnig doofe Knieschmerzen. Ich bin letztes Jahr viel gelaufen, und dann seit Herbst geht nix mehr! Der Arzt hat gemeint, laufen wäre nicht so gut, die Krankengymnastin hat mir dann richtig abgeraten, ich habe es schon aufgegeben, versuche mich jetzt im Walken, würde aber gerne wieder laufen!! Und dummerweise tut mir jetzt, nachdem ich für die Schule den Coopertest geschwommen bin (alles andere ging nicht!!), schon wieder das Knie weh und ich kann kaum mehr gehen!
Hab ich noch Chancen?

Benita Cantieni:

Es hilft nur eines, ausprobieren. Sonst werden Sie nie erfahren, ob es hilft.
Für meine Methode spricht, dass Sie mit der alten Schmerzen bekamen. Oder? Das Alter arbeitet für Sie, mit 17 fällt die Umstellung leichter als mit 30, 50, 70.
Worauf warten Sie?

Matthias:

Ich halte das Aufkommen auf der Ferse beim Laufen einfach nicht für natürlich. Barfuß kommt man nie zuerst auf der Ferse auf! Das Argument ist uralt, ich weiß, aber nach wie vor überzeugend für mich. Als ich mit Laufen anfing, lief ich von an Anfang an auf dem Vorfuß, es tut mir weh, zuerst mit der Ferse aufzuwummen. Ein weiteres Argument für das Vorfußlaufen ist die Tatsache, dass der Fuß nun mal konkav gebaut ist und somit fürs Abrollen nicht geeignet.

Benita Cantieni:

Ja, ich kenne die Argumente, habe auch das bezaubernde Buch „GODO" von Peter Greb gelesen, der den Ballengang perfektioniert und patentiert hat: Vom Vorfuß nach hinten abrollen. Das Fersenbein sei ein Relikt aus unserer Zeit als Krokodil. Das Bild gefällt mir, vielleicht haben wir ja aus allen Kreaturebenen das mitgenommen, was sich ausgesprochen bewährt hat, mein Fersenbein jedenfalls empfindet das nicht als Beleidigung. – Wenn wir alle die nächsten 20 000 Jahre auf dem Ballen gehen, wird sich die Evolution was einfallen lassen, wahrscheinlich entwickeln wir wieder Pfoten oder Hufe. Jetzt jedenfalls, so, wie er ist, ist der Fuß perfekt fürs Ganzfußlaufen gemacht. Auch barfuß. Ich distanziere mich auch vom harten Auftreten auf der Ferse. Wenn Sie alles umgesetzt und trainiert haben, was ich Ihnen in diesem Buch an Übungen anbiete, landen Sie tendenziell mitten auf der Ferse, gehen über den konkaven Mittelfuß zum Ballen, Betonung Großzehengrundgelenk. Leicht, schnell, fließend, elegant, schwerelos. Der Fuß ist nicht wirklich konkav, nur der Fußabdruck. Mit „meiner" Bewegungsmethode stellen Sie kein Gewicht auf dem Mittelfuß ab, der Fuß ist wie die Hand, ein Werkzeug, kein Abstellplatz für den Körper. Das gesunde Sprunggelenk ist eben immer auf dem Sprung, auch wenn es beim gesunden Fuß (im Gegensatz zum Plattfuß) nicht auf den Boden drückt, so gehört es doch zum Mittelfuß, die Muskeln, die das Sprunggelenk mit dem Längsgewölbe bilden und stützen sind raffiniert vernetzt, das ist ein perfekter statischer Kuppelbau.

Vorfußläufer glauben noch an die Schwerkraft. Beim Vorfußlaufen benutzen Sie nur den halben Fuß, negieren die Hälfte ihres Körpers, Beckenboden, hintere Oberschenkelmuskulatur und die Rückenmuskeln kommen chronisch zu kurz – und verkürzen sich auch chronisch.

Probieren Sie's mal aus?

Und dann lassen Sie Ihren Körper entscheiden, was er will, was funktioniert, nicht den Kopf.

Sie stehen auf einem Meisterwerk, dem Fuß.

**Fragen,
Antworten,
Feedback**

*Sie können Ihren
perfekten Laufstil auch
beim Laufen finden.*

Petra:

Ich halte mich fleißig an Ihre Empfehlung, mit integrierter Beckenbodenmuskulatur zu laufen. Ich laufe fast täglich, mittlerweile 45 bis 60 Minuten. Nur so kann ich abnehmen. Meine Pulsfrequenz hat sich von ca. 160 auf ca. 145 verringert. *Aber*, ich habe recht unangenehme Schmerzen seitlich am Oberschenkel. Ob mein Bewegungsablauf nicht korrekt ist? Die Hüftbewegungen ähneln dem Bewegungsablauf der „Geher". Könnten Sie mir einen Tipp geben, damit der tägliche Lauf durch den Wald nicht zur Qual wird.

Benita Cantieni:

Toll, wie der Puls runterkommt! Die Schmerzen an den Oberschenkeln: Sind die an der Innenseite oder der Außenseite? Wenn außen, laufen Sie wahrscheinlich auf den Außenkanten der Füße, Ihr Vergleich mit dem Stil der Geher unterstützt meine Vermutung. Also noch sorgfältiger mit dem Beckenboden laufen, die gegenläufige Rückwärtsrotation noch mal üben, denn die gleicht nicht dem Beckenvorschieben der Geher, sondern verläuft vertikal, auf der Längsachse des Körpers, nicht seitlich! Die Beinachse perfekt ausrichten. Ich vermute, dass Sie den perfekten Laufablauf einfach noch keine 60 Minuten durchhalten können. Schieben Sie ein paar Minuten Walken

ein, sobald der Beckenboden „rausfällt", neu aufbauen, wieder laufen. Und immer dran denken: Das „neue" Laufen muss ökonomisch, angenehm und leicht sein. Verändern Sie Ihre Bewegungen ein wenig, sobald die Schmerzen auftauchen, Sie können den Idealstil auch während des Laufens finden. Heute morgen hatte ich plötzlich ein Wadenspannen am rechten Bein. Ich zog den Kronenpunkt hoch, das Steißbein runter, immer weiter laufend, machte die Kniescheibenkreise höher und leichter, machte die Beckenrotation sauberer, weg waren die Wehs, augenblicklich.

Feedback von Britta:

Es ist UN-FASS-BAR! Vor ein paar Tagen erst entdeckte ich Ihr Projekt im Netz und las es sofort ganz durch, kaufte mir auch das Tiger Feeling Buch und übte beim Lesen die ganze Zeit Sitzhöcker zusammenziehen, Kniescheibenrotation, Beckenkreisen etc. (seit Jahren plage ich mich, 33 J., mit Kreuz-Lenden-Becken-Hüften-Leisten-und-was-nicht-noch-allem-Schmerzen rum und habe eigentlich auch richtiges Sitzen gelernt). Schon nach ganz kurzer Zeit kam es mir vor, als wären meine Schmerzen weniger, und ich konnte mich am Abend einfach besser bewegen. Und weil mir das alles so spanisch und wunder-

mäßig vorkam, war ich besonders gespannt auf die Nacht. Denn obwohl ich schon eine Superduperturbo-Matratze aus Tempur habe, wache ich doch bis zu fünfmal in der Nacht auf, weil sich meine Hüften versteifen und einfach alles wehtut. Und diese Nacht war – GENIAL! Fast keine Schmerzen, ich bin nicht aufgewacht und selbst am Morgen war das Bett noch bequem. Ich kann es wirklich nicht fassen, es ist DER HAMMER! Wie geht das????

Es kommt mir wirklich vor wie Zauberei und ich könnte Ihnen zu meiner Krankengeschichte auch ein Buch schreiben … Nur noch das: Mein heutiger Test war die Dreiviertelstunde Joggen. Ich laufe seit fünf Jahren trotz Schmerzen ca. drei- bis viermal die Woche (ich brauch's einfach – die Bewegung, nicht die Schmerzen) und mache auch alle möglichen anderen Sachen wie Stepp, BBP, Hot Iron, Training auf dem Cross-Stepper … Doch nach jedem Joggen hatte ich bisher diese verstärkten Schmerzen im Becken und im Kreuz (abgesenkte Organe viel-

leicht?). Heute habe ich mir wirklich Mühe gegeben und versucht, diese Rotationen zu verinnerlichen und natürlich den Beckenboden aktiviert zu halten, und tatsächlich: Vieeeel besser. Okay, ich bin auch langsamer gelaufen, sonst hätte ich mich nicht so gut konzentrieren können, aber es war wirklich irgendwie leichter und schöner. Ich verspreche, ich bleibe dran und übe weiter, vielleicht liegen die Aua-Jahre ja bald hinter mir.
Wenn das so weitergeht, sind Sie meine Heldin!

Benita Cantieni:
Es ist, als hätte Ihr Körper nur auf die Gebrauchsanweisung gewartet. Wie der Fisch im Gurkenglas, wenn er vom Meer hört – ist es ein echter Fisch, so will er hin.
Wie das geht? Ganz einfach, wenn der Körper körpergerecht behandelt und gebraucht wird, tut Ihnen nichts weh, geht alles viel leichter, fühlt sich besser an, und Sie beugen allen degenerativen Krankheiten des Bewegungsapparates vor. Ist das nicht toll, dass wir das können?

*Ist das alles Zauberei?
Es funktioniert. So leicht.*

VOM LAUFEN

Fliehkraft bis in die Haarspitzen: Mit leicht geschlossenem Mund laufen, die Mundwinkel innerlich – mit den
inneren Muskeln – zu den Ohren, die Ohren nach hinten-
oben ziehen. So ist es gleich auch noch ein Antifalten-
programm.

Das Gegenteil sehen Sie immer wieder, vor allem,
wenn die Leute zu schnell laufen: Mund offen, bei jedem
Schritt mit viel zu hartem Aufschlag folgt die ganze
Gesichtsmuskulatur der Schwerkraft, auf und ab und auf
und ab. Vor allem die Mund-Kinn-Partie wird vom Hams-
terbackenlaufen nicht jünger.

Also: Mundwinkel zu den Ohren, Ohren nach hinten-
oben ziehen und dort halten und entspannen.

Eine Frage war: Welche Musik empfehle ich für den
harmonischen Laufrhythmus. Meine Musik ist der Bach,
der im Tobel (schweizerisch für Schlucht) rauscht. Plät-
schert. Meine Musik ist das Zwitschern der Vögel. Ich
mag den Ton, den meine Füße machen, wenn ich leicht
und rhythmisch laufe. Musik im Ohr stört mich. Kopfhörer und Ohrstecker sind unbequem. Ich sehe besser, rie-
che besser, höre besser, wenn ich ohne Musik laufe.

Der Sommer gibt dem Herbst die Hand. Wenn ich am
Morgen in die Laufschuhe schlüpfe, ist es fast noch dun-
kel, und es wird immer dunkler werden bis Dezember. Ich
habe mir Laufkleidung für kältere Tage gekauft,
atmungsaktiv und schweißabsorbierend, in mehreren
Lagen übereinander zu tragen. Fehlen noch die wasserfesten Socken und Schuhe. Keine Angst mehr vor Erkäl-
tungen und Infekten, ich kann ja nun die Nasenatmung …

Die körperliche Leistungsfähigkeit, die ich mir in diesem Frühling und Sommer erlaufen habe, die gebe ich
nicht auf, nur weil ein bisschen Winter ist. „Wieso denn",
sagen die Kollegen von SHAPE, „Winterjoggen ist doch
DER Trend."

15 Die sieben besten Dehnungen

Stretching muss sein

Hier sind die sieben besten Dehnungen für Läufer.

Es sind auch die am weitesten verbreiteten. Auch wenn Sie meinen, Sie kennen die Positionen: Lesen Sie doch noch mal nach, denn jede einzelne Dehnung ist angereichert mit den anatomischen Prinzipien dieses Buches (also der CANTIENICA®-Methode).

Beim Dehnen gilt: Nicht wippen, nicht federn. Halten Sie die Pole Beckenboden – Ferse oder Beckenboden – Kronenpunkt aktiv, so steigern Sie die Flexibilität der Sehnen und Bänder, mit denen die Muskeln mit den Knochen verbunden sind. Gutes Dehnen beugt Sportverletzungen vor und verkürzt die Erholungsphase. Die aktive Ausrichtung des ganzen Körpers macht die Dehnung auch dynamisch. So können die Muskeln während des Stretchens nicht erkalten und verkürzen daher auch nicht.

Ein Wort zum Atmen: absolut stressfrei, bitte. Einfach

Wer regelmäßig dehnt, bleibt elastisch!

den Mund ein bisschen geöffnet halten und den Atem kommen und gehen lassen. Wenn Sie ganz entspannt sind, versuchen Sie dieses: Beim Einatmen den Beckenboden aktivieren, beim Ausatmen lösen. So kriegen die Organe beim Dehnen eine sanfte Massage von allen Seiten ab.

Ganz wichtig:
Ruhig und entspannt
atmen.

Sehr ungelenkig? Erst warm duschen, dann dehnen.

Wenn Sie die perfekte Position anfangs nicht halten können, so macht das nichts. Kurz entspannen und wieder aufbauen. Sie haben die Wohltat der Dehnung auch bei 3 x 10 Sekunden.

Ganzkörperdehnung

- ▶ Eine Stange fassen.
- ▶ Oder die Hände an einer Wand abstützen.
- ▶ Arme leicht gebeugt.
- ▶ Schultern nach außen-unten setzen und entspannen.
- ▶ Das linke Bein weit nach hinten strecken, die Ferse soll aber den Boden noch berühren.
- ▶ Sitzhöcker zusammen-ziehen, um den Beckenboden zu aktivieren, Sie wissen schon …
- ▶ Die Muskelspannung, die dadurch entsteht, halten.
- ▶ Steiß- und Schambein Richtung Fersen ziehen, den Pyramidalis,

den kleinen Bauchzauberer, nach oben.

▶ Der Kronenpunkt zieht in die Gegenrichtung.

▶ Spüren Sie Spannung im Rücken auf – und lassen Sie einfach los.

▶ Wenn das ganze Bein unter „Dehnstrom" steht, den rechten Fuß vom Boden heben, Knie zur Brust hochziehen, so weit es mit dem vollkommen geraden Rücken geht.

▶ Langsam bis 30 zählen.

▶ Seite wechseln.

Schultern und Nacken

▶ Aufrecht stehen.

▶ Füße hüftweit auseinander.

▶ Knie genau über dem Mittelfuß und locker.

▶ Beckenboden aktivieren, indem Sie die Sitzhöcker zusammenziehen.

▶ Steiß- und Schambein nach unten fließen lassen.

▶ Pyramidalis nach oben ziehen.

▶ Kreuz entspannen.

▶ Arme über den Kopf. Schultern nach außen-unten und entspannen.

▶ Die linke Hand fasst den rechten Ellenbogen, zieht ihn näher und schiebt ihn gleichzeitig leicht senkrecht nach unten.

▶ Jetzt den rechten Oberarm gegen den Widerstand der optimal gesetzten Schultern nach links ziehen. Auf 30 Zähler halten.

▶ Seite wechseln.

Waden, Schenkel und Rücken

▸ Stange halten.

▸ Tief in die Knie.

▸ Sitzhöcker nach hinten ziehen, ziehen, ziehen, bis der Rücken lang und gerade ist.

▸ Wenn Sie einen Rundrücken haben: Dehnen Sie sich, bis Sie das Gefühl haben, das Kreuz sei hohl. Es soll nicht hohl sein, aber die kleine List hilft bei Rundrückenmacher ...

▸ Jetzt die Sitzhöcker zusammenziehen oder den Beckenboden aktivieren, das müsste nun bei Ihnen auch klappen, ohne den Umweg über die Sitzbeinhöcker.

▸ Halten Sie diese Stabilität und schieben Sie den rechten Sitzhöcker isoliert nach hinten-hinten-hinten, Fuß und Ferse am Boden, bis das rechte Bein gestreckt ist.

Wenn's im Rücken, über die Hüften und die Kniesehne entlang zieht, so machen Sie's perfekt.

▸ Die Hüften bleiben parallel, nicht zur Seite ausweichen.

▸ Langsam bis 30 zählen. Seite wechseln.

▸ Wenn Ihnen 30 anfangs schwer fällt: bis 10 zählen und dreimal wiederholen. Seite wechseln.

Adduktoren und Hüftbeuger (Psoas)

▶ Rückenlage schön aufbauen: Beine angewinkelt, leicht ins Hohlkreuz, Sitzhöcker zusammen zwecks Beckenbodenmuskulaturaktivierung (schade, dass es den Erklärbär bei Lück nicht mehr gibt, der müsste das Wort lieben, Beckenbodenmuskulaturaktivierung).

▶ Steiß- und Schambein Richtung Fersen, den Kronenpunkt in die andere Richtung ziehen, bis der Rücken lang und leicht aufliegt, inklusive Nacken (evtl. Ballon unterlegen).

▶ Arme bequem anwinkeln.

▶ Das linke Bein auf die Ferse stellen und diese Ferse den Boden entlangschieben, bis das Bein ausgestreckt ist. Den rechten Fuß auf den linken Oberschenkel legen.

▶ Beckenboden noch mal nachziehen. Das rechte Knie so weit zur Seite fallen lassen, wie es nur geht, ohne die linke Hüfte vom Boden zu heben, die muss bleiben, wo sie ist.

   Wenn's dann in der rechten Leiste zappt, sind Sie richtig.

▶ Langsam bis 30 zählen, Seite wechseln.

Tipp für noch mehr Dehnung: Wenn der Oberkörper bis zu den Kreuzbeingelenken auf dem Polster liegt und die Oberschenkel leicht abfallen, dehnt's noch deftiger!

181

Rücken und Kniesehne

▶ Vor einer Stange, einer Sprossenwand, einem Mäuerchen, einem Fenstersims. Beckenboden aktivieren, indem Sie die Sitzbeinhöcker näher zueinander ziehen. Das Gewicht gleichmäßig auf beide Beine und Füße verteilen, Knie sind locker. Rechte Ferse aufsetzen. Den Sitzhöcker am Ende des rechten Beines kräftig nach hinten ziehen. Ja, das dehnt schon

ziemlich und richtet vor allem den unteren Rücken auf. Den Kronenpunkt in die Gegenrichtung ziehen, bis die Wirbelsäule vollkommen aufgespannt ist.

▶ Die rechte Hüfte weicht nicht aus, sondern bleibt parallel mit der linken, Oberkörper pfeilgerade zum aufgelegten Bein beugen. Die entstehende Dehnung dosieren und auf 30 Zähler halten. Seite wechseln.

Oberschenkel und Hüftbeuger (Psoas)

▶ Auf Armdistanz vor Stange, Sprossenwand oder Wand stehen. Mit der rechten Hand halten oder abstützen.

▶ Gewicht mit Hilfe des aktivierten Beckenbodens auf beide Beine gleichmäßig und leicht verteilen.

▶ Die Knie bleiben locker.

▶ Das linke Bein mit der linken Hand am Mittelfuß fassen. Das linke Knie schwer nach unten fallen lassen.

▶ Auch das Steißbein nach unten ziehen, bis der Oberschenkel durch diese Aufrichtung des Beckens sehr intensiv gedehnt ist.

▶ Für noch mehr Stretch: Den Fuß näher zum Gesäß ziehen.

Achtung: Sobald Sie mit dem linken Bein nach hinten ausweichen, geht die Dehnung verloren.

▶ Bis 40 zählen, ganz langsam, Seite wechseln.

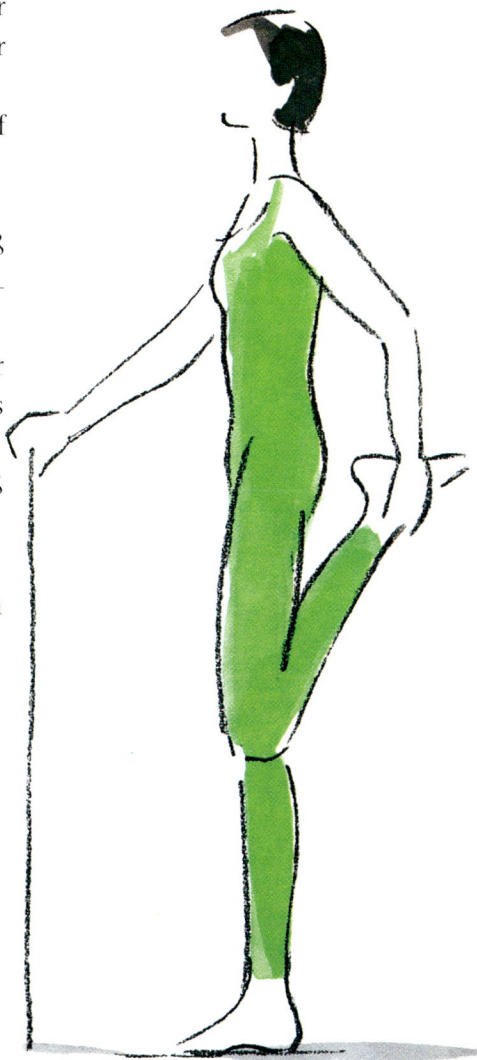

Hüften, Hüftbeuger und Kniesehnen

▶ Rückenlage sorgfältig aufbauen.

▶ Das linke Knie zur Brust ziehen.

▶ Die rechte Ferse aufstellen und nach vorn schieben, bis das Bein total ausgestreckt ist, möglichst flach und gleichmäßig am Boden.

▶ Die linke Ferse in den Himmel stoßen – und noch ein bisschen weiter.

▶ Oberschenkel mit den Händen halten.

▶ Beckenboden aktivieren, indem Sie die Sitzbeinhöcker näher zur Mitte ziehen.

▶ Das linke Bein möglichst nahe zum Körper ziehen.

Achtung: Die linke Hüfte hebt sich NICHT vom Boden. Durch den Beckenboden einatmen. Durch den Mund ausatmen. Durch den Beckenboden einatmen. Ausatmen. Bei jedem Einatmen das Bein in der Luft noch näher ziehen. Auf 40 Zähler halten. Seite wechseln.

16 Die Formeln für den Puls

(zusammengestellt von SHAPE®)

Die ideale Pulsfrequenz beim Laufen

Frauen möchten wissen, wie sie am meisten Fett verbrennen. Männer interessiert, bei welcher Pulsfrequenz ihre Ausdauer am besten profitiert. Glück für die Frauen: Laufen im aeroben Bereich bringt auch Kondition, da sind sich die Sportwissenschaftler einig. Heißt: Bei mäßig hohem Puls in mäßigem Tempo 30 bis 60 Minuten laufen ist gesundes Laufen.

Ich mache es mir einfach, ich höre einzig auf mein Wohlbefinden, während ich laufe. Dieses Wohlbefinden ist am größten, wenn ich so schnell laufe, wie ich das mit geschlossenem Mund kann. Das gelingt mir erst seit einigen Jahren, weil die in der Kindheit zweimal gebrochene Nase geflickt wurde und ich genügend Luft kriege. Vorher schnappte ich beim Joggen wie ein alter Karpfen nach Luft, und prompt hatte ich dauernd Bronchitis.

Gelegentliche Kontrollen mit der Pulsuhr an guten und an schlechten Tagen ergaben: Bei Mund zu variiert der Puls zwischen 112 und 122 Schlägen. Mit mei-

Warum der alte Karpfen nach Luft schnappt.

ner Nasentheorie wurde ich von Läufern fleißig ausgelacht, um so glücklicher macht mich Wim Luijpers/ Rudolf Nagillers Buch „Gentle Running": Dauerläufer Luijpers empfiehlt auch den Nasenschnauf.

Will ich Herz und Kreislauf zweimal in der Woche mit Intervalltraining an die Grenze jagen, so vertraue ich auch nur dem Gefühl: Sobald der Karpfen nach Luft schnappt, bin ich im anaeroben Bereich und trainiere kurz und heftig auf Leistung. Ab 165 Schlägen pro Minute pocht das Herz an die Schädeldecke.

Ist Ihnen alles zu ungenau und hemdsärmelig? Hier sind die zur Zeit aktuellen Formeln. Die eine, absolute Wahrheit für alle ist nicht dabei, letztlich müssen Sie selbst herausfinden, wie Ihre innere Pulsuhr tickt. Die Kollegen Nina Winkler und Oliver Wibihal der deutschen Fitnesszeitschrift SHAPE haben die Trainingsmodelle für Sie zusammengestellt.

Hand aufs Herz

In Ihrem Körper schlummert Ihr perfekter Laufrhythmus. Wecken Sie ihn!

Das Herz schlägt wild. Ihr Puls und Sie rasen um die Wette. Nur 15 Minuten durch den Wald gejoggt, immer die Pulsuhr im Auge gehabt und trotzdem vollkommen aus der Puste?

Irgendetwas ist da wohl falsch gelaufen! Kann zwei Gründe haben.

Erstens: Sie laufen im falschen Rhythmus. Machen Sie Ihre Schritte nicht zu groß und laufen Sie nicht zu schnell, dann klappt es auch mit dem Luftholen.

Zweitens: Eine weitere Fehlerquelle hat der Sportmediziner Kai Röcker lokalisiert: Die Pulsformeln sind teilweise sehr ungenau. Auch eine Pulsuhr mit allen technischen Raffinessen kann nur so genau sein wie ihre vorgegebenen Daten. Nach der gängigen „220

minus Lebensalter"-Formel für den Maximalpuls könnten also ein Leistungssportler und ein Büroangestellter genau die gleichen Trainingsvorgaben haben. Zur optimalen Fettverbrennung ist aber ein exakt bestimmter Maximalpuls unbedingt notwendig. Zur Ermittlung der maximalen Herzfrequenz empfiehlt Röcker eine simple Methode: Joggen Sie zehn Minuten hintereinander. Kein Schleichen und kein Schlendern, sondern scharfes Laufen.

Zum Schluss einen Spurt von 15 bis 30 Sekunden anhängen und danach sofort den Puls messen. Das Ergebnis soll die maximale Herzfrequenz genauer widerspiegeln als alle Formeln. Legen Sie diesen Wert als Ausgangsbasis für Ihr Trainingsprogramm fest – dann klappt es in Zukunft ohne Hecheln.

Wann verbrennt das Fett?

Jeder Körper ist individuell – und jeder reagiert anders. So ist das auch im Fettverbrennungsbereich. Was bei der Freundin die Pfunde schmelzen lässt, muss bei Ihnen noch lange nicht wirken. Trainieren Sie typgerecht, probieren Sie verschiedene Methoden aus und hören Sie auf Ihren Körper. Der weiß, was Ihnen gut tut, Sie werden es schon sehen…

*Minilektion in Biochemie:
So schmilzt Ihr Fett.*

Vorab eine Minilektion in Biochemie, damit Sie verstehen, was bei der Fettverbrennung passiert.

Jede noch so kleine Bewegung des Körpers benötigt Energie. Das Energieverarbeitungssystem des Körpers hat die Aufgabe, Kohlenhydrate, Fette und Eiweiße aus der Nahrung zu verbrennen und den Körper als Treibstoff zur Verfügung zu stellen.

Der Körper verfügt über mehrere Möglichkeiten, Energie zu gewinnen.

Glykolyse

Für „Blitzenergie" sorgen ATP und Kreatinphosphat, die in den Muskelzellen gespeichert sind. Es sind die Power-Akkus in den Zellen. Diese Energie steht allerdings nur für einen kurzen Zeitraum bei intensiven, schnellen und kräftigen Leistungsanforderungen zur Verfügung (z. B. wenn Sie einen Sprint einlegen, um den Bus noch zu erreichen). Die Phosphatspeicher (Adenosintriphosphat ATP und Kreatinphosphat KP) werden ohne Sauerstoff abgebaut.

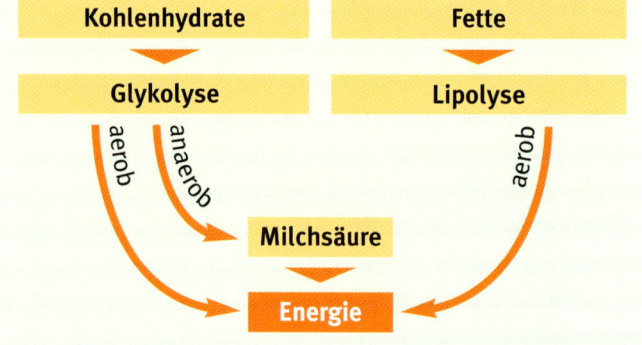

Energie, die schnell verfügbar sein muss, wird dem Körper durch Kohlenhydrate zur Verfügung gestellt. Sie sind im Glykogendepot der Leber und Muskulatur begrenzt gespeichert. Einige Gramm

Fette und Kohlenhydrate sind die Energiespender für jede Art von Leistung.

Glukose sind im Blut, diese dienen aber in erster Linie der Gehirnversorgung. Die Kohlenhydrate als Energiequelle reichen etwa zwei Stunden. Der Abbau der Kohlenhydrate erfolgt aerob und anaerob. Wenn Sie zu schnell laufen, also hecheln und schnaufen, führen Sie dem Körper wenig Sauerstoff zu. Die Glykolyse verläuft anaerob, also ohne oder mit zu wenig Sauerstoff.

Dafür bezahlen Sie mit einem ärgerlichen Nebenprodukt: der Milchsäure (Laktat). Wie viel Milchsäure Ihr Körper produziert, hängt von Ihrem Trainingszustand ab. Sind Sie gut trainiert, kann der Körper die Übergangsschwelle von aerober zu anaerober Energielieferung „verzögern". Es bildet sich erst bei größerer Belastung Laktat. Weiterhin kann man durch Training seine Laktattoleranz verbessern, d. h. mit Laktat trotzdem noch durchhalten, sozusagen das „Stehvermögen" verbessern.

Laktat ist nicht der direkte und alleinige Verursacher

von Muskelkater. Sonst müsste dieser ja nach relativ kurzer Zeit vorüber sein, weil Laktat abgebaut wird. Indirekt wirken beim Muskelkater Laktat und Mikrotraumen des Gewebes zusammen, was zum Muskelkater führt.

Ist die Laktatkonzentration allerdings zu hoch, geht nichts mehr, Sie müssen das Training abbrechen. Mit Hilfe der Leber wird das Laktat chemisch umgebaut und in Energie verwandelt. Bereits wenige Stunden nach dem Training ist die Milchsäure in der Leber vollständig abgebaut, im Muskel spüren Sie die Folgen des Katers aber noch eine Weile.

Die Milchsäure und der Muskelkater.

Lipolyse

Das zweite System der Energiebereitstellung ist die Lipolyse, die Energiebereitstellung aus den Fettzellen. Wollen Sie Fatburning betreiben, müssen Sie die Lipolyse ankurbeln. Dazu ist Sauerstoff notwendig. Man braucht etwa 2000 Liter Sauerstoff, um ein Kilo Fett zu verbrennen. Es ist also wichtig, dass Sie beim Laufen richtig und tief atmen. Das können Sie nur, wenn Sie langsam laufen. Die Energiegewinnung aus den Fett-

Möglichkeiten der Energiebereitstellung: Erst wenn Sie länger laufen, geht's auch an die Fettreserven.

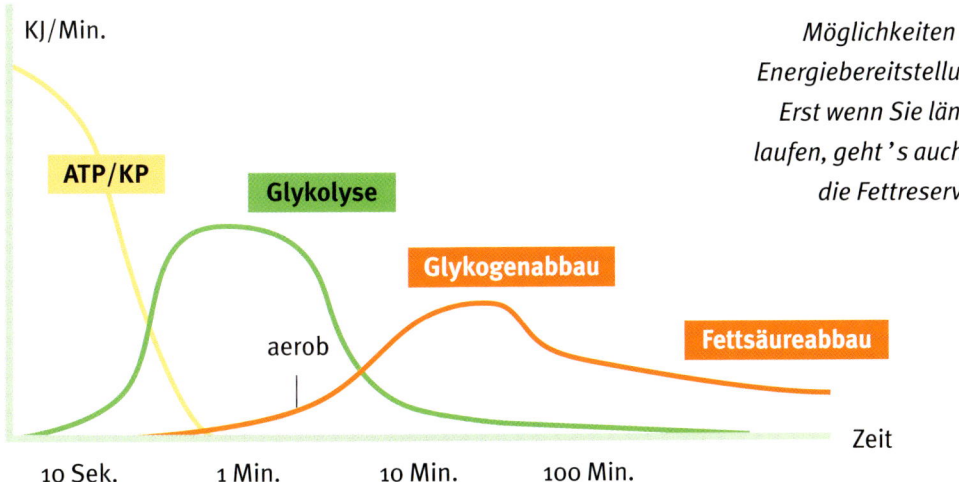

in Anlehnung an Badke et al.: Sportmedizinische Grundlagen der Körpererziehung und des sportlichenTrainings. Leipzig. 1981

189

tanks läuft langsam an, deshalb ist sie auch nur für eine niedrige bis mittlere Belastungsintensität geeignet. Wenn Sie schneller laufen, schaltet ihr Körper automatisch auf Glykolyse um, weil Kohlenhydrate schneller und mehr Energie liefern als Fette.

Wollen Sie also Ihre Fettpölsterchen anzapfen, müssen Sie langsam und länger laufen. Die Grafik auf Seite 189 verdeutlicht dies.

Einfluss von Insulin auf die Fettverbrennung

Hormone haben einen großen Einfluss auf den Stoffwechsel, gerade auch bei der Fettverbrennung. Damit Glukose für die Energiebereitstellung „verarbeitet" werden kann, muss das Hormon Insulin ausgeschüttet werden. Insulin macht den Weg für Glukose in die Zellen frei. Entweder, damit sie sofort verheizt werden kann, oder um diese für zukünftigen Energiebedarf zu speichern. Insulin stammt aus den „Inselzellen" der Bauchspeicheldrüse und regelt den Blutzuckerspiegel. Ist genügend Glukose im Blut, erhöht sich das Insulin, damit die „Zuckerpolizei" die Zellen für den Glukoseabbau öffnen kann. Fette bleiben in dieser Phase unberührt. Ein hoher Insulinspiegel bremst gezielt und präzise das Einschmelzen des Fettgewebes und die Umwandlung von Fett in Glukose. Insulin wird nur gebildet, wenn genügend Glukose und damit Energie im Blut unterwegs ist. Es wird kein zusätzlicher Treibstoff für die Zellen benötigt, ein Angriff auf die Fettreserven findet der Körper in diesem Fall überflüssig. Wenn Sie also den Insulinspiegel konstant und niedrig halten, greift der Körper eher die Fettreserven an. Regelung des Insulinspiegels über Ernährung und dem Zeitpunkt der Nahrungsaufnahme im Zusammenhang mit dem Training! Wann der Insulinspiegel nach dem Essen wieder auf „normalem" Maß ist, hängt von der Nahrungszusammensetzung, -menge und -sättigung des Körpers zusammen.

*Laufen – Jungbrunnen
für die Hormone.*

Pulsfrequenz
und Fettverbrennung

Zur Berechnung der optimalen Pulsfrequenz der Fettverbrennung gibt es nun unterschiedliche Methoden
und Trainingsprogramme.

Fettverbrennungs-Formel nach Dr. Pabst

a) Ermitteln Sie den Rechenpuls: 220 minus Lebensalter in Jahren.

b) Arbeitspuls ermitteln: Zählen Sie vor dem Training
15 Sekunden lang die Pulsschläge an der Halsschlagader oder am Handgelenk. Multiplizieren Sie
mit vier.

c) Ziehen Sie den Arbeitspuls vom Rechenpuls ab.

d) Teilen Sie das Ergebnis durch zwei.

e) Jetzt wieder den Arbeitspuls dazurechnen.

f) Die Zahl stellt den aeroben Bereich dar, in dem 60
Prozent Fett und 40 Prozent Kohlenhydrate zur Energiegewinnung verbrannt werden. Vier Pulsschläge
rauf oder runter sind als Toleranz drin.

*Wohl fühlen ist Ihnen zu
einfach? Okay, hier sind die
Formeln zum Rechnen.*

Beispiel: **50-jährige Frau**

Rechenpuls: 220 – 50 = 170

Arbeitspuls: 20 x 4 = 80

$\quad\quad\quad\quad$ 170 – 80 = 90

$\quad\quad\quad\quad$ 90 : 2 = 45

$\quad\quad\quad\quad$ 45 + 80 = 125

125 ist der Pulsbereich, in dem 60 Prozent Fett und 40
Prozent Kohlenhydrate verbrannt werden.

Wenn Sie nach dem Münchner Sportmediziner Dr.
Pabst trainieren, sollten Sie lange und langsam trainieren. Lange bedeutet mindestens 40 Minuten Ausdauertraining, 4-mal pro Woche. „Langsam" ist ein Puls, der

zwischen 110 und 130 liegt, das ist dann auch der Fett-verbrennungspuls. Falls Sie keinen Pulsmesser haben – kein Problem. Messen Sie den Puls einfach mit den Fingern an der Halsschlagader oder am Handgelenk:

15 Sekunden die Schläge messen und mit 4 multiplizieren.

Aber nicht mit dem Daumen messen, der hat nämlich einen eigenen Puls. Alle 10 Minuten kontrollieren, ob Sie noch in der Fettverbrennungszone liegen.

Trainingsplan nach Pabst

*Finger misst Puls am
Handgelenk.*

Tag	Trainingsart	Dauer	Puls
Montag	Ausdauertraining	40 Min.	110–130
Dienstag	Pause		
Mittwoch	Ausdauertraining	40 Min.	110–130
Donnerstag	Pause		
Freitag	Intervalltraining	20 Min.	130–150
Samstag	Ausdauertraining	40 Min.	110–130
Sonntag	Pause, Seele baumeln lassen		

Fettverbrennungs-Formel nach Marx

a) 220 minus Lebensalter minus Ruhepuls; der Ruhepuls wird morgens nach dem Aufstehen gemessen.

b) Multiplizieren Sie die ermittelte Zahl mit 65 und teilen Sie sie durch 100.

c) Addieren Sie den Ruhepuls. Das Ergebnis ist der optimale Fettverbrennungspuls. Fünf Schläge rauf oder runter sind als Unschärfe drin.

Beispiel:	50-jähriger Mann
	220 − 50 − 60 = 110
	110 x 65 = 7 150 : 100 = 71,5
	71,5 + 60 = 131,5

131,5 ist der optimale Fettverbrennungspuls.

Michael Marx rät dazu, eine negative Energiebilanz aufzubauen. Heißt im Klartext: Weniger essen, als Sie den Tag über verbrennen. Fahren Sie die Kalorienzahl runter, essen Sie wenig Zucker und wenig Weißmehl. Gleichzeitig auf ausreichende Eiweißzufuhr achten, damit der Insulinspiegel nicht in astronomische Höhen schnellt. So schaltet der Körper leichter vom Kohlenhydratstoffwechsel auf den Fettstoffwechsel um. Kohlenhydrate mag er nämlich lieber. Erst wenn die verbraucht sind, geht er an den Speck. Und die meisten von uns wollen das ja.

Nüchtern laufen, Fett verbrauchen.

Drei Mahlzeiten pro Tag sind deswegen laut Marx ideal für die Fettverbrennung. Der Körper braucht je nach Veranlagung zwei bis vier Stunden, um den bei den Mahlzeiten gestiegenen Insulinspiegel wieder zu senken. Wenn Sie im Tiefpunkt der Insulinkurve trainieren, sind Sie übrigens schneller im Fettverbrennungsbereich und bleiben nicht unnötig im Kohlenhydratstoffwechsel kleben. Deswegen: am besten drei bis vier Stunden vor dem Training nichts mehr essen.

Wenn Sie nach dem Training noch eine Stunde lang nur Mineralwasser trinken und auf Schorle, zuckerhaltige Getränke und Essen verzichten, können Sie den so genannten Nachbrenneffekt auch noch optimal nutzen. Der Körper verbrennt nämlich auch noch nach dem Training mehr Kalorien.

Die holt er sich dann aus dem Körperfett, wenn Sie keine Kohlenhydrate zuführen.

Den Fettreserven zu Leibe rücken.

Trainingsplan nach Marx

Wechsel aus Muskelaufbau und Fettverbrennung. Pausen und alternierendes Training sorgen dafür, dass der Nachbrenneffekt optimal angeregt wird und der Körper schnell an die Fettreserven geht.

Tag	Trainingsart	Dauer
Montag	Kraftaufbau durch gezieltes Muskeltraining mit leichten Gewichten	30 Min.
	Ausdauertraining ohne Intervalle	30 Min.
Dienstag	Pause	
Mittwoch	Ausdauertraining ohne Intervalle (Fettverbrennung im Pulsbereich nach Marx)	90 Min.
Donnerstag	Gezieltes Muskeltraining mit leichten Gewichten	40–60 Min.
Freitag	Pause	
Samstag	Ausdauertraining ohne Intervalle (Fettverbrennungstraining im Pulsbereich nach Marx)	90 Min.
Sonntag	Pause und den Tag genießen	

Peak Performance anpeilen mit Bill Phillips

Sie sind ein Sprinter-Naturell und viel zu ungeduldig für stundenlange Waldläufe? Dann testen Sie doch mal das Konzept des US-Fitness-Experten und Erfolgsautors Bill Phillips. Sein Buch „Body for Life" (Verlag Südwest) ist ein Millionenseller in den USA. Phillips verspricht ein neues, schlankes Körpergefühl in 12 Wochen.

Er ist davon überzeugt, dass langes, leichtes Aus-

dauertraining gar nichts bringt. Damit landen Sie nur auf einem Trainingsplateau, sprich: Irgendwann ist Schluss mit Fettverbrennung, es bewegt sich gar nichts mehr. Phillips schwört auf kurzes, intensives Training. 3-mal die Woche flinke 20 Minuten Ausdauertraining. Dabei soll der Puls mit Intervallen und steigender Intensität bis zur maximalen Belastung hochgejagt werden.

Heißt zum Beispiel:

4 Minuten gemütlich joggen,

1 Minute rennen, so schnell Sie können,

4 Minuten gemütlich joggen,

1 Minute sprinten,

4 Minuten joggen,

1 Minute sprinten,

5 Minuten joggen.

*Warum Fitness auch die
Pausen braucht.*

So toppen Sie bei jeder Sprinteinlage Ihre persönliche Bestleistung und verbessern stufenweise Ihre Peak-Performance, damit ist Training mit steigendem Intensitätslevel gemeint.

Auch Phillips rät zu Training auf leeren Magen. Joggen Sie beispielsweise morgens vor dem Frühstück. Ansonsten gilt wie bei Marx: Vier Stunden vor dem Training und eine Stunde danach nichts essen, keine gesüßten Getränke, keine Saftschorle, nur Wasser.

Wichtig findet Phillips auch die Ruhetage zwischen den einzelnen Trainingseinheiten. Wenn Sie zu schnell erneut trainieren, haben sich die Muskelzellen noch nicht regeneriert, die Ausbesserungsenergie wird nicht richtig genutzt. Phillips erklärt das so: Bei jeder Form von Training bekommt die Muskelzelle leichte Risse. Der Körper ordert Reparaturtrupps, die diese Risse wieder flicken sollen. Das kostet Energie, die im Optimalfall aus den Fettdepots stammt. Wird der Repara-

turvorgang durch erneutes oder zu langes Training vorzeitig abgebrochen, bekommen Sie einen kräftigen Muskelkater, hervorgerufen durch Milchsäure, die den Kohlenhydratstoffwechsel fördert. Das Fett bleibt dann natürlich unangetastet.

Trainingsplan nach Phillips

Optimaler Fettverbrennungserfolg in kürzester Zeit – das ist hier die erwünschte Vorgabe. Dabei sind die High-Point-Elemente entscheidend. Die sollten Sie an jedem Trainingstag ein bisschen steigern. Sie können das Training durch leichtes Gewichtstraining an den übrigen Tagen ergänzen, das formt und strafft die Muskeln. Bei jeder Kräftigungseinheit eine andere Körperzone in den Mittelpunkt stellen – Oberkörper, Bauchzone, Unterkörper. In der darauf folgenden Woche dann die Abfolge variieren, also am ersten Trainingstag mit Unter- statt Oberkörper beginnen.

Tag	Trainingsart	Dauer
Montag	Pause	
Dienstag	Ausdauertraining mit High-Point-Elementen. Vier Intervalle einbauen. Intensitätslevel bei jedem High-Point etwas steigern.	20 Min.
Mittwoch	Pause	
Donnerstag	Ausdauertraining Vier Intervalle einbauen. Die Intensitätslevel liegen über denen von Dienstag.	20 Min.
Freitag	Pause	
Samstag	Ausdauertraining mit HighPoint-Elementen. Vier Intervalle einbauen. Heute sollten Sie Höchstleistung bei den Intensitätsleveln erzielen.	20 Min.
Sonntag	Pause	

Auspowern nach Dan Trone, Experte des Naval Health Research Center in San Diego

Dan Trone ist der Meinung, dass es egal ist, wie schnell Sie laufen und ob Sie mit einem bestimmten Puls laufen. „Eine verbrannte Kalorie ist eine verbrannte Kalorie, egal, wie sie vernichtet wurde", so Trone. Nach seiner Theorie verbrennen Sie pro gelaufenem Kilometer etwa 70 bis 80 Kalorien, egal, wie schnell Sie sind. Einzige Beschränkung: Der Puls sollte maximal 85 Prozent der maximalen Herzfrequenz betragen, wenn Sie längere Strecken laufen.

Trainingsplan nach Trone

Tag	Dauer des Ausdauertrainings	Puls
Montag	20–30 Min.	140–160
Dienstag	Pause	
Mittwoch	30–40 Min.	120–140
Donnerstag	Pause	
Freitag	20–30 Min.	140–160
Samstag	Pause	
Sonntag	30–40 Min.	120–140

*Quelle: **SHAPE**®*
www.shape.de

Interview mit Ralf Kriegel

Benita Cantieni

Was bringt mehr: Laufen für die Ausdauer oder Laufen für die Leistung?

Ralf Kriegel

Ralf Kriegel ist Diplom-Sportwissenschaftler, arbeitet mit der Deutschen Gesellschaft für angewandte Sportwissenschaft DEGASPORT zusammen und ist Experte der Fitnesszeitschrift SHAPE®. Ralf Kriegel verfasst seine Dissertation zum Thema „Interaktive Sportberatung" mit Schwerpunkt Ausdauersport.

Da müssen wir zuerst die Begriffe definieren, was ist unter Ausdauer zu verstehen, was unter Leistung? Im Breiten- und Freizeitsport bezeichnet Ausdauer in aller Regel die allgemeine Grundlagenausdauer zur Verbesserung der Ermüdungswiderstandsfähigkeit – schreckliches Wort, aber präzise. Laufen aktiviert viele Muskeln, eigentlich ist der ganze Organismus beteiligt, und deshalb ist der Laufsport hervorragend geeignet, die Ausdauer zu trainieren.
Wer sich das Ziel setzt, auf einer bestimmten Strecke und Distanz immer schneller zu werden, trainiert mit Laufen die Ausdauerleistung.

Benita Cantieni

Wie findet der Läufer die ideale Pulsfrequenz für seine Ziele? Die meisten Formeln scheinen mir nur bedingt tauglich. Die eine Frau sagt, sie könne sich bei 175 Schlägen pro Minute noch bestens unterhalten, die andere findet – bei ähnlichen Eckdaten – schon 130 zum Zerplatzen.

Ralf Kriegel

Die ideale Pulsfrequenz ist tatsächlich sehr individuell und auch vom Trainingszustand abhängig. Die meisten Formeln zur Berechnung jedoch nicht, da sie sich naturgemäß nicht auf die einzelne Person einstellen können. Man sieht das an Ihrem Beispiel. Am genauesten ist die sportärztliche Untersuchung. Für alle, die das nicht machen wollen, halte ich folgendes Vorgehen für sinnvoll.
Zunächst brauchen Sie Klarheit über drei Dinge:
1. Was will ich erreichen?
2. Was ist mein praktikabler Maximalpuls?
3. Was ist mein Ruhepuls?

Für das Ausdauertraining gilt eine Belastungsvorgabe von ca. 60 bis 70 % der maximalen Leistungsfähigkeit. Hieraus ergibt sich für jeden ein individueller Richtwert, der nach folgender Formel berechnet werden kann:

1. Berechnung des Ruhepuls (morgens unmittelbar nach dem Aufwachen an der Halsschlagader/15 Sekunden lang messen und dann mit 4 multiplizieren)
2. 220 minus Lebensalter minus Ruhepuls
3. Dieses Ergebnis x 60 bzw. 70 und geteilt durch 100 plus Ruhepuls.

Das ergibt einen guten individuellen Wert.

*Ein Hoch auf den niedrigen
Ruhepuls.*

Beispiel:
Ruhepuls: 15 x 4 = 60
220 – 40 – 60 = 120
120 x 60 = 7200 : 100 = 72
72 + 60 = 132

132 ist der Pulsbereich von ca. 60 Prozent der maximalen Leistungsfähigkeit.

Benita Cantieni

Gesetzt den Fall, mein Ruhepuls ist hoch und beim Laufen schnellt er sofort sehr hoch: Wie bringe ich den Puls herunter? Durch Leistung oder Ausdauer?

Ralf Kriegel

Ein hoher Ruhepuls – ich betone: Ruhepuls! – ist mitunter ein Zeichen für einen schlechten Trainingszustand. Denn ein niedriger Ruhepuls ist u.a. ein Ergebnis von Ausdauertraining. Allerdings muss auch erwähnt werden, dass es andere Gründe für einen hohen Ruhepuls geben kann, z.B. Medikamente. Der Ruhepuls reduziert sich erst nach längerem, regelmäßigem Training mit entsprechenden Trainingseffekten. Einer dieser Effekte ist die ökonomische Arbeitsweise des Herz-Kreislauf-Systems, also auch ein niedriger Ruhepuls. Das ist am besten durch aerobes Ausdauertraining im bereits be-

schriebenen Bereich von 60–70 % der maximalen Leistungsfähigkeit zu erreichen. Das ist wichtig! Mit leistungsorientiertem Laufen bei etwa 70–95 % der maximalen Leistungsfähigkeit bringen Sie den Ruhepuls nicht runter. Sie erreichen andere Ergebnisse, z.B. Stehvermögen, Laktatkompensation, aber nicht die angestrebte ökonomische Arbeitsweise des Herz-Kreislauf-Systems.

Benita Cantieni

Umgekehrt: Ich muss mich wahnsinnig anstrengen, um meinen Puls vom Fleck zu bringen, schnell laufen, mit hohem Widerstand radeln – ist das a priori „gesund" oder bringt regelmäßiges Training den Puls mit der Zeit hoch?

Ralf Kriegel

Ökonomie des Herz-Kreislauf-Systems verbessert auch die Fähigkeit des Organismus, auf eine bestimmte körperliche Anforderung angemessen zu reagieren. D. h., dass bei sehr hoher Belastung, anaerob oder in der aerob-anaeroben Übergangsphase (AANÜ) mit der Bildung von Milchsäure, auch der Puls entsprechend hoch sein muss, um den Organismus immer noch mit Sauerstoff versorgen zu können. Ziel ist es, die Spanne zwischen niedrigem Ruhepuls und der Fähigkeit eines angemessenen hohen Belastungspulses zu vergrößern. Das wird mit einem Training bei 90 % der maximalen Leistungsfähigkeit erreicht, also mit einem extensiven-intensiven, variablen Ausdauertraining absolviert, dem so genannten Intervalltraining.

Benita Cantieni

Was für eine Rolle spielt die Leistung beim Leichtlaufen? Kommt es für den Trainingseffekt darauf an, wie viele Kilometer ich in den 60 Minuten zurücklege? Oder zählt die Bewegung: wie flink, wie exakt …

Ralf Kriegel

Es ist in der Tat egal, wie viele Kilometer zurückge-

Training verbessert die Ökonomie des Herzens.

legt werden. Wichtig für den Trainingseffekt ist die Bewegung an sich, die Belastungsdauer und die Intensität, also auch der Puls. Entscheidend ist immer das Ziel, welches man erreichen will. Ein leichter Lauf mit dem Ziel, sich danach besser zu fühlen, den allgemeinen Fitnesszustand zu stabilisieren oder zu steigern, hat nichts mit den gelaufenen Kilometern zu tun, sondern nur mit der Bewegungsdauer und der individuell aufgebrachten Belastung.

Benita Cantieni

Kann ich mit Laufen im viel zitierten aeroben „Fettverbrennbereich" abnehmen, wenn ich nichts an meiner Ernährung verändere?

Ralf Kriegel

Grundsätzlich gilt: Nahrung liefert Energie, Bewegung verbraucht Energie, wie ein Motor. Nahrung ist der Treibstoff, der Körper ist der Motor. Bewegt sich der Körper, verbraucht er mehr Energie. Zum Abnehmen braucht es grundsätzlich eine negative Energiebilanz, d.h., Sie müssen mehr verbrauchen, als Sie zu sich nehmen.

Wer seine Ernährung in Menge und Art nicht verändern will oder kann und über lange Zeit regelmäßig läuft, hat dennoch gute Chancen, Fett zu verlieren, also früher oder später auch Gewicht. Die Chance vergrößert sich, wenn Sie zwei Stunden oder länger vor dem Laufen nicht mehr essen. Dann arbeitet der Magen nicht mehr auf Hochtouren, essbedingtes Seitenstechen und das Trägheitsgefühl gibt's nicht, Sie laufen leichter, angelehnt an das Sprichwort – Voller Bauch studiert UND bewegt sich nicht gern! Wer nüchtern läuft, hat weniger Insulin im Blut, der Körper holt sich die notwendige Energie direkt aus Fettreserven. Der Körper arbeitet auch nach dem Laufen im Sinne eines „Nachbrennens". Wer hinterher zwei Stunden oder länger auf Essen und zucker-

Das Ziel,
das Ziel,
das Ziel
entscheidet!

Ein Läufchen am Morgen
vertreibt Fett
und auch Sorgen.

haltige Getränke verzichtet, hat gute Chancen, abzunehmen.

Benita Cantieni

Also nur noch nüchtern laufen …

Ralf Kriegel

Grundsätzlich bin ich ein Befürworter. Wer sich ganz ohne etwas schwer tut, kann ein wenig Obst essen, um bei Magenempfindlichkeit Probleme zu vermeiden. Mit Läufen am Morgen kommt auf alle Fälle der Kreislauf in Schwung und nach der Dusche und anschließendem Frühstück kann der Tag beginnen.

Benita Cantieni

Eine Ärztin, Heidi Troxler, hat mir gerade eine Studie erklärt, wonach beim Nüchternlaufen mit Nachbrennzeit das natürliche, körpereigene Wachstumshormon eine Spitzenleistung erbringe und auch für das Runner's High verantwortlich sei. Noch ein guter Grund, das System ein bisschen auszuhungern …. Wie lange muss ich aerob laufen, um Resultate zu sehen: 30, 45, 60 Minuten pro Tag? Am Stück oder kann es in kleine Häppchen aufgeteilt werden?

Ralf Kriegel

Was ist mit Resultat gemeint? Abnehmen? Um Fett als Energielieferanten zu nutzen, müssen Sie in den Fettstoffwechsel kommen. Das ist ein zäher Prozess, erst müssen ja die Kohlenhydrate aufgebraucht werden. Diese Spagetti-Hürde lässt sich nicht überspringen. Die Energiebereitstellung durch Fett beginnt stetig ab 30 Minuten aerobem Laufen. Das ist aber auch ein statistischer Mittelwert und individuell sehr unterschiedlich, verknappt: Je mehr Sie trainieren, umso schneller holt der Körper die Energie aus Fettzellen. Je länger Sie am Stück laufen, umso mehr Fett verbrennen Sie. Funktioniert nur, wenn Sie aerob laufen, denn die Fettverbrennung benötigt Sauerstoff. Es nützt also wenig, durch schnelles,

intensives und kurzes Laufen die Pölsterchen dauerhaft wegtrainieren zu wollen. Allerdings gehen einige Effekte der Bewegung miteinander einher, so dass durchaus auch mal zwischendurch, d.h. nach zwei bis drei „Fettverbrennungsläufen" mal in kleinen Häppchen intensiv gelaufen oder auch zur Muskulaturstärkung die Fitness trainiert werden kann.

Benita Cantieni

Wenn ich regelmäßig anaerob trainiere, verbrenne ich doch auch Kalorien, und mit der Zeit müssten die gleichen Pölsterchen schmilzen, wie bei aerobem Training. – Ein Argument, das immer wieder kommt. Stimmt's?

Ralf Kriegel

Wann schmelzen denn endlich die Polster?

Es geht nicht um den reinen Verbrauch von Kalorien. Der Organismus ist komplex und kompliziert. Die genannten Pölsterchen bestehen aus Fettreserven. Diese stehen als Energiespeicher zur Verfügung, wenn der Körper sie gewissermaßen abruft, durch gezieltes, ausreichend langes Bewegen – es gibt ja nicht nur Laufen – im aeroben Bereich. Nur so bekommt der Körper den Sauerstoff, den er zum Fettverbrennen braucht. Dieser Zustand wird „O_2-steady-state" genannt, heißt: Die eingeatmete Luft gibt so viel Sauerstoff ab, wie der Organismus, hier das Erfolgsorgan Muskel, zum Arbeiten verbraucht. Übersteigt der O_2-Bedarf der Muskeln aufgrund höherer Trainingsintensität die O_2-Lieferfähigkeit der Atmung, beginnt die anaerobe Energiebereitstellung, bei der sich Abfallprodukte wie Milchsäure bilden. Diese Milchsäure verhindert zusätzlich die Fettverbrennung, so dass in jedem Fall zum Zweck des Abnehmens aerob trainiert werden sollte.

Durch anaerobes Training gelangt man höchstens an das Körperfett während des „Nachbrennens", also nach dem Training. Dies ist aber kaum der Rede wert.

Benita Cantieni

Wie finde ich heraus, welches Training für mich funktioniert?

Ralf Kriegel

Wer völlig untrainiert ist, muss einfach ausprobieren, was ihm gut tut – und Spaß macht. Für Einsteiger ist Wogging ideal, die Kombination aus Gehen und Laufen: 5 Minuten Gehen – 10 Minuten leichtes Laufen – 5 Minuten Gehen – 10 Minuten leichtes Laufen usw. Diese Intervalle können im weiteren Verlauf verändert werden, so dass man schließlich nur noch läuft. In den Geh-Minuten bringt der Anfänger Puls und Atmung wieder unter Kontrolle, er kann sich aktiv erholen.

Erprobten Läufern empfehle ich, die Trainingsmethoden zu variieren. Mach ich tagein, tagaus das Gleiche, so stellt sich mit der Zeit ein so genanntes Plateau ein, d. h., der Körper reagiert nicht mehr in gewünschtem Maße auf die Belastung, weil er sich daran gewöhnt hat. Dann wird es Zeit, die Laufmethode mal zu wechseln, z. B. aus der Dauermethode eine extensive, aber trotzdem aerobe Intervall-Methode zu machen. Oder mal die Sportart wechseln – schwimmen, biken, rudern machen ja auch Spaß.

Sie laufen nicht gern? Okay, so schwimmen Sie doch!

Benita Cantieni

Welche Methode zur Pulsmessung empfehlen Sie?

Ralf Kriegel

Ich persönlich bin ein Befürworter der Pulsmessung an der Halsschlagader. Sie ist, wenn man es richtig macht, am genauesten und fördert das eigene Körpergefühl. Jedoch ist diese Methode genau wie jene Messung an der Hand während des Laufens relativ unpraktikabel. Man kann auf diese Weise eigentlich nur vor und nach dem Laufen den Puls kontrollieren: Unmittelbar vor und nach dem Laufen 15 Sekunden lang messen und die gezählten Schläge mit vier multiplizieren. Alle zwei Minuten wieder-

holen, um herauszufinden, wie lange es dauert, um wieder den „normalen" Puls (Erholungspuls) zu erreichen.

Es gibt ein großes Angebot an Pulsmessgeräten, mit denen man auch während des Laufens seinen Herzschlag kontrollieren kann. Diese sind in jedem Sportgeschäft erhältlich. Sie werden angeboten von Firmen wie Polar, CardioSport, Acumen Inc., Ciclosport, Vanguard, Seca-Unilife usw. Ihre Preise liegen je nach Ausstattung bei DM 75,– bis DM 800,–. Sie können teilweise Pulswerte speichern, die dann im PC weiterverarbeitet werden. Natürlich sind auch ihre Qualitäten in Handhabung und Genauigkeit unterschiedlich. Grundsätzlich bestehen oft Kontaktschwierigkeiten des Brustgurtes. Er muss straff gespannt sein, was beim Laufen u. U. lästig werden kann. Des Weiteren messen die Geräte besser, wenn die Kontaktstellen feucht sind. Dadurch können natürlich entsprechende Schwankungen auftreten.

*Wenn die Pulsuhr
Fehler macht.*

Benita Cantieni

Eine Frau schrieb: Ihr Gerät zeige beim Laufen ideale 130, im Studio auf dem Laufband bei gleicher Geschwindigkeit, gleichem Empfinden von Anstrengung jedoch nur 110. In einem anderen Fall war's umgekehrt, die eigene Uhr zeigt 110 beim Laufen, die fremde 150 am Ellipsentrainer. Woran soll ich mich halten?

Ralf Kriegel

Im Zweifelsfall würde ich mich persönlich immer an der eigenen Messung an der Halsschlagader orientieren. Diese Pulsmessung richtig durchgeführt kann technisch nicht „versagen" oder fehlerhafte Ergebnisse produzieren. Um aber die Genauigkeit eines der im Beispiel genannten Gerätes zu prüfen, schlage ich vor, den mit der Hand gemessenen Wert mit dem Gerätewert zu vergleichen. So bekommen Sie am ehesten heraus, welches Gerät wohl dem „wahren" Wert entspricht.

Benita Cantieni

Und immer wieder kommt die Klage: Jetzt laufe ich doch so brav, und die Waage zeigt mehr Kilo an. Ich rate: Waage wegwerfen. Wie viel Muskel kann denn aus einem Kilo Fett werden?

Ralf Kriegel

Zunächst ist ganz wichtig: Aus Fett kann kein Muskel entstehen. Fett dient als Energielieferant, der Muskel ist das ausführende Organ, welches für Bewegungen des Körpers zuständig ist. Wer Sport zum Abnehmen macht, muss wissen: Muskeln sind immer schwerer als Fett. D. h., man kann trotz eines ganz geringen Fettanteils relativ schwer sein, manchmal sogar besonders schwer, wenn man eine entsprechende Muskulatur vorweist.

Wer Sport macht, muss umdenken. Die Waage ist nicht das Maß aller Dinge. Das „individuelle Wohlfühlgewicht", die eigene Bestform zeigt sie nicht an. Dazu muss ich aber auch sagen: Laufen bildet keine zusätzliche Muskulatur! Ausdauertraining hat chemische Auswirkungen im Organismus, die nichts mit Muskelwachstum zu tun haben. Oder haben Sie schon mal einen Marathon-Läufer gesehen, der mächtige Muskeln vorweisen kann?

Weshalb der Marathonläufer so schlank ist.

Benita Cantieni

*Also zusätzlich zweimal pro Woche Muskeltraining!
Zur Fettmessung: Wie zuverlässig sind die Methoden und welches sind denn nun „gesunde Werte"? Vor allem Frauen gehen mit dem BMI inzwischen so hysterisch um wie vorher mit der Waage.*

Ralf Kriegel

Herkömmliche Fettmessungs-Methoden mit Geräten, die wie Waagen funktionieren oder sogar eine solche integriert haben, arbeiten nach dem Prinzip der bio-elektrischen Impedanz, ein Prinzip, mit dem Stromkreise geschlossen werden, in dem der Körper und somit auch das Fett eingebunden ist.

Diese Messungen unterliegen großen Schwankungen. Am genauesten ist das Messprinzip der Nah-Infrarot-Messung, z. B. mit dem Gerät Futrex 5000 (nähere Infos unter http://www.degasport.de).

Der BMI sagt indes nicht viel über die Zusammensetzung des Körpers aus, da das Verhältnis von Fett, Muskulatur und Knochen nahezu unberücksichtigt bleibt. Es werden lediglich Körpergröße und Körpergewicht berücksichtigt. Das kann nur ein ungefährer Anhalt sein. Normal sind Werte von 19 bis 25. Unter 19 ist leichtes Untergewicht, 25 bis 30 leichtes Übergewicht, über 31 starkes Übergewicht. Mittlerweile werden aber Tabellen eingeführt, die das Geschlecht und das Alter berücksichtigen. Damit ist man einen entscheidenden Schritt weiter.

$$BMI = \frac{\text{Körpergewicht (kg)}}{\text{Körpergröße (m)}^2}$$

Beispiel:

75 : (1,80 x 1,80) = 23,14

Benita Cantieni

Wie ernährt sich der aerobe Dauerläufer am besten?

Ralf Kriegel

Grundsätzlich gilt, fettreduziert zu essen und auf so genannte leere Kalorien (z. B. Weißmehlprodukte) und übermäßigen Zucker zu verzichten. Für den aeroben Ausdauersportler insgesamt sind Kohlenhydrate wichtig, da diese in der arbeitenden Muskulatur zum Verbrauch vorrätig sein müssen. Die kohlenhydratreiche Kost sollte in etwa 50 bis 60 % der Gesamtkalorien betragen, die problemlos durch Nahrungsmittel wie Vollkornprodukte, Müsli, Reis, Kartoffeln, Nudeln, auch Obst und Gemüse abgedeckt werden können. Kurzfristig zur Verfügung stehende Kohlenhydrate liefern vor allem zuckerhaltige Nahrungsmittel. Dazu gehört im Übrigen auch der Traubenzucker. Sie wirken nur kurz und können u. U. starke Schwankungen des Blutzuckerspiegels hervorrufen.

Mit Spaghetti läuft's sich leichter?

Mein Tipp: Drei ausgewogene Mahlzeiten am Tag, die nicht unmittelbar nach und mindestens zwei Stunden vor dem Laufen gegessen werden sollten.

*Auch das noch:
Laufen als natürlicher
Appetitzügler.*

Als Getränk empfehle ich Apfelsaftschorle. Von extrem zuckerhaltigen Getränken wie Cola rate ich ab, da diese noch durstiger machen und zu viel Zucker beinhalten.

Auf keinen Fall mit einem Flüssigkeitsdefizit das Laufen beginnen, denn wenn man Durst und Austrocknung verspürt, ist der Körper meist schon viel zu trocken. Flüssigkeit ist ganz wichtig!

Benita Cantieni

Kann ich mit Laufen meinen Stoffwechsel trainieren?

Ralf Kriegel

Und wie! Sportliche Betätigung allgemein, aber Ausdauertraining im Speziellen, kurbelt den Kreislauf an. Alles läuft schneller, der Energieumsatz erhöht sich und es werden viel mehr Organe „frisch" versorgt als ohne Training. Selbst der Appetit reguliert sich auf ein normales Maß, da sich das bewusste und unbewusste Körpergefühl verbessert. Zusätzlich werden durch Schwitzen viele Stoffwechselschlacken ausgeschieden, was einer Entgiftung gleichkommt. All das sind Auswirkungen eines besser funktionierenden Stoffwechsels, der sich einstellt, wenn regelmäßig die Ausdauer trainiert wird.

Benita Cantieni

Es kamen mehrere Fragen zum Laufen mit erhöhtem Blutdruck. Gut oder schlecht? Und wie muss der Puls bei Einnahme von Betablockern berechnet werden?

Ralf Kriegel

Bluthochdruck gehört zu den Risikofaktoren, die Herz- und Gefäßerkrankungen begünstigen. Ausdauertraining ist Herz-Kreislauf-Training, so dass damit auf alle Fälle der erhöhte Blutdruck positiv beeinflusst werden kann. Beim Laufen handelt es sich um so genannte Volumenarbeit mit damit einhergehender Vergrößerung des Herzvolumens und Erweiterung der Blutgefäße. Je anaerober das Laufen wird, desto eher wird aus der Volumenarbeit so

genannte Druckarbeit. Das Herz kann nur noch durch einen erhöhten Druck das Blut dorthin verteilen, wo es gebraucht wird. Also, aerob laufen ... und der Bluthochdruck wird auf jeden Fall positiv beeinflusst, d. h. auf Dauer gesenkt.

Zu den Betablockern: Sie werden ja medizinisch verwendet, um das Herz-Kreislauf-System zu dämpfen, also auch den Puls und Blutdruck zu senken. Außerdem wird aber auch der Energiestoffwechsel blockiert. Durch die Einnahme von Betablockern wird der Puls um ca. 20 bis 25 % reduziert. Das Herz-Zeit-Volumen, also die Blutmenge, die in einer bestimmten Zeit aus dem Herz getrieben wird, ist insgesamt um 5 bis 15 % vermindert. Das führt dazu, dass die Leistungsfähigkeit auf jeden Fall vermindert ist, was unbedingt berücksichtigt werden muss. Außerdem ist es nicht ganz ungefährlich, weil durch die Einnahme von Betablockern die Herzwände stärker belastet werden. In jedem Falle den Arzt fragen!

Benita Cantieni

Wie lange, wie oft, wie schnell – was empfehlen Sie?

Ralf Kriegel

Anfängern, die sich mit Pulsmessen und anderen Dingen noch zurechtfinden müssen, empfehle ich das Woggen 20 bis 30 Minuten, dreimal pro Woche, wobei immer ein Tag Pause dazwischen liegen sollte. Auf die Geschwindigkeit kommt es nicht an. Wichtig ist, dass man sich bewegt.

Je nach Gesundheitszustand ist es noch wichtig, darauf zu achten, dass man das richtige Schuhwerk und die richtige Kleidung benutzt und das Laufen auf festen Straßen vermeidet. Leichte Gymnastik am Anfang und am Ende runden das Training ab. Fortgeschrittene haben den besten Trainingseffekt mit drei- bis fünfmal pro Woche, 45 bis 60 Minuten hintereinander, wobei möglichst ein Tag Pause dazwischen liegen sollte.

*Das Herz,
die Zeit
und das Volumen.*

**Fragen,
Antworten,
Feedback**

Und kosten tut es auch nichts.

Tanja:

Hallo, ich habe gerade erst mit dem Laufen angefangen und halte noch nicht so lange durch, da ich auch sehr übergewichtig bin. Ich trainiere mit einer Pulsuhr, die mir je nach Tagesform meist einen Puls zwischen 130 und 160 empfiehlt. Ich laufe nun seit vier Wochen und mache auch noch andere Sportarten (Stepp, Aerobic), kann aber trotzdem bisher eher eine Gewichtszunahme oder Stagnation feststellen. Liegt das vielleicht daran, dass ich mit zu hohem Puls trainiere und kaum Fett verbrenne? Ich bin übrigens 20 Jahre alt.

Ralf Kriegel:

Dass du mit dem Laufen begonnen hast, finde ich super. Die Pulsuhr gibt dir nur das vor, was du einprogrammierst. Entscheidend ist die Laufdauer. Versuche, deinen richtigen Belastungspuls herauszufinden, und versuche dann, in diesem Bereich mindestens eine halbe Stunde durchgehend zu laufen. Wenn das nicht klappt, lege kurze Gehpausen ein, in denen du durchatmen kannst.
Übrigens: Echtes Gewicht verlieren in Form von Fettabnahme – das dauert seine Zeit. Wenn dann die Kilos purzeln, ist es aber ein „gutes" und dauerhaftes Abnehmen. Zusätzlich ist die Ernährung ganz wichtig. Achtest du auch darauf?

Bine:

Ich gehöre zu den dicken Mitmenschen und Sport mag ich eigentlich auch nicht, aber mein Mann sagt, ich soll abnehmen, deshalb meine Frage an Sie: Können auch Dicke den Laufsport betreiben und kann ich dabei auch abnehmen? Das Problem bei mir ist, wenn ich mich ein bisschen bewege, fange ich furchtbar an zu schwitzen, werde ganz rot und mein Herz explodiert. Kann ich beim Laufen einen Herzinfarkt bekommen? Ich bin übrigens 22 Jahre alt. Laufen möchte ich eigentlich nur, weil es ein Sport ist, der nichts kostet, denn wir haben wenig Geld.

Ralf Kriegel:

Laufen können alle, es sei denn, aus ärztlicher und orthopädischer Sicht gibt es entsprechenden Widerspruch. Wenn Sie das Laufen in Ihren Alltag kontinuierlich einbauen, d. h. nicht zu viel, aber ausreichend ca. zweimal in der Woche für etwa 20 bis 30 Minuten, dann steht auch dem Abnehmen nichts mehr im Weg.
Ich rate Ihnen, mit abwechselndem Gehen und Laufen (Wogging) zu beginnen, damit Sie sich nicht überanstrengen. Kontrollieren Sie Ihren Puls und lassen Sie sich ärztlich begleitend untersuchen.
Sie werden mit der Zeit feststellen, dass Laufen nicht nur wenig kostet, sondern auch 'ne Menge Spaß macht.

210

Feedback von H.:

Ich habe mich schnell an die Nasenatmung gewöhnt und war über den Effekt sehr überrascht. Ich lief und lief und mein Puls lag zwischen 120 und 130. Normalerweise muss ich oft zwischenrein walken, um meinen Laufpuls von 150 wieder zu senken. Gegen Ende hin wurde der Puls dann höher, aber meine Pulsuhr, die ihre Grenze bei 145 eingespeichert hat, piepste nie. Jetzt kann ich so laufen, dass auch meine Beine richtig was davon haben. Danke für den Tipp!!!

Lara:

Verändert sich die Pulsfrequenz eigentlich auch mit den Temperaturen? Ich hab das Gefühl, ich komme im Sommer viel schneller höher, im Winter muss ich mehr strampeln, um den Puls hoch zu kriegen. Danke für diese schöne Möglichkeit, persönliche Fragen zu stellen!

Ralf Kriegel:

Grundsätzlich nein, denn Menschen haben konstante Temperaturen.
Im Sommer spielen zusätzlich andere Faktoren, außer der Körperbelastung, eine große Rolle. So entsteht z. B. ein Wärmestau bei falscher Kleidung, der Körper fängt an zu kochen und man hat das Gefühl, der Puls rast. Weiterhin wehrt sich der Körper gegen direkte Son-

ne, er kämpft. Die Belastung auf den Körper ist unter solchen Umständen einfach größer als z. B. im Winter.
Deshalb rate ich dazu, nie in der Mittagssonne zu laufen.

Roberta:

Im Frühling, Sommer, Herbst laufe ich mit größtem Vergnügen. Im Winter nicht – die Schuhe rutschen, am Anfang friere ich, am Schluss sowieso, Resultat Erkältung. Und mit der Nasenatmung klappt es schon gar nicht – muss ich einen Mundschutz tragen?

Ralf Kriegel:

Das Schuhproblem kenne ich. Die Füße werden nass, man rutscht auf dem Waldweg hin und her … Aber insgesamt macht's mir persönlich trotzdem Spaß. Man kann sich nämlich auf das warme Zuhause freuen.
Während des Laufens kann man sich eigentlich nur schwer eine Erkältung einfangen. Das Problem ist danach, wenn man nicht sofort dafür sorgt, dass der Körper nicht auskühlt. Also: Warm duschen, ein warmes Getränk und der Körper wird widerstandsfähig. Nasenatmung … besonders im Winter eigentlich sehr vorteilhaft, da die kalte Luft nicht ungefiltert in die Lunge gelangt. Probier's noch mal, vielleicht mit langsamerem Tempo.

*Mund zu,
Nase auf,
Herz auch.*

*Langeweile ist für den
Körper tödlich.*

Sabine:

Ich laufe bereits seit einiger Zeit (zwei Jahren), weil ich mit dem Rauchen aufgehört hatte und dabei zugenommen habe. Seither ist das Laufen ein fester Bestandteil meines Tages geworden (fünfmal pro Woche ca. eine Stunde und mehr). Ich habe meinen Puls beim Sportmediziner bestimmen lassen und laufe im für mich definierten optimalen Bereich. Abgenommen habe ich aber bisher nicht und auch meine Fettwerte sind nach wie vor hoch – was ich frustrierend finde. Ach ja, die Schilddrüse habe ich auch untersuchen lassen. Ich denke, dass das nicht normal sein kann, da ich mich überaus gesund ernähre (viele Obstmahlzeiten, Vollkornbrot usw.). Vielleicht können Sie mir ja einen Tipp geben, der mir dabei hilft, mir meine Idealfigur zu erarbeiten.

Benita Cantieni:

Ich muss Sie enttäuschen, ich habe keine Ahnung von Idealfiguren, hatte nie eine, werde nie eine haben, ich habe durch Krankheit zu meiner Methode gefunden, war weit über 40, mich interessiert Gesundheit und Wohlfühlen, den Dünnsein-Terror kann ich nicht mitmachen …. nicht böse sein!
Ein Tipp: Vielleicht langweilt sich Ihr Körper mit der Routine, seit zwei Jahren immer nur laufen. Mindestens zweimal pro Woche braucht er Muskel-

training. Lesen Sie mal das Bill-Phillips-Modell, bestimmt kriegen Sie Ihren Stoffwechsel mit Intervalltraining auf Trab. Und herzliche Gratulation, dass Sie das mit dem Rauchen geschafft haben!

Heike:

Macht es Sinn, beim Laufen Hanteln zu benutzen, damit auch die Armmuskulatur ein wenig belastet und dadurch aufgebaut wird? Oder ist das uneffektiv?

Benita Cantieni:

Nein, laufen Sie nicht mit Hanteln. Das verführt zum Verkrampfen der Rücken-, Schulter-, Brust- und Armmuskulatur.
Zweimal 20 Minuten seriöses, vielseitiges Armtraining pro Woche, und Sie kriegen elastische Kraft.

Marta:

Vor ca. einem Jahr habe ich zum ersten Mal von der CANTIENICA®-Methode gehört, aber erst seit drei Monaten wird sie von mir „praktiziert". Und ich muss Ihnen sagen: Ich fühle mich WUNDERBAR! Nie hätte ich mit dieser Veränderung gerechnet. Hört sich vielleicht nach einer gewaltigen Gewichtsabnahme an!? Nein, ich finde meinen Körper schön, obwohl ich zwei Kilo mehr wiege (zugegeben bei

168 cm/54 kg nicht so entscheidend). Ich habe schöne, schlanke Muskeln bekommen und einen Superbauch. Ich bin frisch verheiratet und wir möchten bald Kind(er). Ich möchte dann alles so beibehalten (sofern es körperlich möglich ist). Würden Sie mir dazu raten?

Vor allem meine ich das Laufen in den ersten drei Schwangerschaftsmonaten.

Benita Cantieni:

CANTIENICA®-Training können Sie nahtlos machen, es ist die perfekte Geburtvorbereitung und die Rückbildung. Hebammen, die selber mit CANTIENICA®-Training gebären, schwärmen von Flutschgeburten und kaum beschädigten Beckenböden, die sie schon nach einem Tag wieder bequem aktivieren können. (Ich selber hatte ja nie das Vergnügen einer Geburt.) Nach einem Jahr konsequentem Training und mit den tollen Erfolgen, die Sie schildern, ist Ihr Powergürtel, Beckenboden-Hüften-Bauch-Rücken, garantiert kräftig genug. Der Embryo wird von allen Seiten geschützt und Sie können auch weiter laufen – sanft laufen, mit Beckenbden und in der Fliehkraft, wie's hier steht. Dann gibt's keine Erschütterungen für die Gebärmutter. Schauen Sie doch mal unter www.cantienica.com nach, bestimmt arbeitet auch in Ihrer Nähe eine Hebamme mit dem CANTIENICA®-Beckenbodentraining.

Da sind Sie in den besten Händen – und hören vor allem nichts Widersprüchliches.

Kornelia:

Ich laufe erst seit ca. sechs Monaten, in letzter Zeit leider nur einmal in der Woche. Meine Strecke beträgt ca. sieben km, davon schaffe ich die letzten drei km durch, d. h. ohne Pause. Ich hatte heute wieder einmal das Gefühl starker Atemnot am Ende des Laufes, obwohl ich langsam laufe und gut ausatme. Können Sie mir den Grund dafür benennen?

Benita Cantieni:

Vergessen Sie mal die sieben km, laufen Sie langsam, langsam bezogen auf die Strecke, die Sie mit Ihren Schritten zurücklegen.

Laufen Sie mit geschlossenem Mund, auch wenn es bergauf geht.

Laufen Sie nur so lange, wie Sie das mit geschlossenem Mund und voll in die Bewegungen integriertem Beckenboden können.

Ich bin ziemlich sicher, so kriegen Sie keine Atemnot. Wenn doch: Besprechen Sie's mit Ihrem Arzt, es gibt viele mögliche Gründe, von Allergie (Ozon) bis Anstrengungsasthma.

Powergürtel Becken in der Schwangerschaft.

Vom Fettkloß zum Bodybuilder in 12 Wochen.

Sanne:

Danke für das Kapitel PULS-FREQUENZ UND SO. Ich interessiere mich für die beschriebene Methode nach Bill Phillips, schon allein vom zeitlichen Aufwand her. Mich würde Ihre persönliche Einschätzung interessieren, denn nicht alles, was sich in den USA millionenfach verkauft, ist zur Nachahmung empfohlen. Konkret: Funktioniert das Intervalltrainingsprogramm nach Bill Philipps auch ohne die in der US Website angepriesenen Nahrungsergänzungsstoffe und die „High Protein-low Carb-low fat"-Diät?

Benita Cantieni:

Ich finde das 25-Minuten-Intervallprogramm toll, um die Kondition zu verbessern, auch ohne das Kraftfutter. Ich mache es zur Abwechslung sehr gern. Ob es für Sie stimmt, können Sie nur über den Selbstversuch herausfinden.
25 Minuten Intervalltraining ist genau das: 25 Minuten Intervalltraining. Sie haben damit noch nichts für Ihre Ausdauer und wenig fürs Muskelwachstum gemacht.
Die Versprechen, die Phillips macht, nämlich innerhalb von drei Monaten vom Fettkloß zum Bodybuilder, das geht, wenn es denn geht, nur mit dem Vollprogramm – und die Pracht hält, solange Sie das Vollprogramm durchziehen.
Probieren Sie es einfach aus!

H.:

Ich habe Polyarthritis, kann ich dennoch laufen?

Benita Cantieni:

„Mein" Training der Tiefenmuskulatur ist bei Polyarthritis eine Wohltat. Wenn Sie erst die Aufspannung und die neue Bewegung trainieren, kriegen Sie Kraft und Beweglichkeit und spüren Entlastung in fast allen Gelenken. Dann haben Sie meinen Segen, selbstverständlich. Aber gehen Sie behutsam mit sich um!

Dani:

Mir geht es nicht um einen optimalen Fettverbrennungspuls, sondern um einen optimalen Trainingspuls. Ich laufe viermal pro Woche 10 bis 15 km und mein Puls ist generell höher als der für mich rechnerisch optimale Wert (172 cm, 64 kg). Ich laufe aber immer nur so, dass ich mich locker unterhalten kann, von daher erscheint mir mein Tempo optimal zu sein. Wonach muss ich mich für einen optimalen Trainingserfolg richten?

Benita Cantieni:

Ich verstehe Ihre Frage nicht, oder, umgekehrt, was ist denn Ihr Trainingsziel? Trainingsziel beim Laufen im aeroben Fettverbrennbereich ist Ausdauer. Wollen Sie Leistung trainieren, also immer schneller immer länger und weiter

im anaeroben „Hochpuls-Bereich"? Dann empfehle ich Ihnen die Bücher von Kuno Hottenrott, Ulrich Pramann oder Thomas Wessinghage, die liefern Ihnen haarkleine Pläne für jedes Ziel.

Julie;

Ich habe in SHAPE usw. schon ziemlich viel über den Fettverbrennungspuls gelesen, der beträgt bei mir 110, was ich ziemlich wenig finde. Nun könnte ich doch eigentlich auch einfach schnell zu atmen anfangen, um diesen Puls zu erhalten, deswegen würde ich aber wahrscheinlich kein Fett verbrennen? Wo liegt der Clou? Und dann noch das ewige Thema, ich mache seit etwa vier, fünf Wochen fünfmal in der Woche 40 Minuten Workout, ich fühl mich schon viel fitter und hab auch Muskeln aufgebaut, aber ich würde gerne wissen, ob irgendwann die Waage auch runtergeht?

Benita Cantieni:

Es gibt den einen einzigen allein selig machenden Fettverbrennpuls nicht. Davon handelt dieses Kapitel. Sie müssen herausfinden, was für Sie funktioniert ... Immerhin: Die 110-Formel ist überholt.

5 x 40 Minuten Workout: Was machen Sie denn genau? Das ist zu vage, als dass ich etwas sagen könnte.

Muskeln sind schwerer als Fett.

Wenn Sie 5 x 40 Minuten pro Woche trainieren und nichts an Ihrer Ernährung verändern, so gibt's erst mal mehr Muskeln, weniger Fett, also mehr Gewicht. Da muss schon mehr passieren, Stoffwechsel trainieren (Dauerthema in SHAPE), Muskelaufbau UND Fett verbrennen, z.B. mit Laufen, UND Ernährung überdenken. Quick Fix und Wundermittel gibt's nicht.

Corina:

Ich jogge schon seit geraumer Zeit bis zu viermal pro Woche. Mein Problem ist im Sommer, dass ich zur gewohnten Laufzeit, 15.00 bis 17.00 Uhr, leider nicht laufen kann, da es mir einfach zu heiß ist. Am Abend kann ich mich leider oft nicht mehr aufraffen. Meine Frage: Ist das Joggen am frühen Morgen, ca. 7.00 bis 9.00 Uhr, effektiv? Ich habe es mal ausprobiert und festgestellt, dass ich mich tagsüber nicht so wohl in meiner Haut fühlte, leichte Konzentrationsstörungen hatte sowie eine gewisse Unruhe. Benötigt mein Körper erst eine Umstellungsphase? Soll ich noch weiter morgens trainieren? Was ist überhaupt die beste Zeit zum Joggen (unter Beachtung von Sommer/Winter)?

Benita Cantieni:

Eigentlich ist Laufen am Morgen auf nüchternen Magen am effizientesten. Sommers wie

Wann bitte, reagiert auch die Waage?

*Wenn die Hose spannt:
Auf Tiefenmuskulatur
umstellen.*

winters. Sie haben den ruhigsten Ruhepuls, noch kein Adrenalin produziert (außer, Sie treiben's bunt in Ihren Träumen), der Stoffwechsel macht sich sofort an die Fettzellen ...
Warum macht es Sie kribbelig? Gehen Sie zu schnell los? Planen Sie nicht genügend Zeit, wieder runterzukommen und eine Stunde nach dem Laufen zu frühstücken? Hauen Sie nach dem Laufen ein schweres Frühstück mit Brot und Butter und Konfitüre rein? (Besser: Früchte).
Ich weiß es nicht. Bei mir ist es umgekehrt, laufe ich am Morgen, bin ich ruhig und ausgeglichen für den Rest des Tages.

Katharina:
Vor vier Wochen habe ich angefangen, regelmäßig zu trainieren. Sechsmal die Woche Stepp-Aerobic. Es passiert quasi nichts. Die Waage ist nach oben gegangen – und das, nachdem der letzte Sprung vor ca. sechs Wochen mich meine „Akzeptabel-Hose" gekostet hat. Auch das Maßband bringt keine „Weniger"-Information. Meine Ernährung habe ich etwa beibehalten, eher etwas verbessert. Mache ich etwas falsch oder muss ich nur noch etwas länger warten? Und wie lange etwa?
Ich bin 27 Jahre alt, 1,74 m groß und gerade bei 73,5 kg.

Benita Cantieni:
Unvermeidbar, dass die Waage mehr zeigt, wenn Sie Muskeln aufbauen. Trotzdem: Es kann sein, dass Sie durch Stepp Aerobic unter dem Fett die Muskeln aufgeplustert haben! Wenn Sie Befehle wie „Gesäß anspannen und Bauch anziehen" befolgen, so passiert genau das: Die äußeren Muskeln wölben sich unter der Haut. Die Hose spannt.
Umstellen auf Tiefenmuskulatur, steht alles im Buch oder unter www.cantienica.de.
Drei- bis fünfmal pro Woche laufen (oder radeln oder schwimmen oder skaten) im aeroben Pulsbereich, zweimal Training der Tiefenmuskulatur oder Krafttraining mit perfekter Haltung – das bringt nach all meinen Erfahrungen am meisten.

Sabine:
Ich habe vor ca. vier Wochen mit dem Lauftraining angefangen (Intervalltraining, den Plan hab ich aus SHAPE). Zur Zeit bin ich bei dreimal neun Minuten und würde gern auf insgesamt 30 Minuten hintereinander steigern. Welche Steigerungsstufen würden Sie empfehlen? Im Prinzip bin ich ganz gut trainiert (fahre noch Rad und gehe schwimmen). Ich habe die bisherigen Steigerungen auch immer ganz gut geschafft.

Benita Cantieni:

Sie können sich an eines der Programme in diesem Kapitel halten. Ich weiß keine besseren.

Oder Sie verlassen sich ganz auf sich selber und steigern, wie ich es im Buch beschreibe: Immer so lange, wie Sie mit geschlossenem Mund und mit aktiviertem Beckenboden laufen können. Vielleicht sind das ja längst 30 Minuten ...

Marion:

Vor drei Monaten habe ich mit dem Laufprogramm von Fit for Fun begonnen. Ich bin zwar stolz darauf, mittlerweile 40 Minuten hintereinander laufen zu können, allerdings auch ein wenig gefrustet, denn auf der Waage tut sich rein gar nichts. Eine ärztliche Untersuchung ergab, dass ich topfit bin, mein Stoffwechsel jedoch träge sei. Kann es sein, dass ich zu langsam laufe? Teilweise kann ich morgens meine Schatten beim Laufen sehen und dann kommt zwangsläufig die Frage auf, ob ich nun laufe oder gehe. Dabei liege ich im oberen aeroben Pulsbereich. Mache ich irgend etwas falsch?

Benita Cantieni:

Ich vermute, Sie haben Muskeln zugelegt und Fett abgebaut. Muskeln sind halt einfach schwerer, Fett schwimmt im Wasser. Was sagt das Messband? Was sagen die Lieblings-

hosen? Nein, bloß nicht schneller werden. Denn sobald Sie im anaeroben Bereich laufen, braucht Ihr Körper die Kohlenhydrate als Energie, nicht mehr das Fett.

Probieren Sie im Sinne von Crosstraining mal eines der anderen Programme, die in diesem Kapitel vorgestellt werden. Abwechslung tut dem Stoffwechsel immer gut.

Hannelore:

Seit einem Jahr walke ich mit Begeisterung, wöchentlich mindestens viermal eine Stunde. Ich habe mir eine Körperfettwaage zugelegt und meinen Fettkonsum drastisch eingeschränkt. Aber leider bleibt mein Körperfettanteil immer auf dem gleichen Stand. Ich bin 45 Jahre, Körperfettanteil ist ca. 30%. Ich walke mit geschlossenem Mund und Pulsuhr. Woran könnte das liegen?

Benita Cantieni:

Zum einen sind Fettwaagen immer ungenau. Zum anderen reicht Laufen allein „in unserem Alter" (ich bin 51) nicht, um die Muskelmasse zu erhalten oder Fett ab- und Muskeln aufzubauen. Machen Sie zweimal pro Woche Muskeltraining, entweder an den Maschinen oder sanft, zum Beispiel mit der CANTIENICA®-Methode. Fürs Studio haben Sie in diesem Kapitel das Intervall-Programm von Phillips, welches sehr effektiv ist.

*Sie können nicht
zu langsam laufen,
zu schnell schon.*

*Schwere Beine,
hoher Puls.*

Petra:

Ich habe vor einem Jahr mit dem Laufen angefangen. Ich jogge mindestens dreimal die Woche ca. 30 Minuten. Mein Puls liegt immer zwischen 150 bis 165 (Pulsuhrmessung). Obwohl ich noch genügend Luft und Lust zum Weiterjoggen hätte, muss ich nach 30 Minuten das Training beenden, da mir die Beine schwer werden. Ich wäre dankbar für einen Tipp, da ich die Trainingszeit gerne steigern würde.

Benita Cantieni:

Leichtlaufen ist das Thema dieses Buches. Beckenboden integrieren, mit dem Beckenboden laufen, dann lastet das Gewicht Ihres Körpers nicht mehr auf den Beinen, sondern trägt sich selbst, Beine bleiben leicht.

Michaela:

Da ich beim Laufen aus verschiedenen Gründen sehr schnell einen sehr hohen Puls bekomme (ab 150), muss ich dazwischen immer wieder Gehpausen einlegen. Wird in diesen Pausen ebenfalls Fett verbrannt, oder ist dazu die intensivere Muskelkontraktion beim Laufen notwendig? PS: Ich habe mir gestern Ihre beiden Bücher „Faceforming" und „Das Power-Programm" gekauft und nach dem Durchblättern die anderen Laufbücher in die Ecke geschmissen …

Benita Cantieni:

Checken Sie Ihren Puls mit den Formeln in Kapitel 16 ab, vielleicht sind 150 in Relation zu Alter und Größe und Gewicht und Ruhepuls ja schwer in Ordnung.

17 Die zehn beliebtesten Ammen-märchen

Sie kennen ja nun die Wahrheit!!!

1. Auf nüchternen Magen laufen ist ungesund.

Quatsch. Im Gegenteil. Auf nüchternen Magen gleich am Morgen läuft es sich am besten. Ihr Ruhepuls ist niedrig, der Kopf ist noch nicht voll von Problemen und Herausforderungen des Tages. Wenn Sie einen niedrigen Blutdruck haben, müssen Sie sich ans Morgenlaufen gewöhnen. Sie können auch einen Fruchtsaft trinken. Ein großes Glas warmes Wasser tut allen gut.

Sie können die Probe aufs Exempel ganz leicht machen: An einem Tag frühstücken, dann laufen. Am nächsten aufstehen, loslaufen und selber sehen ...

Am Morgen sind außerdem die Glykogenspeicher leer, also aller Zucker im Blut und alle Kohlenhydrate aufgebraucht, der Körper macht sich gleich an die Fettreserven. Es heißt, diese Turbofettverbrennung arbeite nach dem Laufen noch eine Stunde weiter, sofern Sie nichts essen. Probieren Sie's aus, wenn Sie es einrichten können und sich wohl dabei fühlen, haben Sie nichts zu verlieren – oder höchstens ein Fettpölsterchen.

Aktivieren Sie Ihren Fettbrenn-Turbo!

2. Menschen mit Übergewicht sollten nicht laufen.

Irgendwie beißt sich die Sache da in den eigenen Schwanz. Einerseits heißt es: Mehr bewegen, dann reguliert sich auch das Gewicht. Andererseits: Wer schwer ist, belastet die Gelenke. Wenn Sie richtiges Übergewicht haben, so ab 20 Kilo aufwärts, wenn Sie untrainierte, schwabbelige Kilo mit sich rumschleppen, so fragen Sie erst Ihren Arzt und lassen sich durchchecken. Und dann fangen Sie heute noch mit dem Training der Tiefenmuskulatur an: Die Muskeln vernetzen sich und halten Ihr Skelett am Ort. Fett, welches die Muskeln durchzieht, wird abgebaut. Sie fühlen sich schon nach drei Wochen regelmäßigem Training viel weniger schwer und Sie spüren es beim Laufen: Keine Massen mehr, die auf und ab wogen! Dazu die gelenkfreundliche Bewegung in der Fliehkraft – und Sie können dem Fett davonlaufen. Behutsam, nicht zu schnell, immer nur so lange, wie Sie aus dem Beckenboden und mit geschlossenem Mund laufen können. Kombinieren Sie Laufen mit Walken – und bleiben Sie dabei.

Dem Fett davonlaufen!

3. Laufen schadet auf Dauer den Gelenken.

Bewegen Sie sich gelenkfreundlich, so ist Laufen ein Jungbrunnen für Ihre Knochen: Die Gelenke stoßen nicht mehr aufeinander, es bleibt in jeder Phase der Bewegung ein schützender Gelenkspalt. Das gelenkschützende Laufen basiert auf drei wichtigen Elementen: Der Körper wird von Fuß bis Kopf anatomisch funktionell und bewegungsfreundlich ausgerichtet. Als Zweites wird das Skelett in ein schützendes, kraftvolles Muskelkostüm eingewebt.

Und schließlich lernen Sie die einfache Gelenk-Ketten-Reaktion in der Fliehkraft.

Das ist auch Ihre beste Altersvorsorge: Sie werden noch mit 100 Jahren gesunde, geschmeidige Gelenke haben!

Bewegen Sie sich gelenkfreundlich und werden Sie 100!

4. Der Mensch ist ein Ballengänger.

Der Mensch ist ein Fußgänger. Wäre er Ballengänger, so hätte die Evolution die Ferse längst abgeschafft. Es gibt Hochleistungssportler, die laufen während des Wettkampfes auf den Ballen, so die Sprinter. Für alle anderen ist Ballengang auf Dauer schädlich. – Sehen Sie sich die Füße von klassischen Ballengängern doch mal an: Die Füße der Frauen, die jahrelang in hohen Absätzen herumlaufen, also extreme Ballengängerinnen sind, sind deformiert, Senkfuß, Spreizfuß, Hallux Valgus, Hallux Rigidus ... Die Mode, als Hobbyläufer auf den Ballen herumzuturnen, beschert den Orthopäden volle Praxen: entzündete Fußgelenke, kaputte Sprunggelenke, beschädigte Hüften. Die Idee mit dem Ballengang entstand aus dem Wunsch nach mehr Leichtigkeit, weniger Anstrengung. Das können Sie haben: Wenn Sie den Glauben an die Schwerkraft aufgeben und mit der Fliehkraft laufen, so wird Ihr Gang leicht. Jeder Schritt geht vom Boden weg. Die Füße haben die Last des Körpers nicht mehr von Schritt zu Schritt zu schleppen.

5. Der Oberkörper muss beim Laufen vorgeneigt werden.

Wer den Oberkörper vorbeugt, trennt den Köper in zwei Teile, Oberkörper, Unterkörper. Der Oberkörper schränkt den Unterkörper ein, er kann sich nicht mehr vertikal ausdehnen. Jeder Schritt quetscht die Lendenwirbel. Wertvolle Muskeln werden dauerhaft verkürzt, etwa der Iliopsoas. Vor allem: Das Becken wird künstlich versteift, es kann die natürliche Bewegung, die ihm innewohnt, nicht mehr vollziehen: die Rückwärtsrotation der einzelnen Beckenhälften bei jedem Schritt. Die vertikale Vernetzung der Muskulatur geht verloren, das Becken kippt – halt- und kraftlos – nach vorn oder nach hinten, beides ist für die Lendenwirbelsäule gleich schlimm. Außerdem verhindert der vorgelehnte Oberkörper die natürliche Schwingung

der Wirbelsäule beim Laufen: Die Brustwirbelsäule wird steif, dafür rudern die Schultern unkoordiniert in der Gegend herum.

Also: Aufrichten! Vom Sprunggelenk bis zum Kopf lotgerade.

> **6.** Das Becken ist beim Laufen nach vorn gekippt, der Po ist angespannt, der Bauch eingezogen.

Turnvater Jahn hatte nicht in allem Recht.

Turnvater Jahns schreckliches Erbe! Das gekippte Becken verkürzt die Lendenwirbel, die Bandscheiben und die Nerven werden gequetscht, die Deformation ist programmiert. Außerdem schiebt das gekippte Becken die Hüftgelenkpfanne auf die Oberschenkel, die Hüftknochen prallen aufeinander, schaben die Knorpelschicht ab. Die Hüftgelenke werden in ihrer Bewegungsfreiheit behindert, der Hebel wird verändert. So entstehen Hüftgelenkarthrosen und -nekrosen! Wird in dieser Position die äußere Pomuskulatur angespannt, vermeintlich, um den Rücken zu schützen, so wird alles noch schlimmer. Sie können die Gesäßmuskeln nicht voll anspannen, ohne das Becken noch mehr nach vorn zu schieben und die Längsmuskulatur noch mehr zu verkürzen. So gestaucht können sich auch die Bauchmuskeln nur horizontal, also verkürzt, kontrahieren. Ihr Becken steckt in der Zwangsjacke. Sie drücken sich außerdem den Atem ab, und Frauen drücken sich so selber die Organe aus dem Unterleib. Die Alternative: vertikal ausrichten. Das Becken von jedem Druck befreien. Die Hüftgelenke aus ihrem Panzer befreien. Die skeletthaltende Tiefenmuskulatur des Beckenbodens, des Rückens, des Bauches und der Hüften zu einem Powerhaus aufbauen, das Halt gibt, ohne dass Sie sich klein und bucklig machen müssen.

7. Der Oberkörper bleibt beim Laufen ruhig,
die Arme schwingen im Schultergelenk.

Wenn das versteifte Becken die ganze Wirbelsäule in ihrer wunderbaren Bewegungsfreiheit beschränkt, ist das vermutlich die einzige Lösung: Oberkörper genau so steif machen wie das Becken und für das Gleichgewicht aufwändig mit den Armen rudern. NEIN! Ihr Körper weiß und kann das besser, ökonomischer, schöner. Hat das Becken die Bewegungsfreiheit wieder, die es sich für den aufrechten Gang des Menschen zulegte, dann schwingt die ganze Wirbelsäule, vibriert vom Zipfel des Steißbeines bis zum Kronenpunkt. Die Brustwirbelsäule gibt die Schwingung an die Schultern weiter. Die Arme übernehmen die Schwingung natürlich, leicht, ganz ohne Zutun, und sorgen für Gleichgewicht. Noch mal: Das Becken versetzt die Wirbelsäule in Schwingung. Da, wo die Wirbelsäule am beweglichsten ist, auf Brusthöhe, entwickelt sich eine natürliche Gegenschwingung des Oberkörpers zum Unterkörper. Die Schultern gehen natürlich und ohne Aufwand mit, die Arme ebenfalls.

*Das Becken
versetzt die Wirbelsäule
in Schwingung.*

8. Ein guter Laufschuh muss den Fuß stützen und seine
Schwächen ausgleichen.

Ein guter Fuß, geschmeidig, beweglich, muskulös, kräftig und trainiert, braucht keine Krücken. Alles, was Ihren Fuß stützt und puffert, nimmt ihm Arbeit ab, verhindert sein Gesundwerden. Am besten entfaltet sich Ihr Fuß, wenn Sie auf Sand laufen. Entlasten Sie Ihre Füße vom Gewicht Ihres Oberkörpers, indem Sie die vertikale Skelettmuskulatur trainieren, und arbeiten Sie anatomisch gut mit Ihren Füßen. Sie werden staunen, wie schnell sich die Bewegungskünstler verändern und entwickeln.

Die Nomaden und der Säbelzahntiger.

9. 185 minus Lebensalter ergibt den idealen Laufpuls.

Der eine kann mit geschlossenem Mund mit einer Pulsfrequenz von 165 noch gemütlich laufen. Der andere hechelt schon bei 130. Die eine hat bei 125 schon einen hochroten Kopf, die andere plaudert bei 160 munter auf mich ein. Den industriell genormten Idealpuls gibt es nicht. Wenn Sie ein sportliches Ziel verfolgen, Marathon, Triathlon oder Dolleres, so brauchen Sie eine Leistungskontrolle. Alle anderen können sich nach dem Wohlbefinden richten: Solange Sie mit geschlossenem Mund laufen, sind Sie im aeroben Bereich. Sobald Sie hecheln und nach Luft schnappen, rennen Sie anaerob. Ersteres können Sie fast unbeschränkt, es fördert Ihre Ausdauer. So liefen wir, als wir noch Nomaden waren. Das ist das Tempo, das glücklich macht. Hochpulsrennen ist auch gut, das steigert die Leistung Ihres Herzens, gibt dem Kreislauf einen Kick und produziert Adrenalin – so liefen wir dem Säbelzahntiger davon, kurz und heftig. Von der Sorte Laufen brauchen Sie weniger. Sie können auch auf den Herzschlag hören, rhythmisch und gleichmäßig im Brustraum klopft es für die Ausdauer. Steigt der Herzschlag in den Hals und in den Kopf, klopft gar an den Schädel, so ist Ihre Pulsfrequenz hoch, zu hoch für Ausdauer, gerade richtig für einen Sprint oder einen Intervall.

10. Wer läuft, verliert automatisch Gewicht.

Dieses Ammenmärchen verstört hunderttausende junger Frauen. Da zwingen sie sich drei- bis siebenmal pro Woche in die Laufschuhe. Bewaffnen sich mit Pulsuhr und Walkman – und Kaugummi. Und spulen die 30 oder die 45 Minuten ab, je nachdem, was sie gelesen haben und glauben. Vorher und nachher stellen sie sich auf die Waage – und sind enttäuscht. Denn: Zunächst einmal wird Fett abgebaut und Muskeln werden aufgebaut, d.h., die Waage geht rauf, nicht runter.

Muskeln sind nun mal schwerer als Fettgewebe. Ich kenne Dünne, die bleiben auch mit Laufen dünn. Und ich kenne eine Menge Normalgewichtige bis Überge-wichtige, die werden vom Laufen nicht dicker. Aber auch nicht leichter. Gerade die Gern-Esser belohnen sich lustvoll für die erlittene Anstrengung des Laufens – mit einem Schmankerl. Laufen Sie anatomisch gut und richtig, so macht Sie Laufen schön – bessere Durchblutung, besseres Gewebe, harmonischere For-men, sehnigere Muskeln, und natürlich ungebremst die Glücksendorphine … Wer gesund Gewicht verlie-ren will oder muss, muss die Ernährung umstellen und die Muskeln herausfordern, mit Krafttraining oder gezieltem Aufbau der Tiefenmuskulatur.

**Fragen,
Antworten,
Feedback**

*Den Knieschmerzen
einfach davonlaufen.*

Feedback von Eva:

Ich habe noch mehr Ammenmärchen gehört. Zum Beispiel: Alle Ärzte wissen alles über Laufen.

– Laufen lohnt sich nur, wenn man mindestens einen Marathon anstrebt.

– Anatomiegerechte Technik üben lohnt sich nicht, wenn dadurch nicht mehr Schnelligkeit herauskommt (war ein Kommentar, den ich kürzlich zu hören bekam).

– Fußprobleme à la Spreizfuß, Senkfuß etc. lassen sich nicht rückgängig machen, sie sind das Los von ambitionierten Läufern, und da helfen nur orthopädische Einlagen.

– Am Laufstil kann man nichts ändern, bei Fehlhaltungen helfen entsprechende Laufschuhe.

Feedback von Dirk:

Die Bilder und Vorstellungen, die Sie immer wieder finden, helfen mir wirklich weiter. Die Vorstellung mit dem Kreisen der Kniescheiben hat mir beim Laufen schon ein ganz anderes Gefühl gegeben. Auch die nach 20 Minuten beginnenden Knieschmerzen lassen sich durch Ihre Idee verhindern.

Feedback von Monique:

Seit ich nach CANTIENICA®-Manier den Berg runterwalke, ist mein Knie schön gerade und stabil und schmerzt demnach nicht. Sobald ich die Sitzhöckerchen und meinen Rücken sausen lasse, laufe ich unkontrolliert. Es fühlt sich dann an, als ob meine Beine und Knie lotterten. Jetzt weiß ich, was mein Physiotherapeut meint, wenn er sagt: „Schön gerade in die Knie gehen."

Pet:

Wird der Bauchnabel eingezogen, dazu das Becken nach oben gekippt, um so nach pilatesdefinierter Position stabilisiert zu werden?

Benita Cantieni:

Nein, nein, nein und nochmals nein. Das Becken wird aufgerichtet, nicht gekippt. Der Bauch wird gedehnt, nicht eingezogen. Das CANTIENICA®-Powerhaus kommt aus der Beckenbodenmuskulatur, vernetzt diese mit den Muskeln des Bauches, des Rückens und der Hüften. Alle Muskeln sind 24 Stunden aktiv am Lebendigsein beteiligt, kein Muskel wird verkrampft.

18 Interview mit dem MBT®-Erfinder Karl Müller

MBT® – ein Wundergerät?

Ich laufe regelmäßig und gern im MBT®. Das ist die Kurzform von MASAI BARFUSS TECHNOLOGIE und bezeichnet ein schuhartiges Gerät mit einer dicken Sohle, die unter dem Sprunggelenk einen weichen Kern hat und an der Ferse abgerundet ist. MBT® simuliert so einen weichen Untergrund. Ihr Fuß muss sich benehmen, wie er es tut, wenn Sie im Sand oder auf Waldboden gehen: Er muss der Instabilität Muskelarbeit entgegensetzen und die erhält halt auch den Fuß, die Fußgelenke gesund. Das weiche Abrollen nimmt außerdem Druck von den Kniegelenken, von den Hüftgelenken, den Lendenwirbeln. Und es bearbeitet die Muskulatur der hinteren Oberschenkel, die sonst immer zu kurz kommt. Außerdem empfiehlt Karl Müller, der Erfinder des Trainingsgerätes zum Reinschlüpfen, den Kopf hoch zu tragen, kleine Schritte zu machen, den Oberkörper über dem Oberschenkel zu halten, also weder vor- noch zurücklehnen. Genau wie meine CANTIENICA®-Methode. Es wer-

*Wie Sand
unter den Füßen.*

227

den die Lendenwirbel gedehnt. Und wenn Sie es richtig machen, unterstützt MBT® die Beckenbodenmuskulatur und die rückläufige Gegenrotation der Beckenhälften erstklassig. Weil MBT® meine CANTIENICA®-„Gehschule" so perfekt ergänzt und erleichtert, empfehle ich MBT® Menschen mit schwachen Fußgelenken, deformierten Füßen, Knieproblemen und Hüftgelenkschäden. Karl Müller ist wie ich ein Pionier, der viele Jahre und viel Geld und noch mehr Leidenschaft in die Entwicklung seiner Vision gesteckt hat, und so unterstütze ich MBT® doppelt gern. Auf mein „fersenloses Geständnis" kamen eine Menge Fragen zur MBT®-Technologie.

Karl Müller hat sie gern beantwortet, und er führte mit mir dieses Gespräch.

Warum der Fuß ist, wie er ist, und dass er so gut ist.

Benita Cantieni

Lieber Karl Müller: Was ist der Mensch nach deiner Ansicht, ein Fersengänger, ein Ballengänger, ein Fußgänger oder je nach Situation das eine oder das andere?

Karl Müller

Dazu braucht es nicht meine Ansicht, sondern die Beobachtung der Natur, wie sie wirklich ist. Fersengang und Ballengang sind von Menschen konstruierte Begriffe. Tatsache ist: Der nackte Fuß rollt auf unebenem Gelände von der Ferse her über den ganzen Fuß ab.

Benita Cantieni

Warum laufe ich lieber in den MBT® als in jedem anderen Spezial-Laufschuh?

Der kluge Fuß liebt es weich.

Karl Müller

Weil du einen klugen Fuß hast, der sich auf harten, von Menschen konstruierten Asphaltböden nicht wohl fühlt.

Benita Cantieni

Wie bist du überhaupt auf die Idee gekommen, dieses Laufgerät ohne Ferse zu entwickeln?

Karl Müller

Ich hatte selber eine ganze Reihe von Beschwerden, Rücken, Knie, Achillessehne. Ähnlich wie bei dir konnte auch mir keiner helfen. Also musste ich mich selber therapieren. Ich lebte 12 Jahre in der Riesenstadt Seoul. Ich fand heraus, dass es mir besser ging, wenn ich am Wochenende auf unebenem Gelände ging, auf Feldern. Im Wald verschwanden die Schmerzen, auf Asphalt in der Stadt kamen sie sofort wieder zurück. So kam ich auf die Idee, ein Sohlenprinzip zu bauen, das jeden flachen Kunstboden in einen Naturboden verwandelt. Ich bin ja von Beruf Ingenieur, war also nicht auf andere angewiesen, sondern konnte allein tüfteln und pröbeln, es dauerte ja fast acht Jahre, bis ich den perfekten Prototyp hatte!

Acht Jahre Forschung für eine Sohle.

Benita Cantieni

Für wen ist die Masai Barfuss Technologie geeignet, für wen nicht?

Karl Müller

Geeignet für alle Menschen, die im Alltag auf Asphalt gehen, stehen, arbeiten. Wer jeden Tag barfuß auf Wiesen, Moos und Waldböden gehen kann, wer barfuss im Sand arbeitet, braucht keine MBT®-Technologie!

Benita Cantieni

Wer tut das schon!

Karl Müller

Die Reisbauern in Asien und die Massai in Afrika – so hoffe ich doch! Und ich hoffe für die Menschen, dass es so bleibt und Ihnen die körperfeindliche Schuh-Zivilisation erspart bleibt!

Benita Cantieni

Ersetzt MBT® den normalen Schuh?

Karl Müller

Ja, vorausgesetzt, du kriegst eine gute Einführung. Der ganze Körper muss sich an die neue Bewegung

Interview mit dem MBT®-Erfinder Karl Müller

gewöhnen, muss ein neues Muster lernen. Das ist genau wie bei Deiner CANTIENICA®-Methode, die muss auch sorgfältig erlernt werden. Ich empfehle MBT® am Anfang wie ein Trainingsgerät einzusetzen, also ganz langsam und sorgfältig aufbauen, nicht einfach losrennen!

Benita Cantieni

Was heißt das? Muss ich das Gehen mit MBT® lernen?

Karl Müller

Ja. Jeder MBT® kommt mit einem Instruktionsvideo, einer Gebrauchsanleitung. Die MBT®-Depositäre sind gut ausgebildet und geben jedem Käufer eine kostenlose Einführung und Nachbetreuung. Außerdem gibt es unter *www.masai.ch* die E-Mail-Hotline. Und zusätzlich kann der Neuling mit der CANTIENICA®-Methode die Prinzipien vertiefen!

Nur ein beschwingter Gang ist ein guter Gang.

Benita Cantieni

Ja, das ist spannend, dass wir aus so verschiedenen Ecken zu den gleichen anatomischen Schlüssen kommen! Kann ich in Normalschuhen noch gehen, wenn ich häufig MBT® trage?

Karl Müller

So lange die Schuhsohle flexibel und der Absatz nicht zu hoch ist. Aber darauf kommt eigentlich jeder von selber. Frauen, die das MBT®-Feeling kennen lernen, können und wollen gar nicht mehr in die hohen Absätze und steifen Sohlen!

Benita Cantieni

Stimmt. Das war auch bei mir so. Wie kann ich denn sicher sein, dass ich in den MBT® richtig laufe?

Karl Müller

Wenn du ein gutes Gefühl hast, dein Gang leicht und beschwingt ist, wenn du keine Schmerzen hast, nicht müde wirst, und wenn keiner, wenn er dich sieht, findet, „du gehst komisch", sondern dir im Gegenteil ein Kompliment macht …

Benita Cantieni

… weil der Gang ökonomisch und schön ist …

Karl Müller

Wenn dein Gang negativ auffällt, weil dein Körper auf und ab wippt, dann stimmt etwas nicht, dann empfehle ich einen Einführungskurs bei einem мвт®-Trainier in der Nähe.

Benita Cantieni

Oder mit der CANTIENICA®-Methode …

Karl Müller

Ja, klar, die Prinzipien sind ja die gleichen. Wer CANTIENICA®-Grundsätze schon kennt, weiß sofort, wie мвт® funktioniert!

Informationen:
www.masai.ch

*Wenn die Schienbeine
schmerzen.
Oder die Füße.*

Claire:

Ich habe immer Schmerzen am Schienbein, wenn ich im Freien laufe, aber nicht auf dem Laufband. Warum? Und hilft мвт® da?

Karl Müller:

Auf jeden Fall! Schienbeinschmerzen sind Folge einer Fehlbewegung der Tibialis-Anterior-Muskulatur und entstehen höchstwahrscheinlich durch Überpronation, also einen Knick-Senk-Fuß. Der Tibialis wird fallen gelassen, statt aktiv langsam und dosiert losgelassen. мвт® zwingt Sie zu diesem langsamen Abrollen.

Petra:

Wenn ich lange in den мвт®-Sandaletten laufe oder gehe, habe ich Schmerzen am Quergewölbe/Vorfuß. Warum?

Karl Müller:

Die Antwort schließt nahtlos an die letzte mit den Schienbeinschmerzen an. Sie müssen speziell darauf achten, dass Sie beim Laufen im Fersenbereich nicht nach innen knicken. Geben Sie leichten, wohldosierten Gegendruck zum Außenrand. Das heißt aber nicht, dass Sie auf der Außenkante gehen sollen, der Fuß soll „nur" aufrecht rollen. Bitten Sie jemanden, Ihr Fersenbein von hinten zu kontrollieren, es soll absolut aufgerichtet sein, weder nach innen noch nach außen knicken. Und keinen falschen Ehrgeiz entwickeln, den мвт® immer nur so lange tragen, wie Sie diese ideale Fußhaltung halten können. Dann ist Schluss für heute, morgen geht es schon ein paar Minuten länger.

Chris:

Ich habe schmale Füße und fühle mich nicht wohl im мвт®. Wann gibt es Schmalfußmodelle?

Karl Müller:

Sie können auf das bestehende Fußbett eine dicke Innensohle legen, das macht den мвт® schmaler. Wichtig: Die Sohle darf keine Stützfunktion eingebaut haben! Denn jede Stütze schont den Fuß, schränkt also seine Funktion ein, der Fuß lernt nichts, sondern verlernt im Gegenteil, seine geniale Muskulatur anatomisch gut zu nutzen. Und schmalere Damenmodelle gibt es ab Frühjahr 2002.

Marion:

Ich habe einen Hallux Valgus und Hallux Rigidus. Nachdem ich mit den Anweisungen vom Strunz-Laufbuch fünf Wochen lang auf dem Fußballen herumgelaufen bin, schmerzen die Großzehengrundgelenke, und der Arzt stellte die genannte Diagnose. Seither laufe ich in мвт®. Bergab klappt es gut,

bergauf schmerzen schnell die besagten Großzehengrundgelenke. Was kann das sein?

Karl Müller:

Meine Empfehlung: Weniger stark rollen, weniger weit hinten anfangen, vorn früher aufhören, nur ein Drittel der Wippweite des MBT® ausnutzen ... und das Quergewölbe des Vorfußes mit den tollen Übungen im Fußkapitel des Laufbuches elastisch kräftigen!

Mark:

Seit sechs Wochen habe ich Schmerzen im linken Hacken. Der Arzt diagnostizierte Fersensporn ...

Karl Müller:

Bei Fersensporn bewährt es sich, den MBT® möglichst häufig im Alltag richtig anzuwenden. Der Schmerz verschwindet meistens schon nach zwei bis drei Tagen, die chronische Entzündung klingt wahrscheinlich innerhalb eines Monates ab. Gleichzeitig korrigiert der MBT® die Fehlhaltung, die den Fersensporn überhaupt entstehen ließ. – Und wenn Sie das Laufbuch hier durcharbeiten, belasten Sie Ihre Füße garantiert nicht mehr ungleichmäßig!

Erica:

Kann man mit dem MBT® auch joggen? Ich habe mich bis jetzt nicht getraut, weil ich Angst hatte vor dem Übertrampen des Fußes. Ich ging bis vor einem halben Jahr fast täglich Rolltraben mit dem MBT®, habe dann aber wieder auf Joggen umgestellt. Ich habe einen speziellen Joggingschuh, der den Fuß stützt. Beim MBT® sind mir immer die Zehen eingeschlafen. Würden Sie mir also empfehlen, mit dem MBT® zu joggen? Und noch eine Frage: Bringe ich durchs Joggen auch meine „Lovehandles" weg?

Karl Müller:

Wenn die Füße einschlafen beim Rolltraben, stimmt etwas nicht an der Technik, die nicht ganz so einfach ist: Rolltraben ist so, wie wenn Sie abrollend über eine Vielzahl wackliger, rutschiger Steine springen würden. Ihr Körpergewicht darf die wackligen, rutschigen Steine nur ganz kurz belasten. Machen Sie ganz kleine, schnelle, ausbalancierte Schritte. Vergleichen Sie Ihre Technik mit derjenigen im Video, das beim Kauf in der Schuhschachtel lag. Sie werden sehen, dass die Rolltrabtechnik nicht ganz einfach ist. Rolltraben ist ein Intervalltraining. Machen Sie nur 10 bis 20 Schritte, regenerieren Sie dann gehend ebenso 10 bis 20 Schritte usw. Falls Sie mit den Füßen dabei immer schön aufrecht rollen, werden Sie die genannte Reaktion in den Knien nicht

*Vom Reiz der spitzen
kleinen Steine.*

233

*Was ist denn
Rolltraben?*

mehr spüren. Steigern Sie dann langsam auf 30, 50, 100 Schritte. Rolltraben bleibt aber immer ein Intervalltraining, auch im Spitzensport, denn über wackelige, rutschige Steine ausbalanciert zu springen ist sehr viel komplexer, anstrengender und wirksamer als Joggen.

Mit dem MBT® kann man aber auch joggen, nur die Rolltrabtechnik muss man schon sehr gut beherrschen, bevor man zu joggen beginnt. Das Prinzip ist eigentlich genau das gleiche wie beim Rolltraben, Sie heben aber die Knie an.

Birgit:

Ich bin seit einem Monat stolze Besitzerin eines MBT®. Ich laufe sehr gerne mit diesem „Schuh" und wollte nun auch mein Joggingprogramm (dreimal wöchentlich 30 bis 40 min) auf den MBT® umstellen. Obwohl ich nur 15 min mit dem MBT® langsam trabe (vorher 10 min Aufwärmen) und die Instruktionen des Lern-Videos befolge (Rollen der Füße, kleine Schritte, Strecken des Körpers etc.), habe ich nach dem Laufen Schmerzen an den Innenseiten beider Knie (kurzes Stechen) und die Kniescheiben „brennen". Diese Beschwerden hatte ich bislang nach dem Laufen nicht, das kannte ich nur vom Springen auf dem Minitrampolin, was ich dann eingestellt habe.

Da ich weder auf das Laufen an sich, noch auf den MBT® verzichten möchte, würde mich interessieren, wie man diese Umstellung auf das Rolltraben mit dem MBT® gestalten soll und wie viel Zeit man sich in etwa nehmen muss?

Ist das nur ein Anpassungsprozess, der vorbeigeht, oder deutet es eher darauf hin, dass ich doch etwas falsch mache?

Und, letzte Frage: Muss ich, bis die Beschwerden, nachlassen mit dem Laufen (Sport?! überhaupt) pausieren?

Karl Müller:

Die beschriebenen Kniebeschwerden sind eine Folge von falscher Statik. Ich bin mir ziemlich sicher, dass Ihr Fuß nach innen knickt oder die Fußgelenke sehr instabil sind. Die Unterschenkelmuskeln sind „fehlprogrammiert" durch das Gehen mit flachen Sohlen auf flachen Böden. MBT® hilft Ihnen, die Muskulatur auszubalancieren, die Füße zu stabilisieren und die Statik zu optimieren, damit die Knie und Hüften immer natürlich belastet werden.

Achten Sie darauf, dass Sie beim Abrollen im MBT® niemals nach innen knicken. Geben Sie im Fersenbereich so viel Gegendruck, dass die Füße aufrecht rollen. Lassen Sie Ihre Fußstellung von hinten kontrollieren und vergleichen Sie mit der Technik im Video. Dasselbe gilt natürlich für das

Rolltraben. Hier ist es noch schwieriger, da alles sehr schnell gehen muss, denn Rolltraben ist eine sehr schnelle Sache. Ich hab die Technik vorher schon einmal erläutert und wiederhole mich jetzt bewusst. Es ist, wie wenn Sie abrollend über eine Vielzahl wackliger, rutschiger Steine springen würden: Ihr Körpergewicht darf die wackligen, rutschigen Steine nur ganz kurz belasten. Machen sie ganz kleine, schnelle, ausbalancierte Schritte. Vergleichen Sie Ihre Technik mit derjenigen im Video. Sie werden sehen, dass die Rolltrabtechnik nicht ganz einfach ist. Rolltraben ist ein Intervalltraining. Machen Sie nur 10 bis 20 Schritte, regenerieren Sie dann gehend ebenso 10 bis 20 Schritte usw. Falls Sie mit den Füßen dabei immer schön aufrecht rollen, werden Sie die genannte Reaktion in den Knien nicht mehr spüren. Steigern Sie dann langsam auf 30, 50, 100 Schritte. Rolltraben bleibt aber immer ein Intervalltraining, auch im Spitzensport, denn über wackelige, rutschige Steine ausbalanciert zu springen ist sehr viel komplexer, anstrengender und wirksamer als Joggen.

PS: Die optimale Statik, gehalten von der Tiefenmuskulatur, ist ja auch Thema des Laufbuches von Benita Cantieni. Die Übungen helfen Ihnen, sehr schnell stabile Kraft aufzubauen, auf dass Ihnen Ihr MBT® viel Freude mache …

Michel:

Ich laufe seit ca. einem Jahr und habe seit längerer Zeit Probleme mit einer entzündeten Achillessehne, aber nur auf einer Seite. Trotz diverser Behandlungen geht die Entzündung nicht weg. Was tun?

Benita Cantieni:

Die Ursache für die Entzündung der Achillessehne aufspüren und beseitigen. Was die genau ist, kann ich Ihnen von weitem nicht sagen: Es kann sein, dass Sie Ihre Hüfte auf der betroffenen Seite höher halten (Beckenschiefstand), dass Sie den Fuß auf der Seite anders belasten, entweder nach innen knicken oder nach außen (Pronation, Supination), dass Sie mit der einen Ferse härter auftreten als mit der anderen.

Was zutrifft, können Sie vor dem Spiegel herausfinden: stehen die Hüften schief, ist eine Pofalte tiefer als die andere, steht das Fersenbein senkrecht oder knickt es nach innen, nach außen?

Und mit den Übungen in diesem Buch können Sie die Ursache beheben. In detektivischer Kleinarbeit. Zugegeben, ist kein Quick Fix, dafür eine Investition fürs Leben – in ein gesundes Skelett, gesunde Muskeln und Bänder. Noch schneller geht's mit MBT®, die zwingt Ihr Fersenbein bei jedem Schritt aufrecht.

Feinarbeit auf Fersenbeinen.

*Kraft und Stabilität
für schwache Füße.*

Manuela:

Frau Cantieni: Wie stehen Sie zu dem мвт®-Schuh. Soll man Ihrer Meinung nach mit diesem Schuh auch joggen bzw. rolltraben?

Benita Cantieni:

Ich finde Rolltraben und Joggen im мвт® großartig, das Zweitbeste nach Barfußlaufen im Sand. Der Schuh erleichtert dem Anfänger die Haltung, die ich hier beschreibe. Mit bewusstem Einsatz des Beckenbodens und mit der gegenläufigen Rotation aus den Gelenken holen Sie aus dem мвт® das Optimum heraus.

Michaela:

Die Sache mit dem Beckenhälften-Rückwärtsrotieren gelingt mir beim Gehen schon sehr gut – mit dem мвт® jedoch überhaupt nicht: Der Höhenunterschied der Hüften ist wegen der dicken Sohle dabei so unterschiedlich, dass die rotierende Bewegung unnatürlich groß ist und zum Teil die Beckenhälften seitwärts ausweichen, d.h. die Bewegung horizontal wird. Was mache ich falsch?

Karl Müller:

Es ist möglich, dass diese Übung im мвт® noch nicht richtig funktioniert, aber nicht wegen des Höhenunterschieds, denn beide Füße werden im мвт® ja gleich „erhöht", son-

dern eher wegen Blockaden im ISG-Beckenbereich.

Tipp: Stehen Sie auf den Fersen, indem Sie die Fußgelenke nach oben ziehen und so halten. Stampfen Sie so auf den Fersen – aber ganz sanft landen! Auf keinen Fall die Fersen fallen lassen.

Jetzt spüren Sie das Auf-und-ab-Schieben der beiden Beckenhälften. „Stampfen" Sie 10- bis 20-mal, bis Sie sich dann abrollen lassen. Versuchen Sie das Gegenrollen jetzt. Das Rollen muss gar nicht so groß sein. Kleine Bewegungen genügen, speziell am Anfang. Achten Sie darauf, dass die Füße bei der Übung nicht nach innen knicken.

Elisabeth:

Ich bin мвт®-Fan und User, finde aber, ich KANN damit gar (noch) nicht auf muggeligem Wald- und Wiesenboden laufen/gehen.

Auf Asphalt geht es wesentlich leichter. Ist es denn überhaupt ohne Verletzungen möglich, мвт®-Waldläufe zu unternehmen? Muss ja, denke ich, denn Birgitt + Sie tun's ja auch, oder?

Benita Cantieni:

Ja, in der Tat, Birgitt und ich schlagen uns am liebsten in мвт®'s durch die Wälder. Zu Ihrem schnuggeligen muggelig fällt mir ein: Wir müssen uns richtig absprechen, wieder mal Muggelschuhe anzuziehen! Birgitt mag Asphalt unter den fersenlosen Dingern, mir kann's gar nicht moosig weich genug sein drunter, das spornt meine ehedem faulen Senk-spreizflossen zu Höchstleistungen an!

Frage zurück: Worauf warten Sie noch? Denn genau die Instabilität, die Wackligkeit in den MBT® macht Fuß und Gelenk stark, genau das.

Zum Schluss noch einmal eine Grundsatzfrage von Michaela:

Ich habe folgendes Verständnisproblem: Sitzhöcker zueinanderziehen und Schambein leicht in Richtung Nabel einrollen oder Sitzhöcker zueinanderziehen und Steißbein nach hinten/unten fließen lassen – was ist wann richtig? Ich habe auch schon eine Kombination von beidem probiert – so als ob dann die Stelle zwischen Scham- und Steißbein in die Länge gezogen würde – aber das kommt mir doch nicht ganz richtig vor?

Benita Cantieni:

Schambein Richtung Nabel sage ich nur in Ausnahmefällen, wenn es wirklich darum geht, den unteren Rücken rund zu machen. Sonst bin ich ganz davon abgekommen, weil die Leute immer kippten. Also: Wenn nicht ausdrücklich dabei steht: „Schambein zum Nabel rollen", dann machen Sie's nicht.

Das ist ein „Nachteil" meiner ewigen Forscherei. Ich nehme an, Sie haben das erste Tiger Feeling-Buch, da erlaubte ich die Verkürzung des Unterbauches noch, weil es ALLE physiotherapeutischen Schulen, inklusive Spiraldynamik, lehrten. Heute weiß ich es besser: Es geht ohne Verkürzung. Ziehen Sie nur den Pyramidalis hoch, Steiß- und Schambein ziehen immer zusammen – meistens Richtung Fersen.

Verständlich ausgedrückt? Nach „hinten-unten" geht das Steißbein tatsächlich nach neuesten Erkenntnissen, wenn ich Ihren Rücken und die Hüften völlig leicht und frei machen möchte. Indem ich Ihrem Körper alle Möglichkeiten biete, Hohlkreuz, Langkreuz, lang und gerundet, bereitet er sich auf alle möglichen Situationen vor und kann immer situationsangepasst reagieren.

Drum gibt's nicht einfach Standardbeschreibungen …

Ein gesunder Bewegungsapparat wird mit vielem fertig.

**Bild-
nachweis**

Bongarts: S. 7, S. 15–22, S. 35–44, S. 59-70, S. 95–120

Mauritius: S. 8, S. 10, S. 79–94, S. 153-160, S. 169–176, S. 177–184, S. 227–237

Photonica: S. 11–14, S. 45–58, S. 71–78, S. 121–152, S. 185–218

Superbild: S. 23–34, S. 219–226

swiss masai ag, Karl Müller: S. 230, 231, 237 unten

Verlagsgruppe Milchstraße: S. 161–168

Benita Cantieni

Begründerin von CANTIENICA® –
Methode für Körperform & Haltung
CANTIENICA®-Beckenbodentraining
CANTIENICA®-Faceforming
CANTIENICA®-go

Autorin von

Lauf los! ... aber richtig
ISBN 3-517-06520-X
SÜDWEST Verlag, München 2001

Tiger Feeling® – Das sinnliche Beckenbodentraining
ISBN 3-333-01002-X, Verlag Gesundheit, Berlin
Tiger Feeling® auch als Video erhältlich
ISBN 3-333-01031-3

Faceforming® – Das Anti-Falten-Programm für Ihr Gesicht
ISBN 3-517-06537-4
SÜDWEST Verlag, München
Faceforming® auch als Video erhältlich
ISBN 3-333-01020-8

CANTIENICA® – Das Powerprogramm
ISBN 3-333-01022-4, Verlag Gesundheit, Berlin

CANTIENICA® – Das Rückenprogramm
ISBN 3-333-01032-1, Verlag Gesundheit, Berlin